Janet Goodrich · Natürlich besser sehen

Janet Goodrich

Natürlich besser sehen

VAK Verlags GmbH
Kirchzarten bei Freiburg

Zu diesem Buch ...

... ist eine Audiokassette erschienen:
Natürlich besser sehen: Sehspiele I
Produktion: Janet Goodrich
Sprecherin: Michaela Schmidt
Musik: H. E. Behr (Tarshito)
Gesamtspieldauer: 55 Min.
ISBN 3-924077-28-2
(Näheres S. 250)

Titel der australischen Originalausgabe:
Natural Vision Improvement

Greenhouse Publications Pty Ltd.,
Richmond/Victoria, Australia
ISBN 0-909104-90-5

Die Deutsche Bibliothek – CIP-Einheitsaufnahme

Goodrich, Janet:
Natürlich besser sehen / Janet Goodrich.
Dt. Überarb. von Michaela Schmidt.
Übers. von Golf Dornseif. - 7. Aufl. -
Freiburg im Breisgau: Verl. für
Angewandte Kinesiologie, 1998
Einheitssacht.: Natural vision improvement ‹dt.›
ISBN 3-924077-05-3
NE: Schmidt, Michaela [Bearb.]

8. Auflage: 1999

Übersetzung: Golf Dornseif
Deutsche Überarbeitung: Michaela Schmidt
Farbtafeln 1-3: Richard Montoya
Illustrationen: Louise Coutts
Umschlag: Hugo Waschkowski
Lektorat: Susanne Degendorfer, Helga Petres-Lesch
Gesamtherstellung: Media-Print Informationstechnologie GmbH,
33100 Paderborn
Printed in Germany
ISBN 3-924077-05-3

Natürlich besser sehen

(Natural Vision Improvement)

Dr. Janet Goodrich wuchs im Farmland im US-Bundesstaat Michigan auf. Sie verbrachte ihre ersten Schuljahre in einer Einklassenschule, einem alten, roten Backsteingebäude, wo sie von der gleichen Lehrerin sieben Jahre lang betreut wurde. Als Siebenjährige erhielt Janet eine Brille wegen Kurzsichtigkeit und Astigmatismus, die sie während der folgenden 20 Jahre ständig trug. Auf die weiterführende Schule in einem kleinen Dorf folgten vier Jahre an der Universität Michigan, wo sie Fremdsprachen, Philosophie und Verhaltenspsychologie studierte. Dank eines Fulbrigth-Stipendiums verbrachte Janet Goodrich ein Jahr in Berlin, und ein weiteres Jahr war sie als Lehrerin an der High-School ihrer Heimatgemeinde tätig. Dann setzte ein plötzlicher Umschwung in ihrem Leben ein: 1967 zog sie ins südliche Kalifornien und beschäftigte sich dort mit den Therapien nach Wilhelm Reich, mit natürlichen Geburtspraktiken, alternativer Erziehung und der Bates-Methode. Sie legte ihre Brille ab, vollendete die Ausbildung zur Reichschen Therapeutin und arbeitete zehn Jahre auf diesem Gebiet. Aus dieser Arbeit erwuchsen Seminare über Natürliches Sehen ohne Brille sowie das Heilen von Emotionen. Janet Goodrich entwarf und errichtete 1975 das Vital-Health-Zentrum in Los Angeles mit den Schwerpunkten: Verbesserung der Sehkraft auf natürliche Weise, Chiropraktik und Ernährungsberatung, das sie bis 1983 leitete.

Mit dem Dissertationsthema „Der okulare Block in der Therapie Wilhelm Reichs" promovierte Janet Goodrich zum Doktor der Psychologie. Nach einer Vortragsreise durch Australien im Jahr 1980 und auf Grund einer sie tief berührenden Traumerfahrung ließ sie sich 1983 in Melbourne nieder. Von dort aus verbreitet sie weiterhin das Wissen über Wege der natürlichen Verbesserung des Sehens und bildet in den USA, Europa und Australien Lehrer für diese Methode aus.

Dieses Buch ist meiner Mutter,
Mildred Devereaux Goodrich, gewidmet

Ich danke Philip Curcuruto, Charles Thompson, Deena Metzgar, Harriet Machado, Charles Kelley, Meroe Sommers, Paul Dennison, Raymond Gottlieb, Hans Friend, Ken Chenery, Paul Reps, Hilda Reach, Ian Niven, Beth Bolton, Lorna Seabrook, Laura Sewell, Sara Estep, Gary Robb, Jorge Calderon, Shiela Posner, Frances Guerin, Keith Millar, Kara Hanson-Millar, Wolfgang Gillessen, Doreen Cott, Michaela Schmidt, Cybele, Carina, Travis und Jeff, allen meinen Schülern und Lehrkräften für ihre Hilfe und Ermutigung. Besonderer Dank gebührt meinen Illustratoren, Richard Montoya und Louise Coutts.

Die Verfasserin und der Verlag danken der Plenum Publishing Corporation in New York für ihre Genehmigung zum Abdruck der Zeichnungen auf den Seiten 72 und 73 aus Alfred Yarbus, „Eye Movements and Visions“ (1973).

Inhalt

Seite

Vorwort

Gutes Sehen ist für uns alle wichtig. Sobald es aus dem Gleichgewicht, unscharf oder gestört ist, wollen wir es wieder in Ordnung bringen können. Dieses Buch weist Ihnen einen Weg – eine Reise, auf der Sie lernen, wie Ihr Sehen zustande kommt und wie Sie alle seine Funktionen erneuern können. Die Wünsche vieler Menschen in bezug auf ihre Sehkraft gipfeln in der gemeinsamen Hoffnung auf Loskommen von der Brille. Das ist möglich. Tausende haben es während der letzten Jahrzehnte fertiggebracht, sehr zur Verwirrung von Optikern und Augenärzten. Für viele Augenärzte ist die Verordnung korrigierender Linsen das einzige Mittel im Umgang mit der gestörten Sehkraft eines Patienten. Durch das Tragen von Brillengläsern sollen Kurzsichtigkeit (Myopie = verschwommenes Sehen in der Entfernung), Weitsichtigkeit (Hyper(metr)opie = verschwommenes Sehen in der Nähe), Astigmatismus (= verschwommenes Sehen auf alle Entfernungen, verursacht durch unregelmäßige Krümmung von Hornhaut oder Linse) ausgeglichen bzw. behoben werden. Dann haben wir noch die Presbyopie oder „altersbedingte Weitsichtigkeit", bei der die Linse mit zunehmendem Alter geringfügig größer und steifer wird. Dieser Zustand läßt sich mit ein bißchen Sachkenntnis und Energie verhindern und ist keineswegs so unvermeidbar, wie man uns bisher weismachen wollte. Zugegeben, es mag sein, daß wir mit zunehmendem Alter weniger geschmeidig werden. Wenn wir deshalb aber zu Krücken in Form einer Lesebrille greifen, führt das zu rascher Verschlechterung von Tonus und Funktionstüchtigkeit unserer Augen. Auch dem Schielen, bei dem unsere Augen durch chronisch verspannte Augenmuskeln in stark belastende Stellungen gezogen werden, läßt sich mit natürlichen Mitteln abhelfen. Nach jahrelangem Brillentragen oder bei Amblyopie (Schwachsichtigkeit eines Auges ohne organischen Fehler) müssen manchmal bestimmte Bereiche des Gehirns aufgeweckt werden. Diese Reaktivierung des Gehirns begleitet die Erneuerung des Sehvermögens.

Die Pflege, die Sie Ihrem Sehen widmen, wirkt sich auch auf viele andere Bereiche positiv aus, wie zum Beispiel das Freiwerden von Streß, besseres Funktionieren des Sehens bei Lern- und Koordinationsprozessen und sogar Erleichterung bei Schmerzen und Unbehagen, die oft von Störungen beim Sehvorgang herrühren. Die in diesem Buch vorgestellten Aktivitäten können Sie auch Ihrer Familie und Arbeitssituation zugute kommen lassen: Beleuchtungseinrichtungen, Video- und EDV-Anlagen beeinflussen Ihre Sehkraft sowohl zu Hause als auch im Büro. Ob Brillenträger oder nicht, dieses Buch ist für alle. Seine Ideen lassen sich überall anwenden. Die gesamte visuelle Welt liefert uns dazu das Material.

Der Text baut nacheinander neue Verhaltensweisen auf, mit denen Sie die alten Schritt um Schritt ersetzen. Es ist aber auch möglich, sich nach Belieben in jeden Teil des Buches einzulesen. Einmal wollen Sie vielleicht Ihre Fähigkeit zum Visualisieren verfeinern, ein andermal Ihre Sehschärfe aufpolieren. Für diejenigen, die sich gerne an festgefügte Abfolgen halten, bietet das Buch besondere Programme. Gleichzeitig werden Sie ermutigt, die den Aktivitäten zugrunde liegenden Prinzipien so zu verstehen und aufzunehmen, daß Sie schließlich in der Lage sein werden, Ihr eigenes, ganz auf Ihre persönlichen Lebensumstände, Ambitionen und Hobbys abgestimmtes Programm zusammenzustellen. Falls Sie bei der Lektüre des Textes auf Formulierungen stoßen, die Sie nicht verstehen, so schlagen Sie bitte das Sachwortverzeichnis am Ende dieses Buches auf.

Ergebnisse, die Sie auf körperlicher Ebene erzielen können, sind:

1. Bessere Sehschärfe, bis keine Brille mehr nötig ist.
2. Koordination beider Augen in allen Entfernungsbereichen.
3. Beschleunigtes Wahrnehmungsvermögen.
4. Intensivere Farbwahrnehmung.
5. Verhinderung von unscharfem Sehen.
6. Verbesserte Tiefenwahrnehmung.
7. Förderung des normalen Selbstheilungsprozesses im Organismus.

Mögliche Ergebnisse auf anderen Ebenen sind u. a.:

1. Bessere Lernfähigkeit durch Aktivierung der rechten (visuellen) Gehirnhälfte.
2. Höhere Intelligenz (folgernde und analytische Fähigkeiten), wenn die linke Gehirnhälfte durch Visualisieren unterstützt wird.
3. Ein aktiveres Erinnerungsvermögen, beruhend auf visueller Vorstellung.
4. Besseres Mitteilungsvermögen, da es Ihnen immer leichter fällt, Ihre Augen für sich sprechen zu lassen.
5. Wachsende Kreativität und Selbstvertrauen, wenn Sie anfangen, sich um Ihr eigenes Wohlbefinden und Ihre Vorstellungskraft zu kümmern.

Die Veränderung des Sehvermögens kann sich zu einem spirituellen Abenteuer ausweiten, wenn Sie Ihr Sehen in andere Dimensionen ausdehnen, vom rein physischen Sehvermögen zum mehr geistigen, vom äußeren Sehen zum inneren Schauen.

Kapitel 1

Ein Leben lang gut sehen

Natürliches Sehen bedeutet Sehen mit jedem Teil seiner selbst. Von den physischen Augen bis hin zu unseren Gefühlen, Gedanken, Träumen, kreativen Einsichten und geistigem Wachstum durchdringt das Sehen all unsere Lebenserfahrungen. Und es gehört uns für immer.

Wenn wir das Sehen in diesem erweiterten, ganzheitlichen Rahmen betrachten, weist es uns den Weg, verschafft es uns die Inspiration und das Wissen, das wir brauchen, um unsere Sehkraft zu erhalten und zu verbessern. Wenn das Sehen aus all diesen zusammengehörigen Teilen besteht, könnte man sich fragen: „Warum muß es immer nur bergab gehen, und warum kann es nicht zu retten sein? Haben wir nicht irgendwo in uns das Vermögen, unsere Sehkraft wiederzugewinnen, zu erhalten und darüber hinaus auch noch weiterzuentwickeln?“ – Da stehen wir, kratzen uns am Kopf, starren entweder angestrengt durch Brillengläser oder kämpfen noch gegen sie an und murmeln: „Es muß eine bessere Lösung geben ...“ Glücklicherweise gibt es Hilfe für alle diejenigen unter uns, die sich ihr visuelles Erleben für die Dauer ihres Lebens erhalten wollen, die es sich voller Schönheit und Abenteuer wünschen, randvoll mit „aha“ und „Jetzt sehe ich das ganz klar“. Wir sind imstande, unsere Sehkraft zu erhalten, zu verbessern, zu entwickeln und durch unser eigenes Dazutun zu erweitern.

Die Entwicklung im 20. Jahrhundert hat uns viele nützliche Erkenntnisse aus dem Bereich der traditionellen Forschung und aus unkonventionellen Experimenten beschert. Um unsere Sehkraft auf natürliche Weise zu verbessern, schöpfen wir sowohl aus der streng wissenschaftlichen Sicht als auch aus den unvoreingenommenen Studien der alternativen Pioniere auf dem Gebiet der Medizin: Dr. William H. Bates und Dr. Wilhelm Reich. Diese hervorragenden Ärzte stellten schon zu Beginn dieses Jahrhunderts Theorien über den Zusammenhang von Körper und Geist auf, die weit über den Rahmen ihrer konventionellen Ausbildung hinausreichten. Trotz unerbittlicher Anfeindungen von seiten etablierter professioneller Interessen wurden ihre einsichtigen und nützlichen Ideen durch alternative Heilkundige und Lehrer aufgegriffen und verbreitet.

Einsicht in die essentielle Verbundenheit der Erfahrungen menschlichen Lebens und menschlichen Sehens trägt mehr zur natürlichen Verbesserung unseres Sehvermögens bei als die Einhaltung eines strengen Programms ritualisierter Augenübungen. Es geht dabei um eine möglichst umfassende Auffassung vom Sehen und um die Einsicht, daß der Anstoß dazu von jedem Aspekt der gesamten Seherfahrung herrühren kann. Was wir an Verbesserung unseres Sehvermögens erleben, stammt in erster Linie daher, daß wir mehr Lebendigkeit zulassen können. Das Pulsieren der Lebenskraft durch Körper und Geist läßt Ihre Augen strahlen, und Sie beginnen, klarer zu sehen.

Die Verbesserung der Sehkraft ist Ihre ganz persönliche Aufgabe, denn das Sehen ist ein außergewöhnlich intimes und sehr persönliches Phänomen. Sie allein nehmen also diese Herausforderung an und erreichen die Veränderung. Sehen lernen auf natürliche Weise ist eine innere Wandlung – keine Behandlung, Heilung oder Korrektur mit Hilfe äußerlicher Einflüsse. Und es ist ganz Ihr eigenes Verdienst. Das aus der unbegrenzten Verbesserung Ihrer Sehkraft geschöpfte Vertrauen hilft Ihnen, sich selbst, die Welt und andere anzunehmen und zu lieben. Mit diesen Gedanken im Sinn wollen wir uns jetzt an die Erforschung der Theorien und Methoden zu natürlichem besserem Sehen machen. Und wir beginnen mit dem Erlebnis des *Sehens!*

DIE WELT LIEBEN

Sehen heißt Schönheit, Energie, Lebendigkeit

Das kleine Fenster im oberen Geschoß eines alten österreichischen Kornspeichers schaut auf eine saftige, grüne Wiese. Der Wind spielt mit den hängenden Zweigen der Birke. Es ist Frühling. Ab und zu wehen zarte weiße Blütenblätter am Fenster

vorbei. Bienen, mit Pollen beladen, weben einen summenden Vorhang über den Apfelbaum. Ein Luftstrom voller Fliederduft durchfließt den Raum. Lebendige Schönheit überall in den sonnenwarmen Hügeln. Ich sehe sie auf vielfältige Weise, ich nehme dank meiner Augen jeden glühenden Farbenrausch wahr, jede Offenbarung der Lebensenergie. Bedeutet das, daß ich auch so lebendig bin? Ich sinniere über die Beziehung zwischen Betrachter und Betrachtetem nach. Bin ich eine Biene, eine Apfelblüte, ein biegsamer Zweig in dem Augenblick, in dem ich diese wahrnehme und die entsprechenden Bilder in meinem Geist forme? Sind meine Augen so lebendig und voller Energie wie das, was ich sehe? Ich merke, daß meine Augen jetzt befreit, beweglich und glücklich sind, während ich meine Aufmerksamkeit dem nickenden roten Klee und den schimmernden Butterblumen im grünen Meer dort unten zuwende.

Welche Freude zu sehen, ein Wahrnehmungsvermögen zu haben, das so voll auf das wechselnde und harmonische Kaleidoskop des Lebens um mich herum reagiert.

Sehen heißt Aufmerksamsein, Fantasie, Erinnerung

Der Himmel verdunkelt sich. Die Bäume stehen still, um dem Donner zu lauschen, der in der unendlichen Atmosphäre zu grollen beginnt. Ich lausche ebenfalls. Mein Geist sucht einen Hinweis. Ah! Es klingt wie der ratternde Aluminiumbelag auf Wodens Dach zu Hause. Eine schwarzgoldene Biene summt durch das offene Fenster und lümmelt in einem Spalt der Holzwand herum, wohl unzufrieden wegen der bevorstehenden Befeuchtung ihres Blütenbanketts. Ich schenke dem Regen meine Aufmerksamkeit. Die Tropfen fallen senkrecht und verraten beim Widerhall den Stand der schlanken Fichten. Als Kind konnte ich mühelos Geschichten schreiben, wenn Gewitter wüteten. Bilder kamen mir in den Sinn, und ich brachte sie zu Papier, während sich die Energie des Tages unter einer feuchten, grauen Decke zusammenrollte. Ich erkenne jetzt die Bedeutung meiner inneren Bildgestaltung, meiner Fantasie. Was ich während meiner Kinderzeit erlebte, das trage ich immer bei mir. Diese Erinnerungsbilder vermischen sich mit der Gegenwart. Ich sehe in der Gegenwart mit Hilfe meiner Vergangenheit, die in meinem Nervensystem fortlebt, in meinem Gehirn. Die Regentropfen werden deutlicher, während ich mich an jene frühen sinnlichen Erfahrungen erinnere: wie ich von der Schule durch einen grauweißen Glanz heimwärts ging, wie ich die glänzende Kühle auf meinen Lippen schmeckte und den frischen Duft der nassen Flora in meiner Nase. Der reinigende Regen spülte über meinen gelben Regenmantel und tropfte mir in den Hals.

Ein heftiger Windstoß knallt das Fenster zu. Der Griff vibriert. Ich bin innerlich aktiv und erregt. Die Welt lädt mich ein zu reagieren, mich schauend immer mehr zu beteiligen. Vergangenheit und Zukunft haben sich zusammengefunden, um die Betrachtung der Gegenwart zu stärken und zu klären. Wieder grollt der Donner und verklingt in einem langen Ausatmen. Der Wiesenteppich dort unten leuchtet smaragdgrün. Tee aus Regenwasser zittert in den frisch gewachsten Butterblumen. Ein kurzer Sturm, bald hebt das Sonnenlicht den Regenschauervorhang hoch. Ich stelle mir vor, daß es irgendwo einen Regenbogen gibt, der sich über den sanften Hügeln wölbt. Ich atme tief ein und bin dankbar für diesen einzigartigen Ort und die lebendigen Gaben der Natur. Ich weiß, ich bin imstande, an dieser wunderbaren Mischung von innerer und äußerer Freude teilzuhaben und die Qualität meiner Sehkraft wunschgemäß zu beeinflussen. Ich bin in der Lage, diese Art des Sehens auch anderen zu vermitteln. Ich trete durch das Scheunentor hinaus ins Freie. Ein Regenbogen lächelt mir vielfarbig zu ... die Mundwinkel strahlend nach unten gezogen ...

Die Wahl, sich zurückzuziehen

Ich könnte mein Sehen jetzt beschränken. Ich könnte am Fenster sitzen und in Gedanken woanders verweilen, bei den Sorgen um meine weit entfernte Familie, bei Geldproblemen oder

Fantasien, die nicht mit der Welt um mich harmonieren. Ich könnte die Blumen, Lebewesen und Geräusche unbeachtet lassen. Ein Rückzug meiner Wahrnehmungsfähigkeit ist jederzeit möglich. Ich könnte den ganzen Tag Zucker essen und mit Schwindelgefühl und trüben Augen enden. Ich könnte diese ländliche Umgebung für langweilig erklären und mich stundenlang in einen Bestseller vergraben. Ich könnte denken, daß andere Menschen kein Interesse an mir haben, und ihren Blicken ausweichen. Ich habe das alles getan. 20 Jahre lang war ich aus Gewohnheit gegen alles. Dicke Brillengläser saßen auf meiner Nase und korrigierten meine durch Kurzsichtigkeit und Astigmatismus getrübte Sehkraft. Gefangen in einer beschränkten Anschauung über das Leben und mich selbst, erschien mir meine Welt oft flach und grau. Ich tat alles, um einen Ausgleich zu schaffen. Ich ging nach draußen, trieb Sport, nutzte Chancen, erlebte Abenteuer. Trotzdem lebte ich mit einer inneren Spannung, die ich sogar vor mir selbst zu verbergen lernte. Offene und unbekannte Orte vermittelten mir ein Gefühl von Übelkeit. Meine Augen schauten verkniffen durch die dicken Gläser. Hals und Schultern waren steif. Obwohl ich in der Schule sehr gut abschnitt, war ich mit den hervorragenden Noten nicht zufrieden, die mir für das brave Wiederkauen vorweg eingeflößter Begriffe verliehen wurden. Geistig und körperlich war mir nach Ausbrechen zumute – aber wovor wollte ich weglaufen? Ich wußte es nicht.

Das alles hat sich inzwischen geändert. An die Stelle der Niedergeschlagenheit ist die Fähigkeit getreten, Optimismus zu bewahren und auszudrücken. Ich male und schreibe und gestalte mein Leben mit Begeisterung. Seit 1969 trage ich keine Brille mehr. Dank der Lehren von Dr. Wilhelm Reich lernte ich das unbewußte Zurückhalten der Lebensenergie in den Augen zu verstehen, den Wahrnehmungsschleier und die seltsam unbeholfenen Gefühle, die aus dieser Behinderung entstehen. In seinem Buch *Charakteranalyse* hob Wilhelm Reich hervor: „Was man fühlt, ist nicht die Panzerung an sich, sondern nur die *Verzerrung der Wahrnehmung* des Lebens.“ – Die Panzerung verweist auf unsere gesamte Verteidigungshaltung: die Starrheit einer Person sowie die chronisch angespannten Muskeln, die Gefühle zurückhalten. Der gepanzerte Mensch wird „leer“ (in seinem Kopf sind wenig Bilder). Der geschützte Teil des Körpers ist „erstarrt“ (unfähig, seine Aufmerksamkeiten anderen Dingen zuzuwenden). Die Panzerung in unserem Sehsystem zeigt sich auf körperlicher Ebene als eine „Zusammenziehung und Immobilisierung aller bzw. der meisten Muskeln des Augapfels, der Lider, der Stirn sowie der Tränendrüsen“. Die seelische Reaktion auf die unbenutzten Tränendrüsen ist der Entschluß, niemals eine Schwäche durch Weinen sichtbar werden zu lassen. Dieses Festhalten in den Augen geht nach erfolgtem Loslassen jedoch nicht in einen anderen statischen Zustand – erstarrte 6/6-Klarheit – über. Vielmehr folgt das Sehen dem natürlichen Rhythmus allen Lebens. Es steigt und fällt, wird stärker und schwächer, entsprechend unserer Beschäftigung mit äußeren und inneren Lebenswelten. Diesen Aspekt, das Auf und Ab der Sehkraft, werde ich im Zusammenhang mit Kindern noch einmal aufgreifen (Kapitel 10) sowie in Verbindung mit der Integration der rechten und linken Gehirnhälfte (Kapitel 12). Bei Krankheit, negativen Gefühlslagen und Erschöpfung kann die visuelle Energie sich verringern und das Wahrnehmungsvermögen einige Zeit schwächer werden. Es geht aber nie ganz verloren. Die Wiederbelebung und Stärkung dieses natürlichen Pulsschlags des Sehens, ob man eine Brille trägt oder nicht, führt zu einem wunderschönen Wiedererwachen Ihrer gesamten Persönlichkeit und Ihres Seins.

Das Auge als Organ

Es stimmt, unscharfes Sehen manifestiert sich im physischen Auge. Wenn wir uns dieses Organ anschauen, haben wir es aber nur mit einem Ende des menschlichen Sehsystems zu tun, mit der Spitze des oft zitierten Eisbergs. Bestreitet man die vielfältigen Aspekte und Begleitumstände des Sehens, so wird dadurch unsere Fähigkeit zur Änderung der physischen Lage eingeschränkt. Man lehrt uns gewöhnlich, daß das Auge eine „Kamera“ ist, zusammengesetzt aus Muskeln, Nerven und optischen Bestandteilen, die Licht empfangen, die eingehenden Reize in Nervenimpulse umsetzen und sie dann ins Sehzentrum des Großhirns weiterleiten, wo „das Sehen“ eigentlich stattfindet. Die Rolle des Menschen in seiner Gesamtheit, die übrigen Teile des Gehirns sowie die persönliche Anpassung an die jeweiligen Lebensumstände bleiben unbeachtet.

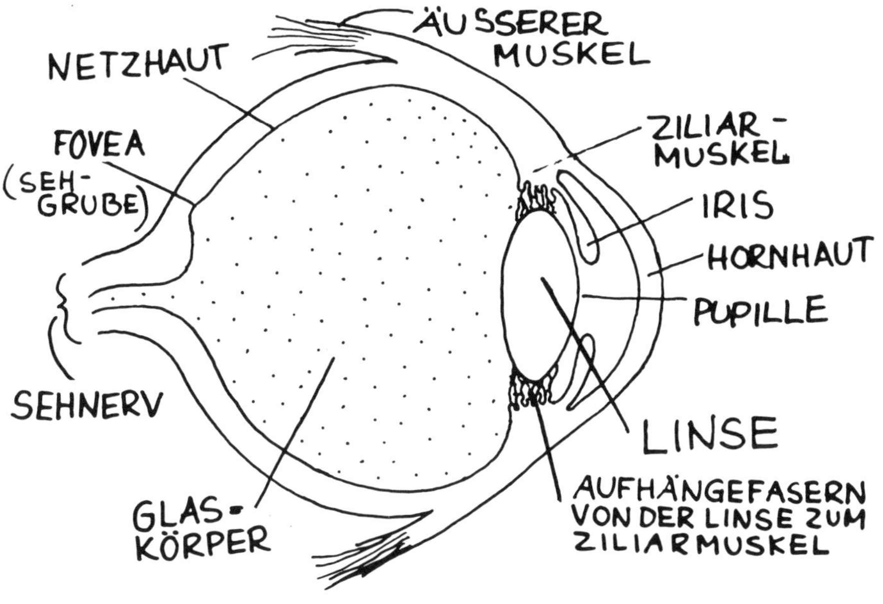

Arnold Gesell, der uns ausgezeichnete Studien über die Entwicklung von Kindern und ihrer Sehkraft lieferte, sagte einmal: „Das Sehen ist keine isolierte und getrennte Funktion, es ist vollkommen integriert in das gesamte Aktionssystem des Kindes – hängt zusammen mit seiner Körperhaltung, manuellen Geschicklichkeit und Koordination, mit seiner Intelligenz und Persönlichkeit. Das Kind sieht mit seinem ganzen Wesen." Gesell kannte die Gefahren zu stark vereinfachender Analogien: „Die Metapher der Kamera hat dazu geführt, bedeutende Veränderungen der Entwicklung zu verdunkeln ..."

Man hat uns beigebracht, daß man zur Klärung eines rein körperlichen Problems nicht mehr als rein körperorientierte Antworten benötigt. Deshalb schleift man ein Paar ausgleichender Linsen, entsprechend unserem Zustand in dem Augenblick, in dem der Augenarzt uns in seiner Praxis überprüft und sie uns auf die Nase setzt. Ein immer größer werdender Prozentsatz der Bevölkerung vieler Länder weist Störungen des Refraktionsvermögens auf: Myopie, Astigmatismus und Schielen. Die Verschreibung von Brillen hat diese Flut weder eingedämmt noch eine Erklärung dafür geliefert, warum so viele von uns heutzutage schlechter sehen.

Augenspezialisten in den USA verwenden oft Übungsbrillen bei Kindern, um einer frühen Entwicklung der Kurzsichtigkeit in der Schule entgegenzuwirken. Sie empfehlen Brillen für Kinder im Vorschulalter als eine Möglichkeit, Amblyopie

(Schwachsichtigkeit ohne organische Fehler im Auge) zu verhindern. Einige wenige der fortschrittlichen Köpfe dieser Berufsgruppe räumen jedoch ein, daß sogar die Kurzsichtigkeit veränderbar ist. Und weshalb? – Auf Grund eigener persönlicher Erfahrung oder weil jemand, der ehemals kurzsichtig gewesen war, in ihre Praxis kam und dort die Sehprobentafel ohne Brille las, obwohl das – bei der angenommenen organischen Unzulänglichkeit – auf diese Entfernung eigentlich gar nicht möglich sein konnte. Manchmal wird diese Verbesserung eines medizinisch als „hoffnungslos“ oder „organisch unmöglich“ beurteilten Zustands durch objektive Überprüfung des Auges (Retinoskopie) bestätigt. Gewöhnlich jedoch war keine bemerkbare Veränderung der Achsenlänge des Auges feststellbar, und man nannte die bemerkenswerte subjektive Leistung einfach „Reinterpretation des veschwommenen Sehens“. Diese Erklärung sollte die Tatsache in Zweifel ziehen, daß der Patient klar sehen konnte, und auch die natürliche Methode, durch die er oder sie dieses neue Sehvermögen gewonnen hatte. Die von diesen Menschen genutzten Methoden könnten gewesen sein: die Bates-Methode, Ernährung, Yoga, Chiropraktik oder in einigen Fällen Gebete. Das menschliche Vermögen übersteigt häufig herkömmliche autorisierte, eingefahrene Urteile und Voraussagen.

Habe auch ich eine Chance?

Sie können sagen: „Janet verbesserte ihre Sehkraft ebenso wie die anderen Leute, deren Namen ich am Schluß dieses Buches finde, aber das bedeutet noch lange nicht, daß auch mir geholfen werden kann.“ Meine Antwort auf diese Äußerung des Selbstzweifels lautet: „Nein, es funktioniert weder für Sie noch sonst jemanden.“ Diese Betrachtungsweise spiegelt die Denkart der letzten hundert Jahre, wonach man die Verantwortung für seine Gesundheit, seinen Lebensstil und sein Wohlergehen lieber in die Hände von Experten und außenstehenden Kräften legt. Das bedeutet nicht, daß wir auf den Rat dieser erfahrenen Freunde verzichten sollten. Ich will nur darauf hinweisen, daß wir oft der abwegigen und unreflektierten Ansicht sind, wichtige Veränderungen in unserem Leben seien auf äußere Einflüsse zurückzuführen. Wir lassen uns behandeln, heilen, durchwalken, schütteln, analysieren, betäuben und immer weiter bearbeiten – stets von Außenstehenden, die besser qualifiziert erscheinen als wir selbst.

Es ist in der Tat eine große Herausforderung und nicht unbedingt ein mit Rosen bestreuter Pfad, die Weichen für sein eigenes Leben zu stellen, besonders wenn Angst, Bedrohung und

Unwissenheit mitspielen. Doch wird der Mut dazu umfassend und wesentlich belohnt. Wenn sich Ihre Sehkraft verbessert, der Streß in Ihren Augen nachläßt oder wenn Sie sich wohler fühlen, nachdem Sie, was in diesem Buch steht, aufgenommen und in die Tat umgesetzt haben, dürfen Sie sich ruhig zur Gratulation auf die eigene Schulter klopfen.

Die Türe öffnen

Die Natur gab uns die Kraft zum klaren Sehen und auch die Mittel, diese Sehkraft nach ihrem „Verlust" wiederherzustellen. Mit einigem gründlichen Wissen, persönlicher Aufmunterung und Unterstützung haben Sie die Wahl, sich Ihre Sehkraft wieder zurückzuholen oder sich zumindest daranzumachen! Der Wunsch, klar zu sehen, und eine aufnahmebereite Haltung zählen mehr als Alter, Lebensgeschichte und Ausmaß der Unschärfe. Es erfordert Mut, gegen eigene und fremde Bedenken, das übliche „Das geht doch nicht!" anzugehen. Wenn Sie Ihre Sehkraft auf natürliche Weise verbessern, profitieren Sie auf vielerlei Art: Z. B wächst Ihr Selbstvertrauen, vermehrt sich Ihre Lebensfreude, und oft tauchen auch nie vermutete kreative Fähigkeiten auf. Während Sie Ihre Sehkraft wieder aufbauen und entwickeln, werden Sie größere Energiemengen freisetzen. Diese mit wachsender Wahrnehmungsfähigkeit einsetzenden Flutwellen von Energie mögen zeitweilig erschrecken oder zu aufregend erscheinen. Was Sie dabei erfahren, sind Ebbe und Flut Ihres eigenen Lebensstroms. Sie werden imstande sein, mit diesem starken Rhythmus selbst tückische Stromschnellen zu durchfließen. Nachdem Sie Ihre eigene Trägheit (Widerstand gegen Veränderung) überwunden und die Kunst des Sehens wiedererlernt haben, stellt sich am Schluß die Freude am Selbst ein.

Der erste Schritt

In den folgenden beiden Kapiteln werden wir die psychologischen Aspekte von Sehbehinderungen untersuchen. Und 18 Jahre meiner Tätigkeit als Lehrerin für besseres Sehen, angeregt durch die Gedanken von Dr. Bates und seiner Schülerin Margaret Corbett, die von 1930 bis 1950 in ihrer Schule für Augenerziehung (Los Angeles) zahlreiche praktische Sehspiele entwickelte, liefern Stoff für die begleitenden Aktivitäten. Ich habe die Arbeiten von Bates und Corbett den heutigen Lebensumständen und Gegebenheiten angepaßt. Einige technische Daten sind mit

im Angebot, so daß unser Verstand wichtige Fakten und Zusammenhänge aus dem Bereich der Anatomie und Physiologie zur Verfügung hat. Darunter mischen wir dann die neuesten Theorien über Gesamthirnfunktionen und Selbstheilung. Bitte benutzen Sie dieses Buch auf Ihre ganz individuelle und schöpferische Weise.

Sie und ich wissen, daß die Lektüre eines Buches nicht das direkte Erleben ist. Das ursprüngliche Bates-Buch, das seit seinem Erscheinen im Jahre 1921 ununterbrochen auf dem Markt ist, hat inzwischen auf vielen Bücherregalen Staub angesetzt. Aber die Tatsache, daß die Leute es weiterhin kaufen, enthüllt den grundlegenden starken Wunsch, einwandfrei ohne Brille sehen zu wollen. Wenn Sie das in diesem Buch Angebotene in die Tat umsetzen, erhellen Sie Ihren Geist und Ihre Sehkraft. Wenn Sie mechanisch Augenübungen ausführen (eine Tendenz der linken Gehirnhälfte), wird der Teil Ihres Selbst, der im wesentlichen mit Sehen zu tun hat, nicht stimuliert: Ihre fantasievolle, entspannende und harmonisierende Seite (der Beitrag der rechten Gehirnhälfte). Sehen ist etwas, was Sie fortwährend und von Augenblick zu Augenblick mit Ihrem ganzen Wesen erschaffen. Wagen Sie mutige Sprünge und tun Sie Ihr Bestes! Dabei benutzen wir folgendes:

Wissen
Selbstverantwortung
Wechselbeziehung zwischen Körper, Geist und Seele
Spiele und Humor
Visualisationen
hilfreiche positive Einstellung

auf eine Art und Weise, die ...

Ihrem Lebensstil angepaßt
beweglich
wirkungsvoll
dauerhaft
sinnlich und fröhlich

ist.

Kapitel 2

Umwandlung des kurzsichtigen Charakters

Das Rätsel Myopie

Als Dreizehnjährige las ich in einem amerikanischen Magazin einen Artikel über Sehkraft. Sind Sie weitsichtig, so erfuhr ich, so könnten Ihre Augen *vielleicht* besser werden, und Sie müssen nicht immer eine Brille tragen. Bei Kurzsichtigkeit (Myopie) jedoch ändern sich die Augen niemals.

Da saß ich auf der Couch im Farmhaus und fühlte mich wie geschlagen und verurteilt. Was war das nur mit mir hinter meinen dicken konkaven Gläsern? Warum konnte ich nicht auf dem Trampolin herumhüpfen, bergsteigen oder über die Felder rennen ohne die Angst, meine lästige Brille zu zerbrechen oder zu verlieren?

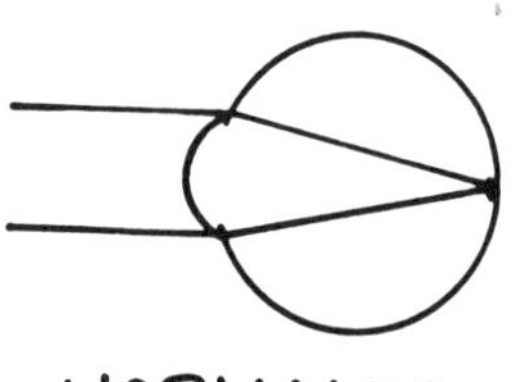

NORMALER AUGAPFEL

Die Antwort auf meine Frage ließ auf sich warten, bis ich mit 24 Jahren auf einer anderen Couch lag und mir das Leben wieder einhauchte. Mein damaliger Reichscher Therapeut, Dr. Philip Curcuruto, half mir dabei, meine Lebensenergie wiederzufinden. Er sagte: „Eines Tages werden Sie dieses Ding loswerden wollen." Dabei schüttelte er die schwere Brille, die ich niemals weglegte. Ich stimmte ihm natürlich zu, hatte aber noch nie einen Schimmer Hoffnung in dieser Hinsicht erspäht. In den folgenden zwei Jahren jedoch fielen mir Hinweise und Teile des Myopie-Rätsels in die Hände. Zuerst erkannte ich die Denkmuster, die sich hinter dem Zeitschriftenartikel von damals verbargen, und ich begriff, warum künftige Schüler noch heute zu mir sagen: „Aber wie kann ich meine Kurzsichtigkeit verändern? Mein Arzt sagt, das ist unmöglich, weil mein Augapfel zu lang ist!" – „Ja", erwidere ich daraufhin. *„Es mag schon sein,* daß Ihr Augapfel zu lang ist, doch damit sind wir noch lange nicht am Ende unserer Weisheit."

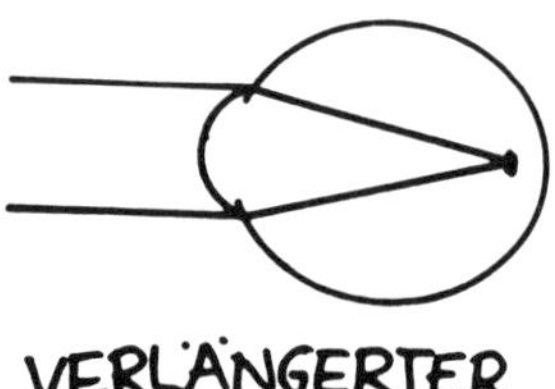

VERLÄNGERTER KURZSICHTIGER AUGAPFEL

Während der letzten 130 Jahre haben Fachleute und Forscher eine Menge verursachender Faktoren untersucht, um der Kurzsichtigkeit, hervorgerufen durch Achsenverlängerung des Augapfels bzw. durch Brechungsfehler im normal geformten Augapfel, auf den Grund zu gehen. Bis heute gibt es indessen keine Übereinstimmung über die tatsächlichen Ursachen von Myopie

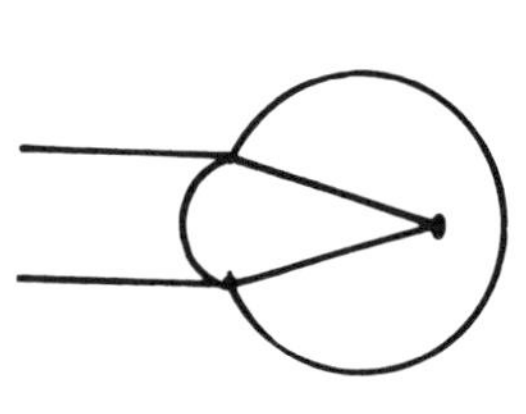

NORMALLANGER AUGAPFEL MIT REFRAKTIVER MYOPIE

und die Möglichkeit zur Abhilfe. Das Verschreiben von Brillengläsern und Kontaktlinsen oder der sehr fragwürdige operative Eingriff, die radiale Keratotomie, ändern an den Ursachen der Myopie nichts, ja erreichen sie nicht einmal.

Die nachstehende Tabelle will den „Markt" etwas veranschaulichen helfen, damit Sie die unterschiedlichen Auffassungen auf dem genannten Gebiet aus der Sicht des Verbrauchers besser erkennen.

Tabelle 1

Praktiker	**Allgem. Meinung über Myopie**	**Allgem. Reaktion auf Myopie**	**Behandlung im allgemeinen**
Augenärzte Doktoren der Medizin mit Zulassung für: Überprüfung von Augen und Sehfunktionen, Verschreibung von Brillengläsern, Pharmaka, operative Eingriffe, Diagnose und Behandlung von Erkrankungen	Ein unveränderbarer anatomischer und physiologischer Zustand, unheilbar, erbliche oder unbekannte Ursachen	Sie bleibt bestehen, sie verschlimmert sich oder sie verbessert sich nicht	Verschreibung von ausgleichenden Gläsern bzw. operativer Eingriff (radiale Keratotomie)
Optometristen: Zulassung für: Überprüfung von Augen und Sehfunktionen, Verschreibung von Brillengläsern, Linsen, Diagnose von Erkrankungen	wie oben	wie oben	Verschreibung von ausgleichenden Gläsern / Linsen
Sehtherapeuten („Verhaltensoptometristen"): Optometristen mit Ausbildung für Augenübungen, Behandlung von Anomalien der Sehfunktion	Ursachen sind Umweltstreß, Anpassung an moderne Lebensformen, zuviel Sehen im Nahbereich.	„Vielleicht kann Myopie gestoppt werden" (Diese Gruppe in USA schaut besonders verächtlich auf die Bates-Methode als „unfundiert")	Wie oben, einige verschreiben oft Plus-Linsen für kurzsichtige Schulkinder zur Streßlinderung bei Überanpassung im Nahbereich, um Fortschreiten der Myopie zu verhindern oder Besserung zu erzielen.
Ganzheitliche Sehtherapeuten: Optometristen, die alle oben genannten Aufgaben übernehmen und dazuhin die Bates-Methode, Yoga, Autogenes Training, Diät, Chiropraktik usw. anwenden.	Wie oben, dazu Annahme psychologischer Zusammenhänge bei Myopie.	Myopie kann gebessert werden.	Verschreibung und oft Reduzierung der Stärke von Ausgleichslinsen. Beachtung der Ganzheitslehren und Umweltfaktoren. Sehkraft wird als sich selbst korrigierendes System beurteilt. Positive Einstellung zur Bates-Methode.

Praktiker	Allgem. Meinung über Myopie	Allgem. Reaktion auf Myopie	Behandlung im allgemeinen
Psychologen: Bei klinischer Zulassung arbeiten sie mit verschiedenen Methoden zur emotionalen Problemlösung	Keine allgemein verbindliche Stellungnahme	Keine abgestimmte Reaktion	Es gibt viele individuelle Forschungsprojekte über die Ursachen von Myopie
Laien-Praktiker: Ganzheitlich orientierte Lehrer ohne Lizenz oder Anerkennung durch etablierte Gruppen. Lehrer der Bates-Methode, Lehrer für *Natürlich besser sehen* und einzelne, die Entspannung, Visualisation, Streßabbau auf nicht-medizinische, nicht-optometrische Weise lehren.	Alle Arten von Refraktionsstörungen, auch Myopie, können gebessert werden.	Unterweisung von einzelnen und Gruppen daheim, in ganzheitlichen Gesundheitszentren, Schulen, Betrieben.	Mit Hilfe verbaler Kommunikation, Musik, Vorstellungskraft, Zuwendung, ausgewählter Wege zur Selbstheilung wird gelehrt, wie man selbst sein Sehen verbessern kann.

Ansichten eines Soziologen

Im Jahr 1981 schrieb der Soziologieprofessor Raymond Welch als Teil seiner Ausbildung zum Lehrer für Natürliches Sehen eine faszinierende Arbeit über die kulturellen und sozialen Faktoren im Zusammenhang mit der Zunahme von Kurzsichtigkeit in den USA. Professor Welch betrachtet die Menschen nicht nur als unschuldig Reagierende auf das gefühllose Bombardement durch die industrielle Revolution, sondern hebt hervor, daß es an *etwas Bestimmtem* liegen müsse, daß die Voraussetzungen für natürliches Sehen immer schlechter werden. Gewisse moralische Auffassungen wurden verinnerlicht und formten die persönliche Mentalität der Amerikaner für die nächsten 200 Jahre zunehmender Entfremdung von der Natur und sich selbst, resultierend in der einseitigen homolateralen Betonung der linken Gehirnhälfte, die wir jetzt allmählich heilen lernen. Die von Welch betrachteten Hinweise beziehen sich auf folgende Umstände:

1. Die moderne optische Industrie begann um 1780 aktiv zu werden, und um das Jahr 1800 wurde die Herstellung von Brillen zum großen Geschäft.
2. Die Prominenz zeigte sich in der Öffentlichkeit und auf Portraits in Nickelbrillen. (Heute bemerken wir zum Vergleich, wie das Brillentragen bei Kindern und Erwachsenen in der Werbung einen Beigeschmack von

Gelehrsamkeit, Verantwortung und intelligentem Auftreten verleiht).

3. Den Einfluß von Benjamin Franklin, Moralist und Erfinder der Zweistärkengläser, auf den Gebieten des Handels, der Rechtsprechung und Erziehung. Franklin war von den Vorstellungen eines wohlgeordneten Lebenswandels und des Denkens in festgefügten Kategorien besessen. (Das Ich muß wirkungsvoll geleitet werden, dadurch daß man sich Mäßigung, Verschwiegenheit, Ordnung, Entschlossenheit, Genügsamkeit, Arbeitseifer, Aufrichtigkeit usw. zur Gewohnheit macht.) Franklin hätte gewiß seine Freude an einer Tabelle für Augenübungen gehabt, auf der man alle fünf Minuten eine andere gelöste Aufgabe abhakt. Spontanes Handeln und unerwartetes Aufflackern von fantasievollen Schöpfungen, Klarheit und Einsicht sind gewiß kein Bestandteil dieser programmierten Rechtschaffenheit.
4. Die Vorstellungen Franklins und anderer von Ordnung und Reglementierung bestimmten den Aufbau des (schließlich) zur Allgemeinpflicht gewordenen öffentlichen Schulwesens. Benjamin Rush, Vater der amerikanischen Psychologie und Psychiatrie, betrachtete das Schulwesen als eine wünschenswerte und fortschrittliche Sozialtherapie, die sich mit der Formung guter Staatsbürger befassen und durch auswendig gelernte und von der Uhr kontrollierte Drills zu Pünktlichkeit, Disziplin und Ordnung erziehen sollte.
5. Die Amerikaner hatten um 1700 ein hohes Ansehen als Hersteller von Uhren und Schlössern. Die ersteren bringen uns dazu, uns an das Konzept der linearen Zeit zu halten, die letzteren schließen den Raum ein.

Professor Welch sagt: „Wir können diese äußerste Logik verstehen und würdigen, die so angemessen ist, daß man fast von einem Archetypus sprechen kann, nach der Brillengläser und Uhren zusammen verkauft wurden. Während des gesamten 19. Jahrhunderts wurden Brillen als Mittel zu ‚leistungsfähigem Sehen‘ angepriesen – Werbung und Vorträge wiederholen diese Formulierung ständig. Das sind die fühlbaren Auswirkungen einer tief verwurzelten Lebensanschauung, die jene Einrichtungen und Geräte erfand und stützte, jene Industrien und Gewohnheiten, die dem Spontanen und Intuitiven Zügel anlegten.“

Die mechanisierte Industriegesellschaft ging jedoch in die heutige Dienstleistungsgesellschaft über, in der Arbeitnehmer

hauptsächlich mit dem Sammeln, Verarbeiten und Übermitteln von Informationen beschäftigt sind. Sogar diese Phase geht schnell ihrem Ende entgegen. Die Nationalökonomin Hazel Henderson ist der Ansicht, daß die starke Ausbreitung der Microchip-Computer eines Tages den Körper und Seele zerstörenden Einsatz von Menschen als leistungsfähige verlängerte Glieder von Maschinen überflüssig macht.

In ihrem Buch *Alternative Futures* sagt Hazel Henderson voraus, daß „der Mikroprozessor schließlich die Theorie vom Wert der Arbeitskraft des Menschen außer Kraft setzen wird; irgendwann wird es keine Möglichkeit mehr geben, das Märchen von der Bezahlung der Menschen entsprechend ihrer Arbeitsleistung aufrechtzuerhalten". Nach Überwindung der Angst, daß uns das Modell R2D2 früher oder später den Lebensunterhalt raubt, könnten wir uns an dem Gedanken erfreuen, daß die Zukunft große Chancen zum individuellen Wachstum bietet. Nach den Worten des australischen Ministers für Wissenschaft und Soziales, Barry Jones, könnte „die Zukunft ein goldenes Zeitalter der Freizeit und individuellen Entwicklung sein, gestützt auf den gemeinschaftlichen Gebrauch von Wirtschaftsquellen". Ich wage hinzuzufügen, daß darin sowohl menschliche und als auch materielle Reichtümer eingeschlossen sein könnten. (Vgl. Barry Jones: *Sleepers, Wake …*)

Ein Blick auf die Psyche

Ich glaube, daß die Erörterung der seelischen Ursachen von Kurzsichtigkeit die breiteste Diskussionsgrundlage bietet, weil darin alle bisher zitierten Faktoren eine Rolle spielen. Gefühlsregungen und persönliche Strukturen spiegeln sich in unserer Ernährungsweise, Körperhaltung, Arbeitsweise, Wiederkehr familiärer Merkmale, sogar in genetischen Vorlieben. Die kurzsichtigen Psychologen haben mit ihrer Neigung, in geistigen und seelischen Ursachen zu stöbern, und angeregt durch die Beschränkung ihres eigenen Sehens, gelegentlich auch die folgende Frage gestellt: „Was haben ich und andere Kurzsichtige außer unseren verlängerten Augäpfeln eigentlich gemeinsam?" Die in den letzten Jahren abgeschlossenen Untersuchungen haben ein Persönlichkeitsprofil ergeben, den „Charakter von Kurzsichtigen". Damit soll nicht bestritten werden, daß Sie vielleicht eine Abweichung von der Norm sind. Wir erörtern hier das Klischee, um uns selber besser zu verstehen und dabei möglicherweise auf ein paar eigene Lösungen für eine Änderung zu stoßen. Statistisch fundierte, scharfsinnige psychologische Forschungsarbeiten haben gezeigt, daß der typische Kurzsichtige:

1. sich mit Tätigkeiten im Nahbereich befaßt;
   (Lesen Sie gern, sind Sie gern zu Hause, sitzen Sie angespannt, bleiben Sie gern im Zimmer?)
2. dünnhäutig ist;
   (Fühlen Sie sich verletzt, wenn Sie jemand anschreit? Sind Sie das Mäuschen oder Fußabstreifer? Wühlen Sie gern in alten Wunden?)
3. im wissenschaftlichen Bereich sehr tüchtig ist und über eine Art Kartei-Gedächtnis verfügt;
   (Haben Sie bei Ihren Examina vorzügliche Noten erhalten und nach einem Monat alles wieder vergessen? Stellen Sie in Ihrem Gedächtnis Listen zusammen, und fühlen Sie sich unsicher, wenn Sie nicht genau wissen, was im einzelnen bei der Prüfung gefragt wird?)
4. in einem Zustand komprimierter Angst und unbewußter Sorge lebt.
   (Fragen Sie sich: „Bin ich zur richtigen Zeit am richtigen Ort?" „Was passiert, wenn mir ein Fehler unterläuft?")

Die Verhaltens-Optometrie gibt uns einige andere interessante Ausblicke auf Kurzsichtige. Kurzsichtige haben:

1. ein reduziertes peripheres Bewußtsein;
   (Fühlen Sie sich manchmal eingeengt, wie von Mauern umgeben? Glauben Sie, daß Sie die grundlegende Verbindung mit dem tieferen Sinn des Lebens verloren haben?)
2. eine verlängerte zentrale Fixierungszeit.
   (Neigen Ihre Augen und Ihr Denken dazu, an Dingen zu haften, sich immer wieder um das gleiche Thema zu drehen? Wird Ihnen das lästig?)

Die Therapeuten nach Reich berichten, daß kurzsichtige Menschen:

1. sich chronisch mit steifen Schultern und Nacken durch den Raum bewegen, erstarrt in einer zurückweichenden Körperhaltung;
   (Tragen Sie ihre [seelischen] Lasten auf den Schultern? Rechnen Sie stets damit, zurückgewiesen zu werden?)
2. begrenzten Augenkontakt haben.
   (Schauen Sie einfach weg, sobald eine Situation brenzlig wird? Halten Sie Ihre Empfindungen in den Augen zurück?)

LÄCHELN UND ENTSPANNEN SIE SICH

In einigen Experimenten wurde versucht, verkrampfte Kurzsichtige so weit zu entspannen, daß man die Veränderung ihrer Sehschärfe unter objektiven Testbedingungen nachweisen konnte. 1983 legte Wolfgang Gillessen auf einer internationalen Konferenz über Myopie eine wissenschaftliche Abhandlung vor, die sich mit einem Entspannungstraining von 48 kurzsichtigen Patienten des Berliner Augenarztes Wolfgang Schultz-Zehden befaßte.

Die Ergebnisse zeigten eine bessere Einstellung. „Eine entspanntere passive Aufmerksamkeitshaltung förderte das Sehtraining, weil die Teilnehmer nun besser zu verstehen schienen, was eine weniger intensive, eher passiv wirkende Betrachtungsweise sein könnte und wie diese den ganzen Tag über durchzuhalten sei." Die Forscher entdeckten keine Veränderung der Sehschärfe, sahen aber in den Berichtsmethoden des Lehrers, den geringen Kontrollen und den wenigen Experimenten einen Hinweis darauf, daß fachliche Interessen sich genauer damit befassen sollten, weil „Berichte über mögliche diagnostische Vorteile nicht leicht geleugnet werden können ..."

1962 befaßte sich der Psychologe Charles Kelley in seiner Dissertation mit der Myopie. Seine Arbeit demonstrierte eine objektive Veränderung der Sehschärfe bei Kurzsichtigen im Bereich zwischen 0.3 und 1.5 Dioptrien nach einer klassischen Behandlung mit der Bates-Methode. Diese Studie wurde in einer Fachzeitschrift für Optometrie veröffentlicht und anschließend prompt ignoriert.

Die Tatsache, daß ein Kurzsichtiger häufig ohne Brille besser sehen kann, ohne daß der Augenarzt eine meßbare Veränderung der Achsenlänge des Augapfels festzustellen vermag, schließt nicht aus, daß das Gehirn „nicht irgendwie verschwommen Wahrgenommenes besser interpretiert", schließt aber auch ein, daß es die eintreffenden Informationen durch Integration der Gehirnhälften und mit Hilfe der ehrfurchtgebietenden Kräfte unserer Vorstellungskraft zu einem geistig klaren Bild umordnet. Bei einer Versuchsperson erhöhte sich die Sehschärfe von 20/800 auf 20/60. Sehen solche Menschen wirklich besser oder ist das nur ihre Einbildung?

Im Jahr 1977 untersuchte eine Lehrerin für Natürliches Sehen in ihrer Magisterarbeit im Fachbereich Psychologie der Universität von Los Angeles zwölf meiner kurzsichtigen Schüler. Die Ergebnisse ihrer Studie werden in Kapitel 17 behandelt. Der Augenarzt, der die einzelnen Tests durchführte, gestattete die Erwähnung seines Namens nicht.

Ich vermute, daß immer mehr Forschungsarbeiten von Psychologen publiziert werden, die sich mit den geistig-seelischen Aspekten der Myopie beschäftigen. Ob diese Studien von den meisten Medizinern, Optometristen und Augenfachärzten gelesen werden, ist ungewiß.

Lassen Sie uns tiefer in den Bereich der alternativen Psychologie vordringen, auf jenes Gebiet, mit dem ich 1967 im südlichen Kalifornien so vertraut wurde. Es ist ein Fachgebiet, das für mich das Leben bedeutete.

Sehen und Energiefluß

Therapeuten, die der Auffassung sind, daß Energie im Organismus „blockiert" oder zurückgehalten werden kann, sehen einen Zusammenhang zwischen Sehstörungen und der Fähigkeit, die ganze Bandbreite menschlicher Gefühlsregungen auszudrükken. Der starre Blick, die Begleiterscheinung von Brechungsfehlern, wird als ein Engpaß gesehen, der die *Spielbreite* sexueller, körperlicher und gefühlsmäßiger Empfinden, die durch unsere Augen mitgeteilt werden, beschränkt.

Der Bioenergetik-Therapeut Alexander Lowen erklärte in einem Vortrag den Gefühlsausdruck in den Augen als „ein Pulsieren der Energie zwischen dem Kopf- und Schwanzende des Körpers, ... das sich von seinem Zentrum im Bereich des Solarplexus aus aufwärts und abwärts bewegt. Es reicht von den Augen ganz oben bis in und durch die Geschlechtsteile und Beine ganz unten ..." In Reichscher Terminologie bedeutet Energie auch Erregung, eine „Ladung" von Energie, die sich in den Augen als „Strahlen" oder „Aufleuchten" zeigt. Menschen mit leuchtenden Augen wird eine starke sexuelle Ausstrahlung nachgesagt. An dieser Stelle fällt mir ein, daß die meisten weiblichen Kurzsichtigen im Alter von 13 Jahren verschwommen zu sehen beginnen, wenn Hormonausschüttungen und das Selbstbild des Frauseins in Konflikt mit den verzerrten Vorstellungen von Sexualität und der Rolle der Frau unserer sexualitätsfeindlichen Kultur geraten.

Wenn die positiv erlebte Sexualität etwas ist, wovor man sich fürchten muß und wodurch man in Verlegenheit gerät, dann ziehen wir unsere natürliche Erregung aus den Augen zurück und spannen dabei jene Muskeln an, die über das autonome Nervensystem auf Kontrolle von Gefühlen reagieren. Lowen sagt: „Wer an Kurzsichtigkeit leidet, hat auch Probleme beim Augenkontakt und beim Ausdrücken seiner Gefühle über die Augen. Ich sehe den auslösenden Faktor in der Gefühlsstörung: ... die Sehstörung entwickelt sich erst an zweiter Stelle als Folge der Belastung ..."

Die Bioenergetik, die Therapien nach Reich bzw. der Neo-Reichianer und die Rebirthing-Therapie, welche das Gefühlsleben in die Augen zurückbringen können, beginnen damit, daß sie den Energiepegel des Menschen durch volleres und tieferes Atmen heben. Tieferes Atmen verstärkt den Fluß der Lebensenergie und kann zu muskulärer Entspannung, zum Aussprechen, zum Ausdrücken durch Töne und schließlich emotionalen Auflösen der angestauten Gefühle führen.

Diese Arten von Therapien können, falls zugänglich, viel zum Aufbrechen des Panzers oder der Mauern um einen Menschen beitragen. Sie sind aber keine Voraussetzung. Ich habe viele kurzsichtige Schüler auch ohne diese Therapien ihre Sehkraft verbessern sehen. Das Universum fließt vor Lebensenergie über. Sie werden die Verbindung dazu auf Ihre eigene Art aufnehmen.

So werden Sie ein perfekter Myop

Kultur, Erziehungsprozesse, familiäre Einflüsse und unser eigenes Wollen und Handeln haben uns gemeinsam zu dem gemacht, was wir in diesem Augenblick sind. Da sitzen wir und fragen uns, wie es wohl möglich sein könnte, bestimmte

Aspekte des Ichs zu verändern, die Zügel unseres Lebens energischer anzupacken und das ganze Theater in eine andere Richtung zu lenken. Um das zu realisieren, wollen wir jetzt den Charakter untersuchen und kennenlernen, den wir so gründlich geschaffen haben. Danach werden wir Möglichkeiten zur Änderung unserer Rolle betrachten, ohne etwas wirklich persönlich zu nehmen. Hier ist das Rezept für einen rundum kurzsichtigen Typen:

Auf körperlicher Ebene:	Man nehme einen Augapfel oder zwei und lasse den Brennpunkt der einfallenden Lichtstrahlen ins Innere des Auges fallen (*vor* die Netzhaut).
	Man entwickle verkrampfte Kiefer, Schultern und Nacken, halte den Atem zurück und den Bauch angespannt.
	Man verleibe sich eine Menge tierischen Eiweißes und Zucker ein.
Im Gefühlsbereich:	Man fühle sich isoliert und untauglich, konkurriere aber dennoch.
	Man beweise der Welt, daß man etwas wert ist, denn es könnte ja sein, daß andere einen von Grund auf ablehnen.
	Man fresse das alles in sich hinein.
Im geistigen Bereich:	Man denke mehr, als man sich bildlich vorstellt.
	Man fantasiere mehr, als man erschafft.
	Man lasse sich bestimmte Sätze und Anweisungen unablässig durch den Kopf gehen.
	Man lasse es an spontanem Humor fehlen.
	Man vergleiche sich mit anderen zum eigenen Nachteil.
	Man vermeide Fehler wie besessen.

Es gibt in den USA unterschiedliche Ausprägungen dieser Wesensart. Der/die Kurzsichtige im New Yorker Milieu verhält sich aggressiv, um Ängste zu tarnen. Der/die Kurzsichtige von der Westküste verbirgt Angst hinter einer betont lässigen oder ausgeflippten Haltung. Es gibt den reizenden Kurzsichtigen vom Land, den gelehrten Kurzsichtigen (den Professor, der sich nur für Fakten interessiert), den künstlerischen Kurzsichtigen (geistreiche Bemerkungen tarnen Unsicherheit), den häuslichen

Kurzsichtigen (scheu und zurückgezogen, mag es so am liebsten), den bocksbeinigen Kurzsichtigen (diejenigen unter uns, die sich auf die Hinterbeine stellen und genau das Gegenteil von allem oben Erwähnten tun).

Wir wollen zur Kenntnis nehmen, daß die Ausdrucksformen unserer Persönlichkeit jeweils Momentaufnahmen unseres Wesens sind, unserer Lebensenergie, die positiv, rein und gut ist. Die Persönlichkeit unterliegt einer Etikettierung, sie wird kategorisiert und psychoanalysiert. Sie sollten jedoch weder kategorisiert noch in Schubladen eingeordnet werden. Ja, Sie sollten sich noch nicht einmal als kurzsichtig bezeichnen. Die heilende und ausgleichende Kraft in unserem Inneren ermöglicht die Veränderung von Charakter, Verhaltensweisen und körperlichen Eigenschaften. Sobald dies geschieht, verschwinden alle Etiketten.

Reich benutzte das Bild einer Zwiebel, wenn er von der menschlichen Panzerung (Verteidigung) sprach. Die einzelnen Schichten lösen sich im Verlauf der Therapie ab. Verwandeln wir die tränenreiche, unbeholfene Zwiebel in eine Lotosblume. Die kurzsichtige Persönlichkeit könnte wie folgende Darstellung ausschauen. Sie blühen auf, wenn Sie einige der geistig-seelischen, dem Brillentragen und kurzsichtigen Verhalten zugrunde liegenden Faktoren umwandeln.

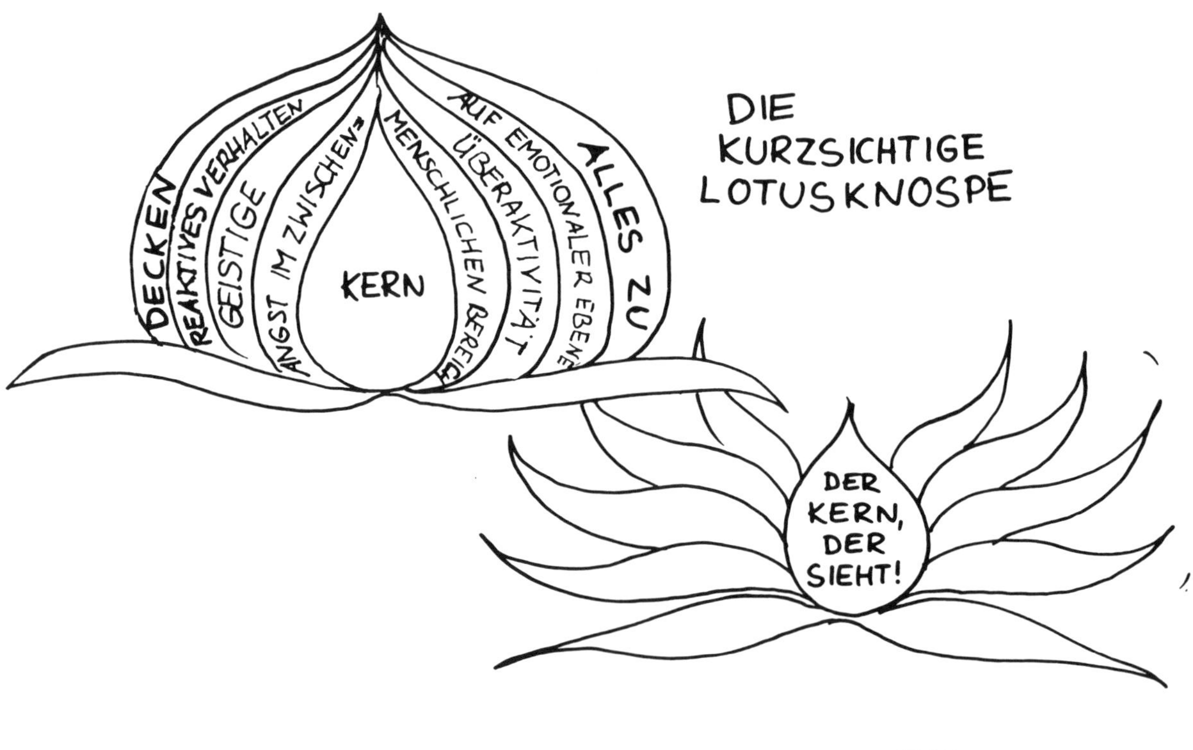

Kurzsichtigkeit ist eine Chance. Folgen Sie den emotionalen Hochs und Tiefs, welche die kreative Gefühlsenergie und Herzensgüte freisetzen, die in Ihren alten Gewohnheiten gebunden sind. Verwenden Sie Tabelle 2 als Sprungbrett für Veränderungen von geistigen und gedanklichen Verhaltensmustern.

Tabelle 2

Das Drehbuch umschreiben

	Negativ	**Positiv**
Andere Menschen:	Jeder denkt, ich sei verrückt.	Ich habe es getan, und alle anderen machten mit.
Physische Gefahr:	Nun, ich habe keinen Unfall gebaut.	Ich fühle mich beim Autofahren selbstsicher.
„Verpaßte Chance“:	Mir tut es so leid, daß ich nicht dabei war.	Mein Erfahrungsschatz ist immer im Überfluß verfügbar.
Perfektionismus:	Wenn ich einen Fehler mache, wird etwas Verheerendes passieren (man wird mich nicht mehr lieben, sondern abweisen).	Was ist ein Fehler? Ich lerne durch meine Erfahrungen.
Paranoia:	Die Leute ignorieren und verschmähen mich, betrachten mich voller Verachtung und Abscheu.	Ich bin strahlend schön. Andere Menschen lieben mich.
Unterdrückung:	Ich sagte nichts, weil ich niemanden verletzen wollte.	Ich kann mich anderen gegenüber umfassend und liebevoll ausdrücken.
Verzögerte Reaktionen:	Ich war so wütend und erregt, daß mir erst eine Woche später einfiel, was ich hätte sagen sollen.	Mein Geist ist aufgeschlossen und fähig, sich klar auszudrücken.
Doppelte Spaltung:	Ich weiß, was gut für mich wäre, aber ich esse trotzdem minderwertiges Zeug.	Alle Teile meines Wesens, vereinigen sich zum Wachsen, zum Besserwerden und zum Leben.

Seien Sie kreativ und humorvoll beim Durcharbeiten dieser Punkte. Falls Sie sich in einem ausgefahrenen Gleis bewegen, erbitten Sie Hilfe von einem Therapeuten, geliebten Menschen, Freund, Helfer oder von sich selber. Zögern bei der Bitte um Hilfe verrät oft, daß Sie sich als unvollkommen einschätzen bzw. als nicht auf Draht und nicht der Mühe wert. Wir wissen es aber besser, nicht wahr?

Es spielt keine Rolle, was zuerst kam – Persönlichkeitsmerkmale oder die Kurzsichtigkeit. Betrachten Sie sich auf liebevolle Weise. Werden Sie aufmerksam: Was auch immer die Gründe sein mögen, im Verlauf der Entwicklung nimmt Ihre Selbsterkenntnis zu. Und vielleicht erkennen Sie dann die ursächlichen Faktoren. Besondere Erinnerungen oder Ereignisse, die Sie noch einmal durchleben und durchdenken, statt sie zu unterdrücken, können Beispiele dafür sein.

Bewegen Sie sich! Bewegen Sie Ihre Augen, indem Sie die Schwünge durchführen (siehe Kapitel 6). Bringen Sie Ihren Geist auf Trab, lassen Sie los! Lassen Sie den alten Kram sausen – geistig und körperlich! Holen Sie das Neue herein:

„Ich bin in diesem Augenblick in einer neuen Welt"
„Ich bin inmitten von Erneuerung und Wiedergeburt"
„Die Menschen bewundern mich"
„Ich bin ein geliebtes Kind des Universums"
„Alles, was ich bisher für einen Irrtum hielt, war in Wirklichkeit ein integraler Bestandteil des Lernprozesses, der mich zu meinem eigentlichen Ich führt"
„Wo immer ich auch gerade bin, ist genau richtig, angemessen und wichtig"
„Ich dehne mein Energiefeld aus und bewege mich anmutig ins Universum hinein"
„Ich lasse die Kreativität meines intuitiven Geistes/Ichs jetzt zu und verschmelze sie mit meinem Intellekt"
„Ich besitze den kosmischen Orden für gute Menschen"
„Ich sehe entferntliegendes Schönes klar"

Bewegung hilft Ihnen, Ihr Gefühl loszulassen: Atmen, Laufen, Yoga, Tanzen, Lachen, Gähnen – alles das regt Ihre natürlichen Lebensgeister an. Spielen Sie Ball. Erzählen Sie Witze. Leben Sie Ihre natürliche Neigung als Unterhalter aus und erzählen Sie lustige Geschichten. Enthüllen Sie Ihre verborgenen Ängste durch das Erzählen von Geschichten und Anekdoten. Es ist wirklich lächerlich und komisch, sich zu verstecken, unterdrückt zu sein – aber es ist auch schmerzhaft. Lassen Sie die Tränen der Erleichterung und des Lachens zusammenfließen. Seien Sie weniger ein Experte, seien Sie ein Anfänger. Befassen

... ERZÄHLEN SIE GESCHICHTEN

Sie sich mit Kunst, das Kind in Ihnen hilft dabei. Akzeptieren Sie die Sturm- und Drang-Teile Ihres Ichs, ganz gleich, wie alt Sie sind. Ihre aktive linke Gehirnhälfte möchte gern etwas Neues lernen. Wagen Sie sich in unbekannte Gewässer und erleben Sie, wie Ihre Ängste dabei auftauchen und dann weggespült werden. Erweitern Sie den Spielraum Ihres Handelns, und Sie werden stolz und zufrieden mit sich sein.

Kurzsichtige Menschen reagieren sehr feinfühlig auf ihre Umgebung und auf die Gedanken, Ausstrahlungen, Gebärden, Meinungen anderer. Warum bräuchten sie sonst so viel Schutz? Diese beinahe übersinnliche Empfindlichkeit ist gewöhnlich naiv und ungeschult und wird durch defensive Maßnahmen wie Panzerung, Selbsterniedrigung, übermäßiges Reden und eine betäubte, abgestumpfte, erstarrte Fähigkeit zu bedingungsloser Liebe verschleiert. Die Weichheit ist darunter verborgen. Wenn Sie Ihre Brille abnehmen, setzen Sie sich innerlich und äußerlich den Einflüssen Ihrer Umgebung erneut aus.

Es ist möglich, sich auf eine Weise zu schützen, die Ihr Sehvermögen nicht stört. Kürzlich sagte ein Freund zu mir, als ich mich wegen einiger bedrohlicher Visionen ängstigte: „Liebe ist immer dein bester Schutz.“ Diese Vorstellung beruhigte mich sofort, und ich konnte jene Visionen betrachten, auswerten und umgestalten, ohne sie ablehnen oder ignorieren zu müssen.

Da sie so sehr verletzlich waren, kann es sein, daß Kurzsichtige seelische Wunden aus ihrer Vergangenheit mit sich tragen. Um die Vergangenheit auf sanfte und liebevolle Weise und ohne Feindseligkeit und Nachtragen zu bereinigen, benutzen Sie:

Die Seifenblase

Stellen Sie sich vor, Sie befinden sich in einer schillernden, glänzenden Seifenblase, deren Oberfläche alle Pfeile und versehentlichen Kränkungen abwendet. Licht aus äußerem und innerem Sehen fließt ungehindert durch Ihre Seifenblase und bringt Bilder mit sich. Stellen Sie sich jetzt ein Ereignis aus der Vergangenheit vor, bei dem Sie sich irgendwie erschöpft oder verletzt fühlten. Rufen Sie in Ihre Seifenblase alle Energie zurück, die Sie durch dieses Loch in Ihrem Energiefeld entweichen ließen. Beobachten Sie, wie die Energie in vielfarbigen Lichtbändern zu Ihnen zurückkehrt. Unerwiderte Liebe, Tritte auf die Hühneraugen, abgebrühte Grundschullehrer, Verleumdungen, Mißverständnisse: alle diese Schmerzen fließen weg, und die Narben lösen sich auf, während Sie Ihr Gefühlszentrum in die Ganzheit des Lebens einbinden und auf ein hohes Niveau bringen. Es ist nicht länger nötig, irgendeinen Bestandteil Ihrer Lebenserfahrung auszuschließen – Vergangenheit, Gegenwart oder Zukunft – in heiterer Klarheit nehmen Sie die Üppigkeit der materiellen Ebene wahr.

Kapitel 3

Umwandlung von Weitsichtigkeit, Astigmatismus und Sexualität

Sie könnten jetzt sagen: „Janet, ich bin nicht kurzsichtig, aber trotzdem trifft einiges von dem, worüber Sie im letzten Kapitel sprachen, auf mich zu." Das stimmt, weil keiner von uns einfach in eine bestimmte Schublade eingeordnet werden kann. Manchmal sind wir so, ein andermal anders. Manchmal sind wir linkshirnige Roboter, manchmal rechtsdominante Träumer. Vielleicht spiegeln wir die Tatsache, daß unser visuelles System ganz natürlich zwischen Kurzsichtigkeit und Weitsichtigkeit pendelt. Wir öffnen uns nach außen, und wir ziehen uns wieder zurück. Homöostase, die angeborene Neigung, das innere Gleichgewicht zu bewahren, bringt uns immer wieder zu einem beweglichen Zentrum von Geist, Körper und Sehkraft zurück. Es ist das Festkleben an dem einen oder anderen Punkt, das uns in Kurzsichtigkeit, Weitsichtigkeit oder Astigmatismus erstarren läßt.

Theorien über Weitsichtige

Über dieses Thema ist bisher weitaus weniger gesprochen worden als über Kurzsichtigkeit. Es ist aber durchaus nicht weniger wichtig. Beobachtungen von Freunden und Schülern, die oft seit früher Kindheit dicke Brillen trugen, zeigen, daß hier die Energie in ihrem Fluß und Ausdruck genauso grundlegend gehemmt wird wie bei Kurzsichtigkeit. Sie läßt sich im Sehsystem als eine Verkürzung der Augäpfel erkennen. Bei Weitsichtigkeit fällt der Brennpunkt der ins Auge fallenden Lichtstrahlen hinter die Netzhaut und nicht wie bei den Kurzsichtigen vor die Netzhaut. In früher Jugend kommen dazu häufig noch Schielen, Wutanfälle und eine plötzliche Wildheit, die ganz im Gegensatz steht zur Gelassenheit der Kurzsichtigen, die immer lieb sein wollen. Die Weitsichtigen werden in der Schule oft zu Legasthenikern und bringen sowohl Zahlen als auch Buchstaben durcheinander, während die Kurzsichtigen mühelos das erste Schuljahr meistern. Was geht in den Weitsichtigen vor?

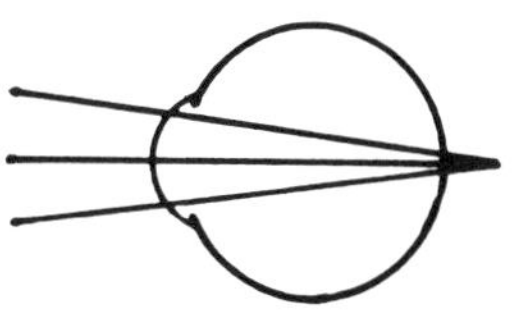

EIN WEITSICHTIGES AUGE

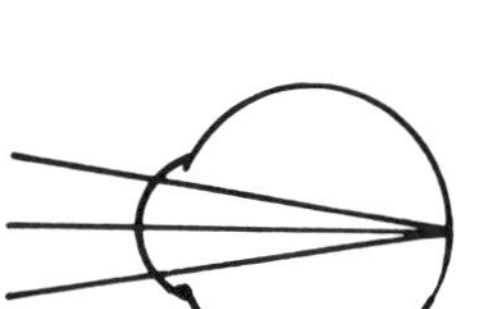

EIN NORMALES AUGE

Charles Kelley vertritt aus neo-reichianischer Sicht die Auffassung, daß die erste Ebene, auf der Weitsichtige sich zurückhalten, die Unterdrückung von Wut ist. Nach meiner eigenen Erfahrung halten sich Weitsichtige genauso unter übermäßiger Kontrolle wie Kurzsichtige, aber sie reagieren auf Autorität mit Autorität und nicht mit Angst. Die Weitsichtigen neigen dazu, Amtspersonen zu werden, um sicher zu sein, daß alles in Ordnung geht. Dies kann aber auch eine Verhaltensweise von Kurzsichtigkeit sein. Die Motive des Weitsichtigen werden jedoch weniger von dem Verlangen nach Zustimmung durch andere bestimmt, als vielmehr durch einen Hunger nach Bestätigung von seiten des eigenen Ichs.

Die Sehhaltung des Weitsichtigen ist stählern, beinahe kriegerisch. Diese Menschen sind die Wachtposten der sichtbaren Welt. Schon auf große Entfernung vermögen sie das Vorrücken des Feindes in der Ebene zu erkennen. Sie sind sich ihrer selbst sicher. Ihr Blick ist oft durchdringend. Ihre Nacken sind aufrecht und steif wie Bretter. Ihre Brust ist oft erstarrt und knöchern. Sie können sich wegen einer Angelegenheit heftig ereifern. Oft sind die Weitsichtigen, die eigentlich mit Hilfe der visuellen rechten Gehirnhälfte sehen, sich ihrer selbst am sichersten in Geschäftsbereichen, die einen gewissen Überblick erfordern, wie z. B. Public Relations und Börsenhandel. Sobald sie ihre Blicke auf den unerläßlichen Papierkram in diesen Erwerbszweigen richten müssen, landen sie in dicken Zwei- oder Mehrstärkengläsern mit haufenweise störenden Brillen. Persönliche Beziehungen sind ganz in Ordnung: Kommt aber jemand dem Herzen oder den Augen zu nahe, so weicht der Weitsichtige zurück. Womöglich könnten sonst heiße Gefühle ausgelöst werden.

In einer Welt, die zu groß ist

Anfangs sind nahegelegene Dinge nicht zu bewältigen und zu dicht am Auge, um ohne Brille bequem angeschaut zu werden. Die Plus-Linsen, die den Weitsichtigen verschrieben werden, belassen das Unbehagen im Innern und halten Sie unter dem Bann künstlicher Vergrößerung. Diese Gläser lassen die Umwelt riesig erscheinen und rücken sie – metaphorisch betrachtet – auf noch größere Distanz. Wer weitsichtigen Brillenträgern ins Gesicht blickt, nimmt ihre Augen stark vergrößert wahr. (Wie sagte doch Rotkäppchen zum Wolf? „Oh, was für große Augen du hast, Großmutter!") Seine Aufmerksamkeit den nahen und kleinen Dingen im Leben zuzuwenden kostet noch mehr Anstrengung. Beim Blick in die Ferne ohne Brille nutzen sie wahrscheinlich beide Gehirnhälften. Sobald sie auf eine Buchseite schauen, schaltet sich die linke, für Einzelheiten zuständige Gehirnhälfte ab. Beim Lesen erscheint alles sehr verschwommen: Schmerz, Unbehagen und Angst vor diesen technischen Aufgaben, bei deren Überwachung sie so gut sind, sind die Folge. Ohne ihre Brille geraten Weitsichtige in Panik, denn ihre Fähigkeit zur Ausführung besonderer Aufgaben, für die unsere linke Gehirnhälfte zuständig ist, scheint völlig von künstlicher Vergrößerung abzuhängen. „Ich kann ohne meine Brille weder denken noch hören", sagte Valerie, die, jetzt 54 Jahre alt, seit ihrer Kindheit Plus-Linsen trägt. Wenn Weitsichtige unfähig sind, sich ihren Zorn und ihre Frustration zu erhalten und auszudrücken, verfallen sie in Ängste, Argwohn und Selbstzweifel.

STELLEN SIE SICH EIN WEISSES LICHT UM DIE DINGE UND MENSCHEN VOR, DIE IHNEN AM HERZEN LIEGEN

Frieden schließen

Folgende Gedanken mögen Ihnen Erleichterung für bewußte und unbewußte geistig-seelische Verhaltensweisen schaffen:

„Ich bin zugänglich"
„Ich bin für die kleinen Dinge im Leben empfänglich"
„Meine Energie strahlt klar und friedlich in die Welt hinaus"
„Ich drücke mich anderen gegenüber wohltuend und taktvoll aus"
„Ich muß durch den Zorn durch und der Zorn durch mich"
„Meine Augen empfangen die Worte und Einzelheiten aus nahen und inneren Welten ganz sanft"
„Ich bin imstande, kreativ-vernünftig zu sein"
„Ich vertraue mir und anderen vollkommen"
„Die Welt kümmert sich um sich selbst"

Stellen Sie sich ein weißes Licht um die Erde vor. Dieses Licht geht von Ihnen oder einem beliebigen Punkt aus. Es ist liebende Klarheit. Lassen Sie das Licht um bestimmte Menschen und Situationen in Ihrer näheren Umgebung fließen. Eine sich selbst erhaltende und ausgleichende Kraft durchdringt Ihre Freunde, Verwandten und Nachbarn, während Sie Ihre Wachsamkeit zugunsten des weißen Lichtes aus Ihrer Vorstellungskraft aufgeben können. Die Welt nimmt ihr Schicksal in die eigenen Hände und gibt sie frei für Ihr eigenes Wachstum. Folgen Sie Ihren kreativen Impulsen – vielleicht machen Sie einen Spaziergang im Garten; ein weißer Schmetterling könnte auf Ihrem Ärmel landen. Sie werden ihn klar sehen. Schließen Sie Frieden mit der

... EIN SPAZIERGANG IM GARTEN

Welt im kleinen Rahmen. Treiben Sie keinen großen Aufwand, setzen Sie sich lieber zu einer Blume, Wolke oder einem Kind. Spielen Sie Ball, Tennis, Tischtennis, Squash, irgendein schlichtes Fangspiel. Werden Sie locker, und erfreuen Sie sich an kleinen Dingen, während Sie die Grundsätze beherzigen, mit deren Hilfe Sie von Ihrer Brille loskommen.

Gibt es einen astigmatischen Charakter?

Auf organischer Ebene ist Astigmatismus eine Hornhautverkrümmung (seltener eine Linsenverkrümmung), die einen ähnlichen Effekt hervorruft wie das Schauen durch gewölbtes Glas. Leichter Astigmatismus kommt und geht während des Tagesablaufs, häufig in Verbindung mit Überanstrengung der Augen. Manche Leute erzählen mir, daß sie während ihrer Studienzeit eine Brille wegen Astigmatismus trugen und sie später nie wieder benötigten. Leichter Astigmatismus verschwindet, wenn emotionale und geistige Anspannung geringer werden.

Astigmatische Sehstörungen können allein oder in Verbindung mit Kurz- und Weitsichtigkeit, auch Altersweitsichtigkeit auftreten. Schwerere Formen werden durch ausgleichende Linsen zum Dauerzustand gemacht, möglicherweise auch durch entsprechend angepaßtes Verhalten von Geist und Körper.

Welche Erfahrungen haben wir tatsächlich mit Astigmatismus? Die Augen schmerzen und brennen. Sie ermüden rasch. Gerade Linien wiederholen sich, der Mond leuchtet gleich mehrmals am Himmel.

Wenn astigmatische Augen reden könnten, würden sie vielleicht klagen: „Autsch, die Welt tut mir weh!", und „Was ich da sehe, ist schmerzhaft und erschöpfend". Vielleicht lassen Sie sich den Ursprung solcher Empfindungen einmal durch den Kopf gehen. Denken Sie auch darüber nach, welches Auge vom Astigmatismus betroffen ist. In der Philosophie der Iridologie repräsentiert das rechte Auge die linke Gehirnhälfte und das linke Auge die rechte. Ich vermute, daß der astigmatische Streß in meinem rechten Auge mit dem Widerstand aus meiner Kinderzeit gegen die irdische Außenwelt zusammenhing. Ich zog mich ins Reich der Märchen und Bücher zurück, um eine Auseinandersetzung mit „Schmerz und Verwirrung" der realen Welt zu vermeiden.

Viele Menschen, unter ihnen Robert Mendelsohn, Verfasser von *Confessions of a Medical Heretic,* haben angenommen, daß der hohe Prozentsatz von Astigmatismus bei Babys und Kindern eine Folge des Geburtstraumas sein könnte: Zangengeburten, das grelle Licht in Krankenhäusern und die Gewohnheit,

Neugeborenen zur Vorsorge ätzende Lösungen in die Augen zu träufeln.

Schmerzfrei werden

Meinen eigenen Erfahrungen mit Astigmatismus und Gesprächen mit Schülern entsprangen einige Gedanken, die hilfreich sein dürften.

> „Meine sichtbare Welt ist zusammenhängend und glatt“
> „Die Welt ist aufrichtig zu mir. Sie spricht offen mit mir“
> „Meine Augen empfangen Linien und Formen passiv und friedlich“
> „Ich weiß, in der großen Welt wird von mir erwartet, daß ich mich liebe und ich selber bin“
> „Die Welt ist weich, sanft und empfänglich für mich“

Das Bild einer Neugeburt

Schließen Sie die Augen und stellen Sie sich die folgenden Gedanken vor: „Ich bin hier. Ich fühle, wie mein anmutiger und harmonischer Körper sich fließend aus der umgebenden Dunkelheit in sich ausdehnendes Licht bewegt. Das Licht ist weich, warm und sanft. Seine Hände halten und beruhigen mich, ich spüre, wie meine körperlichen Grenzen in den runden, zusammenhängenden, pulsierenden Leib gleiten, der mein wahrnehmendes Selbst darstellt. Ein Summen tropft in meine Ohren wie rieselndes Wasser. Ich will meine Augen öffnen, weil ich entzückt sein werde, willkommen geheißen von vor Liebe strahlenden Gesichern und funkelnden Farben, die mir ein lebenslanges, großes Vergnügen bereiten ..."

Auch wenn Sie Ihre Augen nur geringfügig durch die oben und später erläuterten anregenden Aktivitäten reaktivieren, erleben Sie möglicherweise einige emotionale Hochs und Tiefs. Emotion ist Energie in Bewegung. Reine Emotion ist undifferenzierte Energie. Sie könnten ein Gefühl etwa „Glück", „Zorn", „Furcht", „Gram", „Frustration" oder „Freude" nennen. Die Spielbreite Ihrer Emotionen bestimmt die Reichweite Ihres Geistes. Wie „emotional" Sie sein können, hängt nicht davon ab, wieviel Pathos Sie heraufbeschwören oder wie intensiv Sie mit negativen Gefühlen beschäftigt sind, sondern wie stark Sie gegenüber dem Leben fühlen. Ein beweglicher, emotionaler Mensch erlebt bewußt das Ebben und Fluten der positiven und negativen Aspekte des Lebens und kehr immer wieder zu seiner Mitte zurück.

Der Weg des besseren Sehens auf natürliche Weise vermittelt körperliche und geistige Beweglichkeit und öffnet einen Durchgang durch Ihren Körper und Geist. Bedeutungsvolle Erfahrungen werden dann durch Ihre Augen wahrgenommen.

Betrachten Sie das Auf und Ab Ihrer Sehkraft mit Langmut. Lassen Sie sich auch von Schwankungen in der Motivation nicht überraschen. Das ist natürlich. Der Wunsch, klar zu sehen, hilft Ihnen über Zeiten der Entmutigung oder Teilnahmslosigkeit hinweg.

Betrachtung der Sexualität

Sexuelles Aktivsein und sexuelle Interessen entspringen aus der Bewegung der universellen Lebensenergie. Ist diese Energie in uns blockiert, so werden unsere sexuellen Äußerungen gestört statt erhört. Viele von uns haben Probleme wegen der primitiven Darstellungen der Sexualität in den Massenmedien. Zweifellos wird die sexuelle Energie durch äußere und innere Bilder angeregt. Doch es sind unsere eigenen angenehmen und positiven Erfahrungen mit der Sexualität, die unser ganzes Wesen einbezieht (Körper, Geist, Fantasie, Seele), die uns schließlich das Leben in einem gesunden, lebensbejahenden sexuellen Universum ermöglichen.

Starke und klare Botschaften, die durch Worte allein entkräftet würden, werden von den Augen vorzüglich übermittelt. Augen teilen sich durch den Austausch von Energie mit.

Der primäre sexuelle Augenkontakt besteht zwischen Mutter und Baby. Die erotischen Gefühle des Stillens, eingebettet in Zärtlichkeit und Fürsorge, fördern später auch die Kommunikation zwischen Liebespaaren. Ein Hochspannungsstrahl von Augenpaar zu Augenpaar initiiert einen Prozeß des Heilens, Verschmelzens, Spielens – der geteilte Ausdruck unseres kostbaren Lebensinhalts.

Wenn man die ganze Tiefe möglichen Sehens zeitweilig durch die Augen eines anderen wahrnimmt, werden die Lichtschwingungen intensiver. Das Sehen bekommt eine Qualität weit über das übliche Maß hinaus. Es ist von der Art der Augenblicke absoluter Spitzenklarheit, die Schüler auf dem Weg zu natürlichem besserem Sehen vor Begeisterung über ihr Sehvermögen überschäumen läßt, wenn sie zum Kurs kommen.

Die Beweglichkeit, Aufnahmebereitschaft und Geschmeidigkeit, die klares Sehen entstehen läßt, fördert auch positive sinnliche und sexuelle Ereignisse. Mir haben Frauen erzählt, daß sie beim Geschlechtsverkehr Kopfschmerzen bekommen. Und wir stellen bei genauerer Betrachtung dieser Situation fest, daß verschiedene Dinge dabei ablaufen.

1. Die Augen sind fest geschlossen, und in Gedanken sagt man sich: „Ich sollte dieses oder jenes fühlen." – „Warum reagiere ich nicht darauf?" – „Mache ich das richtig?" – Die linke Gehirnhälfte spult vorprogrammierte Bänder ab.
2. Der Nacken ist angespannt und blockiert den sexuellen Fluß zu den Augen. Die Zähne sind zusammengebissen.
3. Ihr Körper ist da, Ihr Geist fragt sich, was Sie wohl morgen kochen sollen. Ist das sexuelle Langeweile? Ist ein Anflug von Schuldgefühl dabei?

Entspannen und strahlen Sie

Öffnen Sie Ihre Augen, schauen Sie, wo Sie sich befinden. Neigen Sie Ihren Kopf von Seite zu Seite. (Ein paar schnuckelige Küsse auf die verspannten Halsmuskeln tun gut.) Öffnen Sie Ihren Mund und hauchen Sie klingende Seufzer. Lenken Sie Ihren Geist auf Bilder und nicht auf Gedanken, und denken Sie daran:

1. Sie sind Energie und befassen sich liebevoll mit Energie.
2. Sie sind ganz Sie selbst und das genügt.
3. Die sexuelle Energie steigt auf bis in Ihr Sehvermögen und erzeugt ein Kaleidoskop leuchtender Farben und

bewegter Bilder, die Ihr ganzes Wesen dorthin tragen, wo Sie hingelangen sollen.

Das Rote im Grünen

Rot ist in der Tradition und Metaphysik Träger der sexuellen Energie. Vielleicht wollen Sie sich diese Farbe vorstellen, um Ihren Organismus auf den Strom von vitaler Energie vorzubereiten, der uns durchdringt, wenn wir allmählich lebendiger werden. Wenn wir dann mit der Ganzheit eins sind, wird unsere Sehkraft die sexuelle Energie aufnehmen, die von der Natur in den Blumen, Bäumen und zauberhaften Regenbogen ausgedrückt wird – und wir lassen die Schönheiten der irdischen Welt bei jedem Schritt in uns einströmen. Als Beispiel dazu die folgende persönliche Geschichte eines bedeutsamen Wahrnehmungserlebnisses durch den Austausch sexueller Energie.

Während ich meinen Gefährten umarmte, schaute ich zum blauweiß gesprenkelten Himmel. In diesem Augenblick durchlief ein funkelnder Energiestrom mein Herz und entwich aus meinem Kopf. Mein Denkvermögen war von diesem Wandel der Wahrnehmung gefesselt. Ich sah das saftige grüne Gras, als ob ich selbst Gras wäre. Etwas in mir klärte sich durch die Tiefe, die smaragdgrüne Emotion und Überfülle des üppigen Grases. Ich schloß meine Augen und wurde durch die gleichen Grashalme begrüßt, die nun scharlachrot hervorquollen. An ihren Wurzeln erblickte ich ein tieferes Orangerot. Als ich meine Aufmerksamkeit dem Raum über dem Gras zuwendete, sah ich lebendige Flammen in die Luft züngeln. Erstaunt öffnete ich meine Augen, doch das Rote im Grünen war weiterhin sichtbar. Ich erkannte, daß die Fähigkeit, Rot mit Grün zusammen wahrzunehmen, durch eine wissenschaftliche Erläuterung der chemischen Prozesse in der Netzhaut erklärt werden könnte, doch ich sah diese Farben gleichzeitig und mit offenen Augen. Die Wissenschaftlerin in mir ließ sich bereitwillig in die Kunstgalerie impressionistischer Maler in meiner Erinnerung entführen. Ein neues Verständnis bildete sich in meinem Geist. Cézanne und andere Impressionisten hatten Komplementärfarben nebeneinander verwendet, um eine visuelle Illusion von Lebendigkeit und Licht in der Natur zu erzeugen. Wieder eine Gruppe von sexuell interessierten Initiatoren, die man zunächst verhöhnte und dann hoch einschätzte.

Das rote Leuchten in meinen Augen hielt lange an. Liebreiz erfüllte mich und würzte die Tränen, die mir über die Wange liefen. Ich ergoß diese unausgesprochenen Gefühle in die Augen meines Freundes.

Kapitel 4

Die Klarheit kehrt zurück

Jetzt schaffen wir die Grundlagen, die Ihnen helfen, Ihre Brille loszuwerden. Vielleicht brauchen Sie Ihre jetzigen Gläser, um den folgenden Abschnitt lesen zu können. Das ist verständlich. Lesen Sie den Text, legen Sie dann das Buch beiseite, und führen Sie die Anweisungen ohne Brille aus, so gut es Ihnen möglich ist. Oder sprechen Sie die Erläuterungen auf Band und spielen sie sich anschließend vor.

Schließen Sie Freundschaft mit dem verschwommenen Sehen

Setzen Sie sich behaglich hin, und legen Sie die Spitzen Ihrer beiden Mittelfinger sanft auf Ihre beiden Stirnbeinhöcker. Lassen Sie sich die folgenden Gedanken durch den Kopf gehen: „Ich *muß* überhaupt nichts klar sehen. Ich bin dankbar für das, was ich augenblicklich sehen kann. Ich sträube mich nicht mehr gegen die Unschärfe und nehme ihr auch nicht mehr übel, daß es sie gibt. Ich erkenne, daß dies mein gegenwärtiges Sehvermögen ist, und akzeptiere es. Ich genieße die Unschärfe. An mir vertrauten Orten finde ich mich zurecht. Ich bin imstande, tief zu atmen. Ich erkenne vielleicht meine Freunde auf der gegenüberliegenden Straßenseite nicht oder kann die Anschriften im Telefonbuch nicht entziffern, aber das geht vorüber. Ich bin imstande, mich in dieser Wasserfarbenwelt zu entspannen und gehen zu lassen. Nach und nach werde ich verstehen, wie ich diese Welt geschaffen habe und wie ich sie in Klarheit umwandeln kann."

Gestatten Sie sich, die visuelle Welt so wahrzunehmen und zu schätzen, wie sie sich Ihnen jetzt darbietet. Nehmen Sie sich Zeit dafür. Atmen Sie tief und gähnen Sie, als säßen Sie im Kreis guter Freunde in Ihrem Lieblingssessel. Gähnen Sie herzhaft, gleich mehrmals, und strecken Sie sich dabei.

Die Verantwortung für Ihr Leben haben Sie, erkennen Sie das an. Ihr gegenwärtiges Sehvermögen ist zu diesem Zeitpunkt vollkommen ausreichend und angemessen. Sie akzeptieren den augenblicklichen Zustand und wissen, daß Sie imstande sind, ihn durch aktive Teilnahme am Fluß der Lebensenergie zu verändern.

Atmen Sie tief ein. Ihr Denken wird weicher, sanfter. Und mit den Fingerspitzen immer noch an der Stirn, fahren Sie mit folgenden Gedanken fort: „Ich weiß, daß die Welt um mich herum lebendig ist und sich ständig verändert. Meine Augen und mein Verstand sind ebenfalls beweglich, beschwingt. Ich bin flexibel, und ich lasse mich auf dieses Abenteuer der Selbstheilung ein. Die Natur und die wundervollen Kräfte meines kreativen Denk- und Vorstellungsvermögens unterstützen mich dabei."

Gähnen tut gut

Ach, dieses Gähnen. Wenn wir unbewußt unseren Atem anhalten, unterbinden wir den Energiefluß durch unseren gesamten Organismus. Ein wenig entspanntes Gähnen öffnet die Tür zu vollerem Atmen. Wenn ein gewaltiges Gähnen einsetzt, entdekken Sie vielleicht eine Veränderung, ein Hellerwerden, mehr Tiefe in der Welt um sich herum. Halten Sie ein und würdigen Sie das. Sie haben sich entspannt und sind aufnahmebereiter geworden, mehr in Übereinstimmung mit Ihrem Lebensraum.

Stellen Sie sich vor, Sie seien ein goldbrauner Löwe, der sich in der warmen Sonne einer afrikanischen Steppe behaglich räkelt. Ihre Freunde und Familienangehörigen, malerisch auf die Äste der umliegenden Bäume drapiert, dösen vor sich hin. Andere spielen im schimmernden Licht des Nachmittags träge auf dem weichen Bauch der gerösteten Erde. Sie strecken Ihre Vorderläufe, reißen Ihren großen Rachen auf, gähnen gewaltig und lassen beim Ausatmen ein sanftes Grollen ertönen. Das hat so gut getan, daß Sie es gleich wiederholen. Diesmal spannen Sie Ihre geschmeidigen Schultern an, ziehen sie nach oben und nach vorn, während Sie einatmen. Beim Ausatmen entspannen Sie sich mit katzenhafter Geschmeidigkeit. Aus Ihrem geöffneten Löwenrachen fließt ein schnurrender Ton.

Das „unaufhörliche" Gähnen: Die Menschen kontrollieren ihren Ausdruck durch den Atem. Gähnen ist die natürlichste, befreiendste und bestmögliche Art zu atmen, wenn wir frischen Sauerstoff brauchen, die Muskeln sich strecken wollen oder ein anderes Tempo einschlagen. Trotzdem hat man uns beigebracht, Gähnen zu unterdrücken. Diesen Zustand wollen wir ändern.

Gähnen öffnet das Kiefergelenk und befreit den Kaumuskel. Dieser Muskel verspannt sich, wenn wir zu viel denken, und läßt die Zähne in der Nacht knirschen. Ein anderer Muskel, der sogenannte Schläfenmuskel (Temporalis), unterstützt den Kaumuskel (Masseter) beim Schließen des Kiefers. Weil er an beiden Seiten des Kopfes sowie im Bereich der Schläfen ansetzt,

kann Spannung in diesem Muskel Kopfschmerzen verursachen. Sind Masseter und Temporalis angespannt, so verspannen sich auch die Muskeln um den Mund, in den Wangen und um die Augen. Mehrmaliges kräftiges Gähnen sorgt dafür, daß sich alle diese Muskeln an- und entspannen. Ihre Zähne, Kiefer, Gehirn und Augen werden es Ihnen danken.

Unbewußte Botschaften werden ständig zwischen Menschen ausgetauscht, und manchmal sind diese Unterströmungen der Kommunikation wichtiger als die vernünftigen Worte, die aus dem Mund kommen. Da gähnt plötzlich jemand, und alle anderen Anwesenden machen es nach, ohne sich etwas dabei zu denken. Das läßt sich sogar noch weiterführen: Veranstalten Sie ab und zu Gähn-Partys mit Kindern und Freunden. Wenn die anfänglichen Hemmungen überwunden sind, haben alle ihren Spaß daran. Bäuche lockern sich, ärgerliche Gedanken verschwinden, reinigende Tränen laufen über die Wangen. Unbehindertes Gähnen hat so viele Vorzüge, daß ich sie Ihnen aufschreiben will:

1. Gähnen führt den Körperzellen, Augen, dem Gehirn frischen Sauerstoff zu.
2. Gähnen spannt erst und lockert dann die Muskeln um die Augen. Ein kraftvolles Gähnen tut das für alle Muskeln von der Schädeldecke bis zu den Zehenspitzen – einschließlich der Schultern (Trapezius), der Augen (orbicularis oculi), des Nackens (Hals-Nackenstrecker und -beuger) und des Bauches (Abdominalmuskeln).

3. Gähnen kann negative Stimmungen ins Positive wenden.
4. Gähnen verändert den pH-Wert des Blutes und verringert den Giftstoffpegel in Ihrem gesamten Organismus.

5. Unser Verstand wird durch Gähnen aufgeschlossener für neue Erfahrungen.
6. Es unterstützt die Entgiftung der Leber und gleicht den Energiefluß im Lebermeridian aus.
7. Es weckt Sie morgens auf und leitet nachts über in tiefen und geruhsamen Schlaf.
8. Gähnen regt die Produktion erfrischender Tränen an, die müde Augen baden und chronisch trockene Augen anfeuchten.
9. Es entspannt den Solarplexus-Bereich und Bauchmuskeln, mit denen Verdauungsbeschwerden zusammenhängen. Wohlbefinden breitet sich in Ihrem Bauch aus.
10. Schreiben Sie auf, was Gähnen alles für Sie tut.

Wenn Sie gähnen möchten und sich unter Menschen befinden, die ihre Vorurteile ungeniertem Gähnen gegenüber noch nicht überwunden haben, entschuldigen Sie sich einfach und sagen: „Ich fühle mich in Ihrer Gesellschaft so locker, wohl und entspannt, daß ich jetzt gleich zu gähnen anfange.“ Sehr wahrscheinlich wird jemand lächeln und gleich mitziehen.

Gähnen mit Ton

Wenn wir ein gewisses Alter erreicht haben, geben wir meist keine Töne mehr von uns. Kein anständiges Gähnen würde sich jedoch gerne tonlos erwischen lassen. Um einen Ton von sich zu geben, müssen wir den Mund öffnen (ja, ganz weit öffnen). Zeigen Sie der Umwelt Ihre Zähne, Zunge und den Rachen, während Sie Atem holen – dann lassen Sie die Luft genüßlich durch den Mund wieder entweichen. Lassen Sie dabei Ihr ganz persönliches *ungehemmtes* Brüllen, Gurren, Flöten, Trällern, Knurren, Grunzen oder Wehklagen erschallen. Werden Sie damit vertraut, wie es sich anhört, wenn Sie sich entspannen. Nach und nach werden sich Ihre Familie und Freunde auch daran gewöhnen. Und wer weiß? Vielleicht machen sie bald sogar mit.

Es ist beim Gähnen völlig natürlich, mit einem Ton auszuatmen. Wir sind Klangkörper. Den meisten Leuten wurde jedoch von Kindesbeinen an beigebracht, daß das rationale Sprechen (linke Gehirnhälfte) die einzig annehmbare Art sei, sich zu äußern. Summen, zwitschern, plappern, winseln, stöhnen, trällern und singen wurden abgewürgt. Die Kehlen verspannen sich, die Kiefer bleiben unbeweglich und die Zähne knirschen. Befangenheit und Verlegenheit halten wirkungsvoll jeden nichtsprachlichen spontanen Laut zurück. Dem wollen wir abhelfen.

Natürliche menschliche Ausdrucksformen zu unterdrücken, wie z. B. den spontanen Drang zum Seufzen, Knurren oder Jubeln, kostet Energie. Wenn Sie die nichtsprachlichen Ausdrucksmöglichkeiten Ihrer Stimme wieder zulassen, wird Energie freigesetzt, und Körper und Geist können sich entspannen. Allein schon Klang in Verbindung mit bildlichen Vorstellungen ist ein wirkungsvolles, freudiges inneres Mittel zum Aktivieren des Sehvermögens.

1. Negative Emotionen, Gedanken und Schwingungen werden durch Klang aus Ihrem Körper gespült.
2. Der Ton selbst wird zur positiven Emotion (engl.: *emotion = energy in motion* = Energie in Bewegung)
3. Rhythmisches Summen regt die kreative, visuelle (rechte) Gehirnhälfte an.
4. Töne bringen Nerven- und Muskelgewebe sowie die Knochen zum Schwingen, lockern und energetisieren sie und sorgen für minimale Ausgleichsbewegungen der Schädelknochen um unsere Augen und den Sehnerv.
5. Sie können Klangfarbe, Höhe, Lautstärke und Richtung des Tons kontrollieren und damit heilende Schwingungen in jeden Körperteil senden.

Ihr Harmonium wird gestimmt

Setzen Sie sich mit geschlossenen Augen bequem hin. Atmen Sie alle Reste alter, abgestandener Luft aus Ihren Lungen. Öffnen Sie den Mund und atmen Sie in Bauch und Brust ein. Atmen Sie aus mit einem HAMMMMMMMMMMMMM und lassen Sie die ganze Luft ausströmen. „Hammen" Sie ein Weilchen weiter und erforschen Sie dabei das Auf und Ab sowie die Schwingungsbreite Ihres HAMMMMMMMMMMMM. Wählen Sie eine Stimmlage, die schwingt. Achten Sie darauf, wo Sie die

Vibrationen in Ihrem Körper fühlen. Verstärken Sie das HAMMMMMMMMMMMM. Geben Sie mehr Atem hinein, bis Sie einen warmen, runden und festen Ton haben.

Öffnen Sie Ihren Mund und lassen Sie den Ton herausströmen. Stellen Sie sich vor, daß Sie diesen Ton in Ihre Hände lenken. Fahren Sie fort, bis Ihre Hände strahlen und leise vibrieren. Lenken Sie den Ton in Ihr linkes Auge. Die Tonhöhe steigt vielleicht, wenn Sie sie weiter nach oben in Ihren Körper leiten. Es kann sein, daß Sie Ihre Backenknochen zuerst schwingen fühlen, dann die Nebenhöhlen und die Nase. Lenken Sie das sanfte, aber intensive HAMMMMMMMMMMMM in ihr rechtes Auge. Stellen Sie sich vor, wie die Schallwellen Ihre Augenlider, Augenmuskeln, Sehnerven, das Augengewebe und die Blutgefäße durchfließen.

Stellen Sie sich vor, daß Ihr HAMMMMMMMMMMMM-Ton jetzt aus beiden Augen strömt und an einem Punkt direkt vor Ihnen zusammenfließt. Die Augen sind noch geschlossen. Lassen Sie diesen Punkt aufleuchten und in einer Farbe Ihrer Wahl erstrahlen. Machen Sie das über fünf Atemzüge hinweg und öffnen Sie anschließend Ihre Augen.

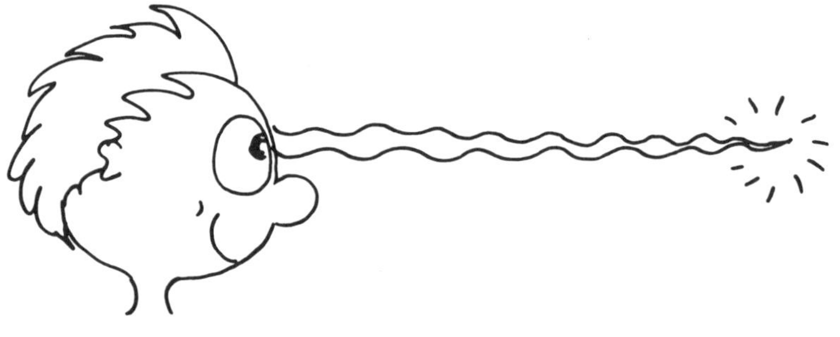

Vertonen von Farben

Um Ihre Fähigkeit zur Vorstellung von Farbe zu erweitern, kombinieren Sie sie mit einem Ton. Bei geschlossenen Augen bitten Sie den Ton einer besonderen Farbe – etwa Smaragdgrün – zu Ihnen zu kommen. Atmen Sie kräftig aus, danach ebenso kräftig wieder ein. Öffnen Sie den Mund und lassen Sie den Ton aus sich herausströmen. Welcher Ton kommt, spielt keine Rolle. Bitte fällen Sie beim Umgang mit Tönen keine Urteile – kein Ton ist richtig, keiner falsch. Atmen Sie den Grünton mehrmals. Dann wenden Sie sich anderen Farben zu: Butterblumengelb, Sonnenuntergangsorange, Himmelblau, chinesisches Drachenrot, Fliederlila, Veilchenblau.

Lockerung mit Massage

Tieferes Atmen, erhöhte Beweglichkeit und die gesteigerte Fähigkeit, sich lebendig auszudrücken, liefern Ihnen mehr Energie. Manchmal gelangt dieser Gezeitenstrom von Energie in alte Verhaltensmuster, wobei vielleicht die Augen ermüden und die Schultern sich verspannen. Gähnen und positive Gedanken helfen dem ab. Zusätzlich erscheint beim Überwinden von Durststrecken außerdem manchmal eine Massage der Muskeln angebracht.

Es ist wunderbar, wenn Sie jemanden haben, der Sie massiert. Lassen Sie sich so oft wie möglich massieren. Falls aber kein Kandidat dafür zur Verfügung steht, heißt es „Do-it-yourself". Ergreifen Sie die Initiative, statt stoisch an versteifter und schmerzender Muskulatur zu leiden, und massieren Sie sich selbst.

Der obere Trapezius-Muskel (Schulter) wird unvermeidlich angespannt, wenn die Augen (und die Ohren) belastet sind. Er zieht am Kinn und zerrt an den Schulterblättern. Greifen Sie mit Ihrer rechten Hand zum linken Schultermuskel. „Heben" Sie den Muskel hoch und halten Sie ihn fest. Sie können dabei auch HAMMMMMMMMMMMen, so daß die Spannung durch diesen Ton entweichen kann. Nun kneten Sie den Muskel wie Brotteig. Zum Schluß streichen Sie den Muskel energisch mit der Hand nach außen ab. Die rechte Schulter verdient die gleiche Behandlung. Ergreifen Sie sie mit der linken Hand. Wenn Sie den Ellenbogen mit der anderen Hand stützen, können Sie besser ansetzen.

Die Ohren einstimmen

Augen und Ohren sind eng miteinander verbunden. Als Babys wenden wir den Kopf in die Richtung klingender Glocken, berühren sie mit den Augen und strecken dann die Hände danach aus. Später können uns laute und unharmonische Musik, unerwünschtes Streiten sowie durchdringende Geräusche dazu veranlassen, Ohren und Gehör einfach „abzuschalten". Um das Hören wieder neu einzustimmen, massieren Sie im Kreis um Ihre Ohren. Darauf folgt eine gründliche Massage der Ohren selbst. Dadurch werden die Gehörzentren in Ihrem Gehirn wieder eingeschaltet, und ein angenehmes Gefühl wohliger Wärme breitet sich in Kopf und Ohren aus.

TRAURIG

Schönheit widerspiegeln

Wenn Sie Ihre Brille ablegen und zum visuellen Trickfilmkünstler werden, beginnen Ihre Augen zu strahlen. Freunde machen Ihnen Komplimente, und Ihr Gesicht verwandelt sich.

ÜBERRASCHT

Angespannte und überforderte Augen, eingesperrt hinter Brillengläsern, führen immer zur Anspannung der Gesichtsmuskulatur, und wir wirken älter, müde, betrübt oder mißtrauisch. Die drei Muskelgruppen, die den Zustand der Augen (des Gemüts und Geistes) wiedergeben, sind die vier Stirnrunzler, die Augenkneifer und die Waschbrettstirnzieher. Jede dieser Muskelgruppen übermittelt eine deutliche Botschaft, wenn sie sich zusammenzieht.

ZORNIG

18 Jahre lang untersuchten Paul Edman und Wallance Friesen, Psychologen an der Universität von Kalifornien in San Francisco, Gesichtsausdruck und Körperbewegung unter der Schirmherrschaft des NIMH (National Institute of Mental Health). Forschungen in verschiedenen Kulturen ergaben, daß die Gesichtsausdrucksweisen in der ganzen Welt über die Gesichtsmuskeln Emotionen „einfrieren". Der Ausdruck auf Ihrem Gesicht teilt Ihre Empfindungen anderen immer mit, ob Sie sich dessen bewußt sind oder nicht. Selbst wenn Sie auf die Frage: „Wie geht es Ihnen?" mit „gut" antworten, verrät Ihr Gesicht, mit welcher Art von Gedanken Sie sich gerade beschäftigen. Sie glauben vielleicht, daß Ihr Gesicht „ausdruckslos" erscheint, doch die chronische Spannung der Muskeln spricht eine andere Sprache. Der „eingefrorene" Ausdruck unserer Gesichter mag traurig sein *(Mundwinkel sind nach unten gezogen)*, überrascht *(Augenbrauen sind ein wenig hochgezogen)*, ärgerlich *(Augenbrauen sind gesenkt bzw. die Lippen gepreßt)* oder betrübt *(Augenbrauen sind ein wenig hoch- und zusammengezogen)*. Diese

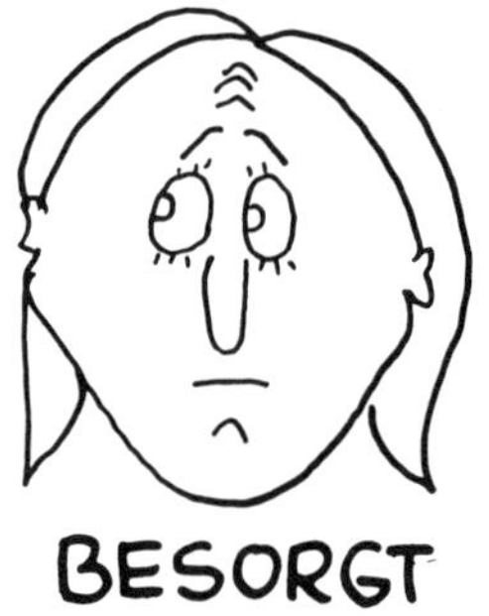

BESORGT

unausgesprochenen Botschaften des Gesichts zeigen den chronischen Zustand von Geist, Augen und Emotionen auf.

Ich erachte es aus verschiedenen Gründen für wichtig, den Streß in bezug auf die Augen und die Verspannung in unseren Gesichtern, die durch Brillentragen häufig gefördert und maskiert werden, zu erkennen und zu beseitigen.

1. Möglicherweise übermitteln wir unseren Freunden und unseren Lieben ganz andere Botschaften als jene, die wir ihnen eigentlich zukommen lassen wollen. Zum Beispiel mag eine Mutter, die ständig ihre Augenbrauen bekümmert zusammenzieht, sich der Tatsache, daß sie ihrem Kind Mißfallen signalisiert, nicht bewußt sein. „Ich dachte, die Mutter wäre mir böse", meint das Kind. Zusammengekniffene Augen verweisen auf Zorn und Abscheu. Glück hingegen zieht die Mundwinkel nach oben. Die Augen glänzen und leuchten, die Stirn ist glatt.
2. Die Meldungen über Verspannungen im Gesicht lösen in Ihrer Seele das Gefühl der Selbstverachtung aus.
3. Der angespannte Gesichtsausdruck macht die Augen starr.
4. Wenn wir die Gesichtsmuskulatur, die unbewußte negative Emotionen festhält, freisetzen, lassen sich diese unerwünschten Merkmale leichter beseitigen.
5. Entspannte Gesichter sehen jünger aus, sind attraktiver und SEHEN auch besser.

Runzeln ausbügeln und Waschbretter glätten

Wenn Leute, die schlecht sehen, ohne Entspannung von Körper und Geist ihre Brille weglegen, runzeln sie häufig die Stirn und kneifen die Augen zusammen. Altersweitsichtige, die Lesebrillen ablehnen, und Weitsichtige, die das gedruckte Wort auf Armeslänge halten, runzeln ihre Stirn zu einem Waschbrett, indem sie die Stirnmuskeln hochziehen.

Schauen Sie in den Spiegel. Wer ist diese Person dort und was sagt sie? Lächeln Sie sich zu, legen Sie sich dann hin oder machen Sie es sich mit einem Kissen unter jedem Ellenbogen bequem, und:

1. Runzeln Sie Ihre Stirn und ertasten Sie den Muskel, der diesen Ausdruck der Besorgnis auslöst, mit den Fingerspitzen. Ergreifen Sie mit Daumen und Zeigefinger einen kleinen Teil dieses Muskels und kneifen Sie ihn schnell und kurz. Spüren Sie den Schmerz (Autsch!). Schicken Sie mit diesem „Autsch" einen bewußten

Befehl in die linke Gehirnhälfte und ordnen Sie an, daß sie diesen Muskel losläßt. Nun HAMMMMMMMMMMMen Sie drei Sekunden lang, um die rechte Gehirnhälfte zu aktivieren. Diese kleine Prozedur dient dazu, die Nervenrezeptoren in den Muskeln aus der Aufsicht der trübsinnigen, verunsicherten, besorgten linken Gehirnhälfte zu befreien und sie wieder der Obhut der entspannten und kreativen rechten Gehirnhälfte anzuvertrauen! Dies entspricht in etwa einem Verfahren, das in *Touch für Health* („Gesund durch Berühren") als Spindelzellenmechanismus bekannt ist. Behandeln Sie den ganzen Muskel, der für das unbewußte gewohnheitsmäßige Stirnrunzeln verantwortlich ist, auf diese Weise.

2. Legen Sie Ihre Fingerspitzen auf Ihre Augenbrauen und ziehen Sie sie auseinander, um das Stirnrunzeln zu beseitigen. Schließen Sie dabei Ihre Augen und stellen Sie sich vor: „In der Mitte meiner Stirn befindet sich ein winziger, runder Edelstein. Er leuchtet mit einem inneren Licht, das jetzt auch nach außen strahlt. Seine Ausstrahlung ist zunächst nur ein paar Zentimeter groß. Das Licht glänzt in einem schimmernden Lavendelblau mit irisierenden Streifen von Rosa und Gold, die am Rand aufblitzen. Während ich atme, dehnt sich der Lichtschein aus. Dabei glättet sich die Haut auf meiner Stirn und wird gedehnt und glatt. Das Licht breitet sich aus, vertreibt alle bösen, trüben und belastenden Sorgen, und meine Stirn weitet sich nach allen Seiten bis sie wie ein ruhiges Meer daliegt."

STREICHEN SIE MIT DEN FINGERSPITZEN DIE BRAUEN NACH AUSSEN

3. Wenden Sie die Spindelzellenmethode beim Stirnmuskel an. Seine Fasern verlaufen senkrecht, kneifen Sie ihn also mit Daumen und Zeigefinger in kurzen Abständen von oben nach unten. Fordern Sie von Ihrer linken Gehirnhälfte mit Nachdruck, den Muskel loszulassen. Halten Sie inne und summen HAMMMMMMMMMMMM. Massieren Sie dann gründlich längs des Haaransatzes, wo der Stirnmuskel ansetzt.

4. Legen Sie Ihre Fingerspitzen an Ihre Augenbrauen. Ziehen Sie sie *ganz leicht* nach unten und halten Sie die Brauen fest, während folgende Gedanken und Bilder durch Ihren Kopf gehen: „Meine Augenbrauen sind zwei mutige Albatrosse, die einen langen und kühnen Flug über den Ozean hinter sich haben. Jetzt haben sie ihr Flugziel erreicht und lassen sich zur Rast an einem warmen Sandstrand nieder. Die großen Flügel dieser

edlen Vögel falten sich ein und ruhen traulich am Körper. Ihr Herzschlag verlangsamt sich. Sie freuen sich auf einen langen, heiteren Aufenthalt am sanft plätschernden Meer. Meine Augenbrauen sind diese Vögel."

Schließen Sie die Augen. Legen Sie Ihre Mittel- oder Zeigefinger fest und sanft auf den unteren Rand der Augenhöhlen. Drücken und kreisen Sie einige Sekunden. Lassen Sie Ihre Finger auf diese Weise ums ganze Auge wandern. Wechseln Sie zu den Daumen über, wenn Sie zum oberen Rand der Augenhöhle gelangen.

Eine Erneuerung von visuellem Ausdruck und Wahrnehmungsfähigkeit geht Hand in Hand mit der Entspannung der Gesichtsmuskulatur. Bald beginnen Aufmerksamkeit und Spannung aus Ihren Augen zu weichen, und es fühlt sich so an, als sähen Sie mit dem ganzen Gesicht. Letztendlich werden Sie mit dem gesamten Körper sehen.

Der Flaschenhals wird entkorkt

Wer angestrengte Augen hat, verspannt im allgemeinen auch Hals und Nacken. Steifnackige Leute erhalten sich ihr kompensierendes Verhalten, indem Sie die seitlichen Halsbeuger, die den Kopf nach rechts und links drehen, und die Halsstrecker im Nacken, die den Kopf nach oben und unten neigen und ihn gegen die Schwerkraft aufrecht halten, chronisch verkrampfen. Es steht Ihnen wirklich zu, Ihren Hals aus dieser unbewußten Schlinge zu ziehen. In seinem Buch über die Wiederherstellung der Lernfähigkeit bei Kindern und Erwachsenen schreibt Paul Dennison: „Wenn Hals und Nacken entspannt und locker sind, können Körper und Kopf zusammenarbeiten. Sind sie verspannt und blockiert, so wirken sie wie ein Ventil, das die Energiezufuhr unterbricht ..."

Drücken Sie mit den Mittelfingern beider Hände sanft, aber bestimmt in den hinteren Halsansatz. Ziehen Sie die Muskeln von der Wirbelsäule weg. Lassen Sie Ihre Hände nach oben wandern und lockern Sie die seitlichen Nackenmuskeln bis hin zur Schädelbasis. Gehen Sie dabei langsam und behutsam vor und atmen Sie rhythmisch. Stellen Sie sich vor, daß Sie gerade von der besten Krankengymnastin der Welt massiert werden.

Diese Nackenmuskeln setzen an der Schädelbasis Ihres gewichtigen Kopfes an. Drücken Sie auf die Dauer von drei tiefen Atemzügen mit den Daumen in die Vertiefungen dort. (Druck beim Ausatmen, Nachlassen beim Einatmen) und lockern Sie anschließend den ganzen Schädelbasisrand auf diese Weise.

Freier Ausdruck

Abgesehen davon, daß lockere Hals- und Nackenmuskeln den Energiezufluß zwischen Wirbelsäule und Sehzentren im Hinterkopf zulassen, signalisieren sie auch die Fähigkeit, das Leben zu bejahen. Das Betätigen der Nackenmuskeln bewegt unsere Köpfe auf und ab zu einem nonverbalen „ja".

Und wenn es angebracht ist, „nein" zu sagen, so kann die jetzt lockere seitliche Halsmuskulatur ruhig und bestimmt „Nein, das ist genug" oder „Nein, das hilft nicht" ausdrücken. Wer die Fähigkeit, nein zu sagen, unterdrückt, hält die daraus entstehende Wut und Starrheit in den steifen seitlichen Halsmuskeln fest.

Wenn Sie die Schwünge in diesem Buch ausführen, die Kopf und Nacken beweglich machen, entwickeln Sie wahrscheinlich einen „heißen Draht" zwischen Körper und Geist. Zuvor nicht wahrgenommene Spannungen werden sich bemerkbar machen und können gelöst und verändert werden.

Der Schlüssel zur Schatztruhe

Mit unserer ausführlichen Beschreibung des Sehens in Kapitel 1 können Sie sich jetzt wohlgemut daranmachen, Ihre „verlorene" Sehschärfe wiederzugewinnen. Um sich selbst zu heilen und wieder ins Gleichgewicht zu bringen, setzen Sie Ihre eigene kreative Tatkraft ein, und das bedeutet, daß Sie die volle Verantwortung für Ihren Zustand und Ihr Wohlbefinden übernehmen. Wir haben bereits festgestellt, daß Sehen Energie bedeutet. Besseres Sehvermögen heißt mehr Energie. Dieses Mehr an Energie durchströmt Sie auf physischer, emotionaler und geistiger Ebene. Das bedeutet auch, daß Sie Ihre Genußfähigkeit erhöhen. Seit Wilhelm Reich wissen wir um die starke Lustangst, die sich einstellt, wenn die so lange blockierte Lebensenergie wieder zu fließen beginnt. Dieses Angstgefühl, das manchmal durch vermehrte Energie aktiviert werden kann, wird als Lethargie, Langeweile, Depression, Skepsis, Zittrigkeit usw. empfunden. Hier handelt es sich um vorübergehende Blockierungen der nicht unterdrückbaren positiven Lebensenergie, der sowohl Sie als auch Ihre Sehkraft ihr Dasein verdanken. Wenn Sie besser sehen wollen, sich aber davor drücken, das bisher Gelernte anzuwenden, erinnern Sie sich daran, daß es *Genuß* ist, den Sie hinauszögern.

Kapitel 5

Von der Brille loskommen

Wenn Sie nur gänzlich verschwommen sehen und in Ihrem Alltag ohne Brille nicht zurechtkommen, brauchen Sie eine „Übergangsbrille“, die Ihren Augen genügend Spielraum zur Veränderung läßt und es Ihnen gleichzeitig ermöglicht, sicher und bequem Auto zu fahren und zu arbeiten. „Übergangsbrillen“ sind unterkorrigierte Linsen ohne Tönung, Entspiegelung und wenn möglich auch ohne Prismen. Die meisten Augenärzte werden Ihre Gläser so angepaßt haben, daß Sie die „normale“ Zahlen- oder Buchstabenfolge auf der Sehprobentafel lesen können. In den USA nennt man das die 20/20-Linie (im metrischen System: 6/6). Das heißt: Auf eine Entfernung von etwa 20 Fuß (ca. 6 Meter) können Sie einen Buchstaben in einer bestimmten Größe und Typenform lesen.

Diese Fähigkeit ist subjektiv. Sie erfassen den Buchstaben geistig und geben die richtige Antwort. Optiker und Augenärzte benutzen auch eine „objektive“ Methode, um die Stärke Ihrer Brillengläser festzusetzen. Sie schauen mit einem Augenspiegel in das Auge (Retinoskopie). Der Augenspiegel mißt mit optischen Mitteln den Refraktionszustand der Augen, der danach mit den subjektiven Erkenntnissen verglichen wird. Die auf diese Weise ermittelten Daten werden nun in eine Formel zum richtigen Schleifen Ihrer Brillengläser übersetzt. Diese Krümmung wird in Dioptrien gemessen und liest sich auf Ihrem Rezept als + (plus) oder – (minus) vor einer Zahl (z. B. – 3.00 D für Kurzsichtigkeit und + 3.00 D für Weitsichtigkeit bzw. Altersweitsichtigkeit).

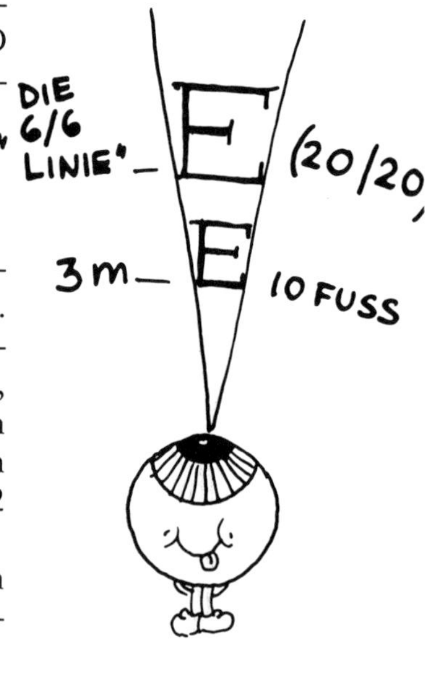

Sicher Auto fahren

In den meisten Bundesstaaten der USA verlangt man von Autofahrern nicht ein Sehvermögen von 20/20, sondern von 20/40. Das bedeutet, daß eine „normal“ sehende Person den Buchstaben, den Sie zuverlässig auf der Testtafel identifizieren müssen, auf eine Entfernung von 40 Fuß (etwa 12 Meter) lesen kann. In Ländern mit metrischem System lauten die entsprechenden Zahlen 6/6 bei Korrektur zur „normalen“ Sehstärke und 6/12 bei reduzierten Übergangsgläsern.

Und irgendwann kommt der Zeitpunkt, an dem Sie auch keine reduzierte Übergangsbrille mehr brauchen und der Vermerk „Muß beim Fahren eine Brille tragen“ aus Ihrem Führerschein getilgt wird. Ich ließ meine starke Brille (für Kurzsichtigkeit und Astigmatismus) zweimal auf 20/40 heruntersetzen. Ich trug diese abgeschwächten Brillengläser beim Autofahren, bis ich glaubte, den Sehtest der kalifornischen Verkehrsbehörden auch ohne Brille bestehen zu können. Und ich bestand! Wie viele meiner Schüler aus den letzten 18 Jahren auch. Einige gingen wiederholt zum Sehtest. Sie können (zumindest in den USA), so oft hingehen, *wie Sie Lust dazu haben,* bis die Tatsache, daß Sie sich einer *Prüfung* unterziehen (ein Umstand, der an sich schon das Sehen abschaltet), Sie nicht mehr so belastet, daß Sie sich nicht entspannen können.

NACHTS SIND NUR IHRE STÄBCHEN ANGESCHALTET

Sehen im Dunkeln

Sie entdecken vielleicht, daß Ihre Sehkraft nachts schwächer ist als am Tag. Das ist nicht ungewöhnlich. Je mehr Ihr visuelles Vertrauen wächst und die Bewegungsspiele in den folgenden Kapiteln sich in Ihr Leben einfügen, desto besser wird Ihr Sehvermögen bei Dunkelheit. Wenn Sie auch nach dem Bestehen des Führerschein-Sehtests reduzierte Gläser zum Autofahren bei Nacht brauchen, dann benutzen Sie diese weiterhin so lange, bis Sie sich ohne Brille *sicher* fühlen. Sehen im Dunkeln scheint aus zwei Gründen hinter dem Sehen bei Tageslicht herzuhinken. Zum ersten regt das zu schwache Licht bei Nacht die Zäpfchen in der Netzhaut (Rezeptoren für Farben und Einzelheiten), die bei Tageslicht aktiv sind, nicht mehr an. Bei schwachem Licht sind nur Ihre Stäbchen in der Netzhaut (Rezeptoren für Licht und Schatten) tätig. Bei Dunkelheit erkennen wir deshalb keine Farben und weniger Einzelheiten als tagsüber.

Die fürs Tageslicht rezeptiven Zäpfchen häufen sich im mittleren Teil Ihrer Netzhaut. Die Stäbchen sind dagegen über die ganze Netzhaut verstreut und fehlen völlig in der *fovea centralis retinae* (Sehgrube), der Stelle des schärfsten Sehens.

Wenn Sie bei Dunkelheit etwas direkt anstarren, so liefern Ihnen die Zäpfchen nichts anderes als einen leeren Fleck in der Mitte Ihres Gesichtsfeldes, weil sie nicht erregt werden. Am besten sehen Sie nachts, wenn Sie Ihre Stäbchen stimulieren, was Sie dadurch erreichen, daß Sie Ihren Blick schweifenlassen und mit dem Nasenstift skizzieren; aber davon mehr im nächsten Kapitel.

Der zweite Faktor beim Sehen in der Dunkelheit ist unser Blutkreislauf. Die Stäbchen müssen zur Erhaltung ihrer Funktionstüchtigkeit ständig mit Sauerstoff versorgt werden. Schweifen und tiefes Atmen verschaffen diesen lichtempfindlichen Zellen so viel „Treibstoff", wie sie brauchen, um Licht und Schatten ausloten zu können.

Wann brauchen Sie Übergangsgläser?

Übergangsgläser (oder Ü-Gläser) sind beim Autofahren natürlich angebracht, bei der Arbeit vielleicht nötig und möglicherweise ganz angenehm, wenn Sie im Theater in der letzten Reihe sitzen. Gehen Sie zu Hause, in der Nachbarschaft und in vertrauter Umgebung allmählich ohne Brille. Es geht nicht darum, die Brille „einfach wegzuwerfen". Sie müssen sich ihrer entwöhnen, und zwar so bald und so angenehm wie möglich. Beim Sehenlernen handelt es sich darum, blockierte Energie freizusetzen, und viele Aktivitäten in diesem Buch helfen Ihnen dabei, klarzukommen, während Ihr Gehirn und Verstand sich an die neue Freiheit, die Unabhängigkeit von der Brille gewöhnen. Lockeres Sehen läßt die Energie strömen.

Wenn Sie nur mäßig oder leicht unscharf sehen, keinen Vermerk im Führerschein haben, nicht Auto fahren oder angestrengt arbeiten müssen, legen Sie Ihre Brille ganz beiseite. Nach Auffassung der Augenärzte gleichen die Brillengläser die Überanstrengung der Augen aus. Behalten *Sie* deshalb im Gedächtnis, daß die Spiele, die Sie jetzt in Ihr Leben einbringen, so angelegt sind, daß Sie die primären *Ursachen* von verschwommenem Sehen und der Überlastung der Augen angehen. Wenn wir Ihrem Sehvermögen die Chance geben wollen, sich wieder einzupendeln, ist es ratsam, die Brille abzulegen.

Es ist an sich schon eine Kunst, sich irgendeiner Art von Prüfung zu unterziehen. Man betrachtet Sie so lange als unwissend oder unfähig, bis Sie das Gegenteil bewiesen haben. Viele Menschen schalten bei dieser Gelegenheit unbewußt einen Teil ihres Gehirns und ihrer Fähigkeiten ab. Der mit Prüfungssituationen verbundene Druck oder Wettbewerb, oft auch die Haltung des Prüfers sowie die Umgebung, beeinflussen direkt Ihre Leistungsfähigkeit in diesem Augenblick. Wenn Sie sich entspannen lernen, mit Begeisterung den „großen weißen Glanz" (siehe Kapitel 14) erscheinen lassen und Ihre Haltung ändern, überstehen Sie künftige Augentests leichter. Dies gilt für den Führerschein, die Fluglizenz und Sehtests für bestimmte Berufe.

Schwächere Lesebrillen

Auch wenn Sie Ihre Brille nur für den Nahbereich brauchen, ist es wichtig, Ihren Augen eine Chance für Veränderungen einzuräumen. Sowohl Altersweitsichtige als auch die „echten" Weitsichtigen, bei denen der Augapfel verkürzt ist, tragen vergrößernde Linsen, die ihre Umwelt größer erscheinen lassen. Diese Gläser können für Tätigkeiten im Nahbereich in gleichem Maß reduziert werden wie die Brillen für Kurzsichtige. Der übliche Standard für Sehen im Nahbereich ist die Rosenbaum-Tafel, eine Variante der Sehprobentafel für Kurzsichtige. Auf der Rosenbaum-Karte befindet sich eine Druckzeile, die dem Verhältnis von 20/40 (6/12) in der Ferne entspricht. Lassen Sie sich eine Lesebrille geben, die Ihnen *nur* für diese Druckzeile Klarheit verschafft. (Keine Zeile mit größerer Schrift wählen!) Oder entscheiden Sie sich für ein Brille, mit deren Hilfe die sonst übliche Buchstabengröße noch lesbar, aber verschwommen erscheint. Ihr Augenarzt kann Ihnen dabei helfen.

Falls sich abgelegte Lesebrillen aus längst vergangenen Jahren im Haus angesammelt haben, findet sich darunter vielleicht eine, die Sie benutzen können. Das ist nur bei einfachen Linsen ratsam (keine Zweistärkengläser) und wenn keine astigmatische Korrektur oder Einfärbung oder Entspiegelung vorliegt.

Erwägen Sie, einmal ganz ohne Lesebrille auszukommen. Geben Sie vorübergehend Ihre bisherigen Lesegewohnheiten auf, um Ihren Augen die Gelegenheit zur Besserung zu bieten. Gehen Sie spazieren statt zu lesen, besuchen Sie einen Freund, gehen Sie in die Kunstgalerie oder ins Museum. Geleiten Sie sich langsam und behutsam durch dieses Buch. Tun Sie, was in den folgenden Kapiteln steht. Lassen Sie sich vom „großen weißen Glanz“ in Kapitel 14 begeistern, und stellen Sie damit die Verschwommenheit beim Lesen klar.

Der Astigmatismus verschwindet

Vom Standpunkt des Sehenlernens aus ist es am besten, wenn sofort alle astigmatischen Korrekturen aus Ihren Gläsern entfernt werden. Bei sehr starkem Astigmatismus oder wenn andere Refraktionsfehler hinzukommen, ist das manchmal nicht möglich. Unter solchen Umständen haben hilfsbereite Augenärzte bis jetzt den Astigmatismus um 50 Prozent reduziert oder um so viel, wie eben möglich ist, um unter Berücksichtigung der myopischen usw. Korrektur (in ihrer Praxis) eine Sehschärfe von 20/40 (6/12) zu erreichen.

Viele Augenärzte korrigieren schwache Formen von Astigmatismus (½ bis 1 Dioptrie) sowieso nicht, während andere Berufskollegen schon bei der geringsten Abweichung von der Norm Korrekturen vornehmen. Augenärzte, die weiche Kontaktlinsen verschreiben, wissen genau, daß sie leichten Astigmatismus nicht korrigieren können, und lassen deshalb dieses Symptom außer acht. Dieses Vorgehen ruft nur selten irgendwelche negativen Folgen hervor.

Zweistärkengläser, Kontaktlinsen, Sonnenbrillen

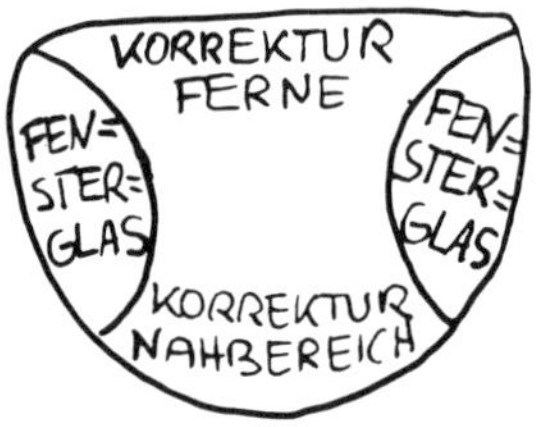

Bifokal- oder Zweistärkengläser sind Brillen mit zwei verschiedenartigen Korrekturen im Schliff. Auch bei den modernen Ausführungen ohne sichtbare Trennlinien liegt die eine Korrektur oben und die andere unten im Gesichtsfeld, und man muß hinnehmen, daß man zeitweise notgedrungen durch die falsche Linse blickt. Diese stufenlos geschliffenen Bifokalgläser belasten die Augen zusätzlich, weil sie das seitliche Blickfeld verzerren. Zwei verschiedene Brillen sind deshalb sinnvoller als eine Zweistärkenbrille.

Wenn Sie wegen Kurzsichtigkeit auf eine Brille angewiesen sind, brauchen Sie, wenn Ihre Akkommodationsfähigkeit nachläßt, wahrscheinlich zwei verschiedene Stärken. Auch in diesem Fall sind zwei verschiedene Brillen mit Übergangsgläsern besser: eine Brille für den Blick in die Ferne, eine für das Sehen im Nahbereich, oder Sie verzichten eine Zeitlang aufs Lesen.

...GETÖNTE GLÄSSER BEEINFLUSSEN MÖGLICHERWEISE IHRE HIRNFUNKTIONEN

Kontaktlinsen sind aus mehreren Gründen *verführerisch*. Einmal haben Sie kein lästiges, schweres Gestell auf der Nase, zweitens läßt sich eine bestimmte Art starker Kurzsichtigkeit optisch leichter mit Kontaktlinsen korrigieren. Nachteilig ist jedoch, daß Kontaktlinsen die Sauerstoffzufuhr der Augen behindern, daß man sie peinlich sauber halten muß und daß man sie nicht so bequem wie Brillen auf- und absetzen kann. Organisch betrachtet sind die Kontaktlinsen in jedem Fall Fremdkörper für die Augen. Benutzen Sie an ihrer Statt lieber eine Brille, wenn Sie auf natürliche Art wieder sehen lernen wollen. Während Energie und Lebenskraft in Ihre Augen zurückkehren, werden Kontaktlinsen wahrscheinlich immer unverträglicher.

Sobald Sie Ihre Lichttoleranz durch das „Sonnen“ in Kapitel 8 verbessert haben, brauchen Sie auch keine Sonnenbrille mehr. Einfärbungen der Brillengläser können außerdem Ihre Gehirnfunktionen ungünstig beeinflussen. Wenn Sie extremer Sonnenbestrahlung ausgesetzt sind, stellen Lochbrillen eine Alternative dar.

Lochbrillen

Die sogenannten Lochbrillen sind weder Augengläser im üblichen Sinn, noch ist der Trick, mit dem der Lichteinfall reduziert wird, besonders neu. Eskimos in ihrer blendend weißen Umgebung von Eis und Schnee schnitzten Schneebrillen aus Tierknochen, die vorn jeweils nur einen schmalen waagerechten Sehschlitz besaßen. Damit konnten sie sich in einer Umgebung zurechtfinden, in der das Licht aus allen Richtungen einfiel und markante Umrisse fehlten. Ein kurzsichtiger Eskimo (bis man den Schulbesuch einführte, gab es davon nur wenige), hätte durch seine Schlitzbrille auch besser gesehen. Lochbrillen erhöhen die Sehschärfe, weil sie den Bereich der Unschärfe auf der Netzhaut verringern.

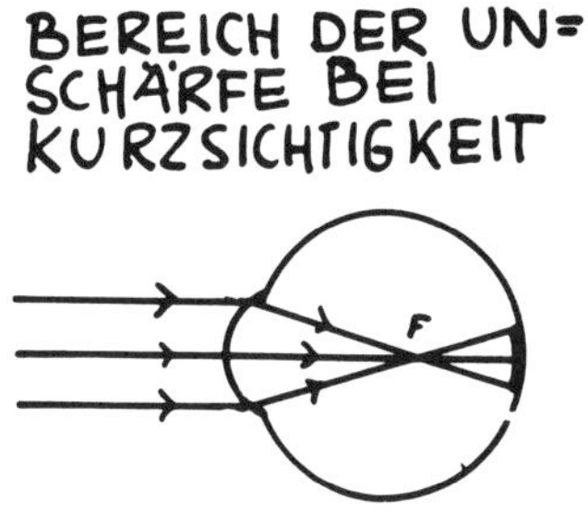

Diese Zeichnung veranschaulicht die Wirkung einer Lochbrille vor einem in die Ferne gerichteten kurzsichtigen Auge:

1. Parallel einfallendes Licht gelangt bei diesem (kurzsichtigen) Auge zu einem Brennpunkt innerhalb des Auges, also vor der Retina (F) und ruft einen Bereich der Unschärfe auf der Netzhaut hervor.
2. Sobald eine Lochbrille vor das Auge gesetzt wird, dringt ein sehr viel dünnerer paralleler Lichtstrahl durch das Loch ein. Dieses Licht geht wiederum durch den Brennpunkt F, der entstehende Bereich der Unschärfe ist aber wesentlich kleiner.

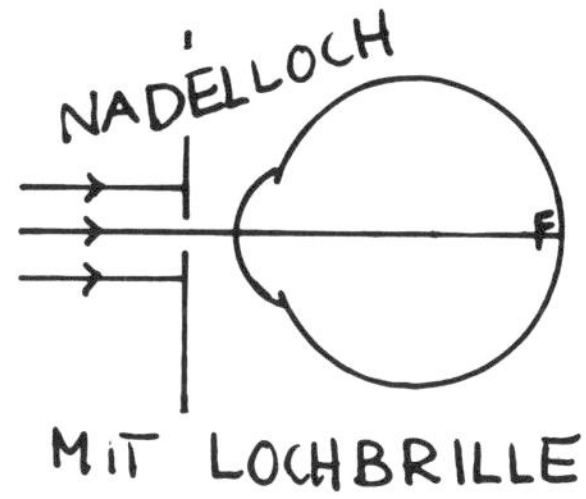

Lochbrillen eignen sich als „Ü-Brillen“ bei Unschärfe im Nahbereich und in der Ferne, sowie bei Astigmatismus, während Sie wieder sehen lernen. Lochbrillen haben aber auch Nachteile. Während der Dunkelheit nutzen sie nichts, und man kann sie auch zum Autofahren nicht empfehlen. Sie verringern das periphere Sehfeld und sind in den meisten Staaten für Autofahrer nicht zugelassen. Zu den größten Vorzügen der Lochbrillen gehört, daß sie keiner ärztlichen Verschreibung unterliegen. Lochbrillen helfen fast allen, unabhängig von der jeweiligen Sehbehinderung. Außerdem regen sie saccadische Bewegungen in den Augen an. Das Starren durch eine Lochbrille ist nämlich extrem unergiebig. Lochbrillen sind zum Lesen, Fernsehen oder beim Theaterbesuch sehr praktisch. Und sie sind im Vergleich zu ärztlich verordneten Gläsern preiswert.

Wenn Sie sich für eine Lochbrille für die Übergangszeit entschieden haben, ist es wichtig, daß Sie sich Zeit zum Eingewöhnen lassen. Wenn die Augen sehr dezentralisiert sind (siehe Kapitel 11), haben sie zunächst einen Rastereffekt. Setzen Sie die Brille auf, gähnen und umwandern (siehe Kapitel 6) Sie ein wenig, blinzeln Sie so lange, bis Ihr Gehirn sagt: „Dieses superscharfe Sehen ist in Ordnung“. Ab diesem Moment kümmert sich das Gehirn nicht weiter um das schwarze Raster, sondern wendet sich der Information zu, die durch die Nadellöcher fließt.

Ein Augenarzt verweist auf den Nadelloch-Effekt (Dr. med. Steven Goldberg: *Ophthalmology made ridiculously simple,* Seite 12): „Wenn Sie Ihre Brille im Wald verlieren, schauen Sie durch ein Nadelloch und Sie sehen besser. Lochbrillen würden häufiger verwendet, wenn sie das Licht nicht verringerten und den Sehbereich nicht einengten." Dr. Goldberg scheint nicht zu wissen, daß Lochbrillen aus einem weitaus schwerwiegenderen Grund nicht häufiger verwendet werden: Sie sind durch gesetzliche Maßnahmen in verschiedenen Staaten energisch unterdrückt worden. Dank der Hartnäckigkeit einer in Kalifornien lebenden Australierin, die 70000 Dollar an Anwalts- und Gerichtskosten investierte, um ihr Erzeugnis weiter in Reformhäusern oder Naturkostläden anbieten zu können, sind Lochbrillen weiterhin erhältlich. (Siehe „Andere Quellen".)

Vom Umgang mit Fachleuten

Wenn ich von unterkorrigierten Gläsern spreche, bekommen die meisten Leute unweigerlich ängstliche Gesichter. „Wie bringt man jemanden dazu, sie zu verschreiben?" – „Mein Augenarzt hat mich glattweg ausgelacht, als ich davon zu reden begann". Aber in jeder Stadt auf der Welt, in der ich unterrichtete, gab es bereitwillige und interessierte (teilweise sogar unterstützende) Augenärzte und Optiker, die abgeschwächte Gläser verordnen. Erinnern Sie sich an die folgenden Überlegungen, wenn Sie einen Fachmann um schwächere Linsen bitten:

1. Augenärzte sind dazu da, Ihnen zu dienen.
2. Sie sind nicht gesetzlich verpflichtet, Brillen zu verschreiben deren Stärke 20/40 oder 20/33 oder 6/12 überschreitet.
3. Die meisten Augenärzte (mit einigen Ausnahmen) sind nicht mit den Methoden der alternativen Medizin und der Selbstheilung vertraut oder darin ausgebildet. Sagen Sie dem Facharzt, was Sie brauchen, und erklären Sie ihm Ihre Vorstellungen.
4. Bitten Sie Ihren Augenarzt, die Möglichkeit einer schnelleren Besserung zu unterstützen, indem er Ihnen die geringstmögliche Korrektur gibt. In dieser Frage spielt die Meinung des Arztes eine Rolle. Manchmal neigt professionelle Skepsis dazu, eine dunkle Wolke vor die Begeisterung lernwilliger Sehschüler zu schieben. Nichts für ungut! Es geht um *Ihre* Sehkraft und es ist *Ihr* Vorhaben.

5. Entspannen Sie sich – wie in Kapitel 4 beschrieben –, bevor Sie sich mit der technischen Seite der abgeschwächten Gläser auseinandersetzen bzw. vor und nach dem erforderlichen Besuch beim Augenarzt. Es gibt hilfreiche und nette Augenärzte rund um den Globus, die mit diesem Programm sympathisieren.
6. Tragen Sie Ihre ärztlich verordneten Übergangsgläser beim Autofahren, wenn ein Vermerk in Ihrem Führerschein das zur Pflicht macht. Tragen Sie Übergangsgläser oder Lochbrillen, wann immer Sie eine bestimmte minimale Sehschärfe brauchen (Maschinenschreiben, Ablesen von Meßgeräten und Etiketten, Nachhilfeunterricht, Unterweisungen usw.). Achten Sie darauf, daß Ihre Übergangsgläser keine Einfärbung, Tönung, Entspiegelung, Prismen oder Sonderbearbeitung aufweisen. Plastikrahmen sind besser als Metallgestelle, damit die Energieströme (Meridiane) im Kopfbereich nicht kurzgeschlossen werden.

Manchmal klagen die Leute über die Aussicht, sich – wie viele? – reduzierte Brillen anschaffen zu müssen. Aber für jeweils neuere, stärkere Gläser wird viel Geld ausgegeben. Sie können ja Ihre Brillengestelle beibehalten und nur die Gläser austauschen lassen.

Es ist wichtig, daß Sie Ihre Gläser reduzieren und keine starken Korrekturgläser tragen (und manchmal sind Brillen schon nach fünf Minuten Entspannung zu stark) und daß Sie Ihre Sehspiele auch dann betreiben, wenn Sie Übergangsgläser tragen.

Angenommen, Sie haben bis jetzt abgeschwächte Gläser mit Korrekturen wegen Kurzsichtigkeit getragen. Sie verwenden diese nur zum Autofahren und ab und zu im Theater oder bei einem sportlichen Ereignis. Sie haben einige Sehspiele in Ihr Leben eingebaut und stellen fest, daß Sie mit Brille:

1. Kopfschmerzen bekommen;
2. das Gefühl haben, als ob Ihre Augäpfel nach vorn gezogen würden;
3. superscharf sehen.

In jedem dieser Fälle lassen Sie sich so schnell wie möglich Ihre Gläser heruntersetzen. Das Tragen zu starker Gläser, sei es auch nur für ein paar Sekunden, verzerrt Ihre Augen in Relation zur Krümmung der geschliffenen Gläser und belastet sie ungeheuerlich. Ihr biegsames, anpassungsfähiges und lebendiges Auge verändert sich und paßt sich an – Ihr Brillenglas nicht!

Manchmal stellen die Teilnehmer eines Kurses beim Abholen ihrer abgeschwächten Brille fest, daß sie bereits 20/20 (6/6) durch diese Linsen sehen. Der Augenarzt, vor Überraschung mild gestimmt, setzt sich dann hin und verschreibt dem Patienten sofort eine weitere Reduzierung. Nichts kann einen begeisterten Sehschüler vom weiteren Fortschritt so abhalten wie das Tragen einer Brille mit zu starken Gläsern. Ihre neue Sehstärke hält an, solange Sie entspannt bleiben. Wenn Sie im Leben gut zurechtkommen, den Sehtest für Ihren Führerschein bestanden haben, mühelos lesen, wozu brauchen Sie dann noch eine Brille? Die ausgezeichneten Sehgewohnheiten, die Sie gelernt haben, um von der Brille loszukommen, bleiben Ihnen fürs ganze Leben.

Wenn Sie allerdings in Ihre alte, angespannte und unausgeglichene Lebensweise zurückfallen, finden die Augengläser wahrscheinlich den Weg auf Ihre Nase wieder. Aber auch dann können Sie sich erneut klare Sicht verschaffen, indem Sie Ihr Wissen und Ihre Erfahrungen auffrischen, vor allem, wenn Sie gut auf sich aufgepaßt haben.

Das Sehen wiederbeleben

In den folgenden drei Kapiteln werden wir die wichtigsten Theorien der Bates-Methode erforschen und erspielen: Bewegung, Imagination und Licht, und die brillanten Einsichten von Bates ergänzen und bestätigen.

Wir sind bereit, weiterzugehen …

Kapitel 6

Besser sehen mit Bewegung

Jene Augenbewegungen, die uns das Sehen ermöglichen, muß man sich als fortwährende winzige Schwingungen vorstellen. Weil diese Schwingungen dem Flattern eines (französischen) Segels im Wind ähnelt, spricht man von „Saccaden". Saccaden haben zwei Funktionen: Einmal regen sie die Nervenzellen auf der Netzhaut mit einer fortwährenden Strobolight-Show an, deren Einzelheiten dann von den Sehnerven zum Sehzentrum im Hinterkopf gefunkt werden.

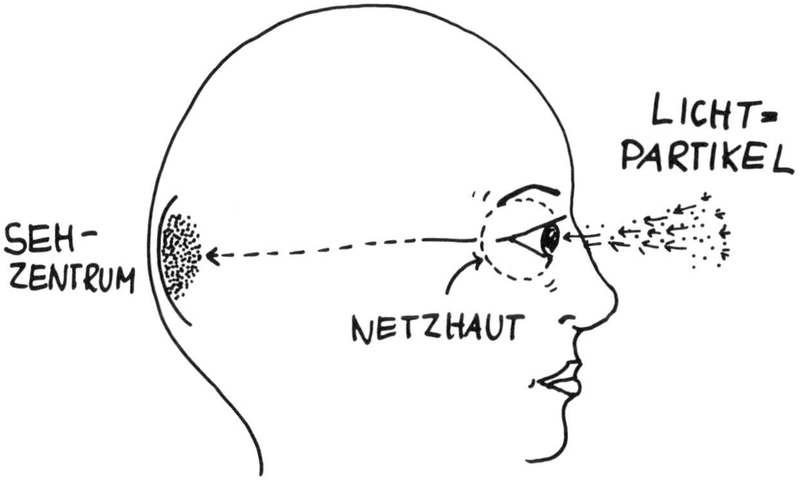

Zweitens fegen die Saccaden die Lichtpartikel dessen, *wofür Sie sich gerade interessieren,* in den am schärfsten sehenden Teil Ihrer Netzhaut – die Sehgrube. Dieser Vorgang hält Geist und Augen zusammen und vermittelt Ihnen gute Sehschärfe.

Sobald Ihre Augen und Aufmerksamkeit bei etwas verweilen, kann der Eindruck entstehen, als seien Ihre Augen unbewegt. Doch das ist nicht der Fall. Der „Saccadentanz" geht weiter und regt Ihre Augen, das Gehirn und den Geist mit jener Lichtenergie an, die in Ihrer Umgebung herumschwirrt.

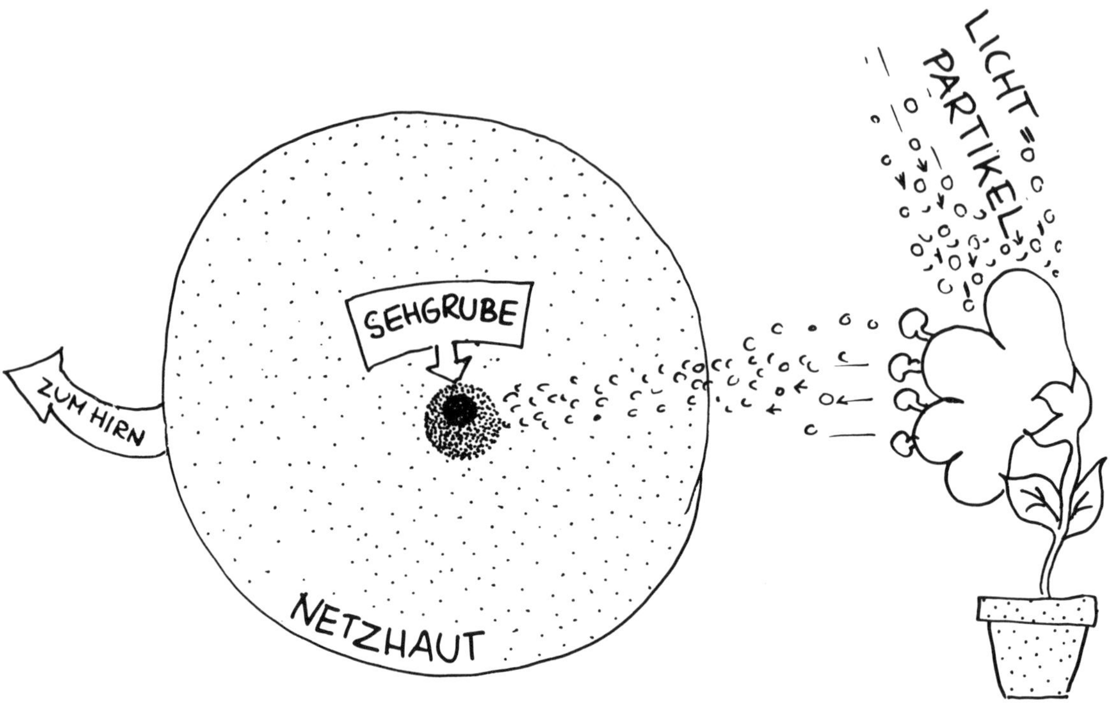

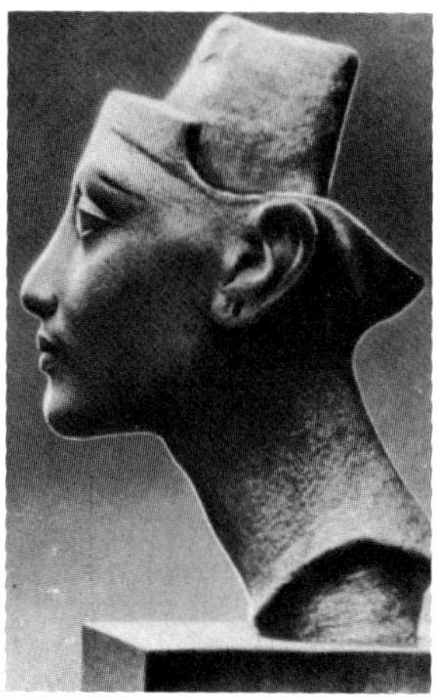

Die Saccaden sind blitzschnell (sie dauern von $\frac{2}{100}$ sec. bis zu $\frac{10}{100}$ sec.) und sie sind kurz, nämlich 2 bis 20 Winkelminuten eines Grades (eine Winkelminute = $\frac{1}{21\,600}$ eines Kreises). Sie werden in Teilstücken des Kreisumfangs gemessen, weil sie tatsächlich als winzige Rotationen des ganzen Augapfels in Erscheinung treten.

Die Aufzeichnung der Bewegung eines Auges bei der Betrachtung der Büste der Nofretete zeigt, wie die saccadischen Bewegungen die Umrisse nachfahren und außerdem eine Reihe interessanter Details abtasten. Die Punkte, an denen die Linien ihre Richtung ändern, heißen „Fixierungspunkte" – eigentlich eine falsche Bezeichnung, weil gerade dort unsere Augen am meisten vibrieren und auf winzige Details von Licht und Schatten reagieren.

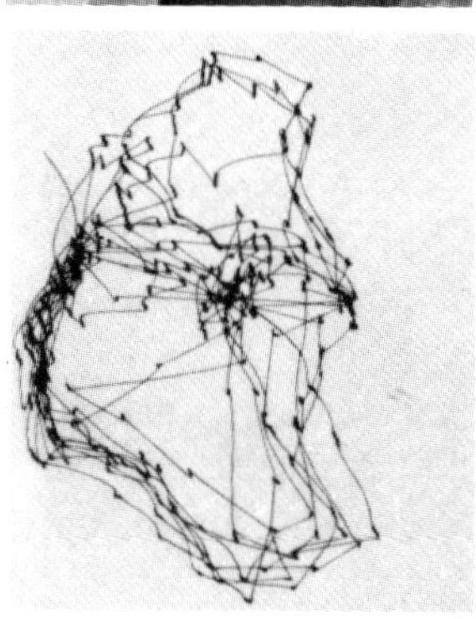

Würden Ihre saccadischen Bewegungen vollkommen aufhören, könnten Sie innerhalb drei Sekunden überhaupt nichts mehr sehen. Würden sie verlangsamt, geräte der Energiestrom durch Ihre Augen ins Stocken und Ihr Sehen würde unscharf. Tanzen Ihre Saccaden unbehindert, so sehen Sie ganz scharf.

Damit Sie den Zusammenhang zwischen Augenbewegungen und schwindender Sehkraft besser verstehen lernen, schlage ich vor, daß Sie selber Beobachtungen anstellen.

Achten Sie einmal auf die Augen gutsehender Menschen. Gehen Sie dicht heran und beobachten Sie genau. Sie werden ent-

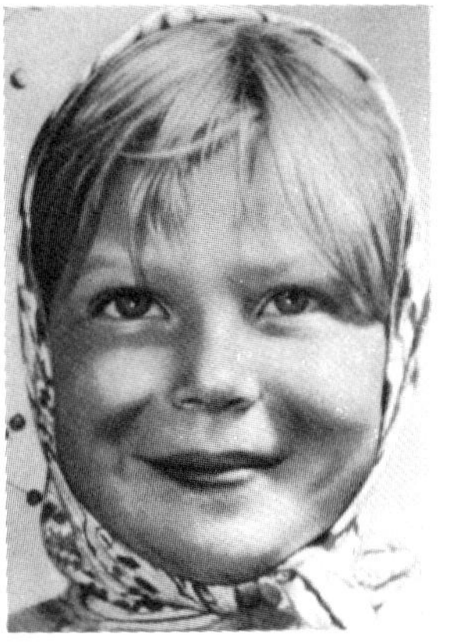

decken, daß diese Augen in lebhaften saccadischen Bewegungen herumhüpfen. Der hellwache und sprühende Eindruck von scharfsichtigen Augen kommt aus dieser unbehindert flatternden Bewegung. In solchen Augen findet ein aktives, energievolles Sehen statt.

Nun schauen Sie sich einen Menschen an, der ständig starke Brillengläser trägt. Bitten Sie ihn/sie darum, die Brille einmal abzunehmen. Die relative Unbewegtheit solcher Augen fällt sofort auf. Schwachsichtige machen größere und wenige Sprünge. Sie erscheinen weniger empfänglich, weniger beteiligt als klarsehende Augen.

Ein Rezept für unscharfes Sehen

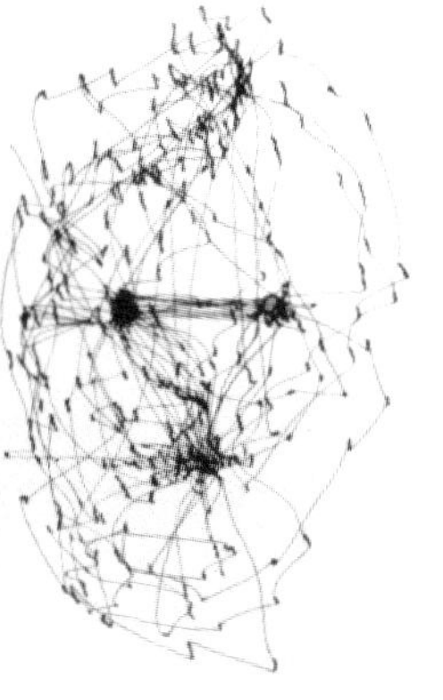

Wenn Sie ein Paar sonst gesunde und scharf blickende Augen dazu bringen wollen, verschwommen zu sehen, bremsen Sie den saccadischen Tanz und würgen Sie den Energiezufluß in Körper und Geist ab. Wir Menschen haben eine simple Methode, um Bewegungen und starke Schwingungen an einem beliebigen Punkt unseres Organismus zu hemmen. Wir spannen unbewußt ein paar Muskeln an und atmen flach. Dieses Zurückhalten kann zur Gewohnheit werden. Schleicht es sich in unser System ein, heißt es „Starren".

Gewohnheitsmäßiges „Starren" führt zu angespannten Augenmuskeln, zu einer Verlangsamung der Saccaden und einer verringerten Energiezufuhr in die Augen. Früher oder später ist dann eine Brille fällig.

Ist Ihre Sehkraft zur Zeit wegen eines Refraktionsfehlers verschwommen, so haben Sie sich irgendwann und irgendwo das Starren angewöhnt. Vielleicht haben Sie es damals bemerkt, vielleicht auch nicht.

Starren bindet eine Menge Energie. Um längere Zeit unbewußt zu starren, müssen Sie den Atem kontrollieren und sicherstellen, daß Sie nicht zu tief atmen. Sie müssen Hals und Schultern steif halten und darauf achten, nicht zu oft zu lachen. Sie müssen Ihre Augen an einem Punkt „parken", damit Sie sich nicht zu viel bewegen. Unterdessen kann Ihr Geist abschalten, angestrengt um die Lösung unlösbarer Probleme ringen oder sich Sorgen machen.

Wer mit dem Leben nicht fertig wird, der kann sich jederzeit das Starren und das damit einhergehende unscharfe Sehen zur Gewohnheit machen und so einen hervorragenden Ausweg aus seiner Situation finden. Vielleicht haben Sie es sich angewöhnt, um mit den Belastungen Ihrer Kinderzeit, Krankheit oder Unfällen fertig zu werden. Vielleicht brauchen Sie es, um Schule,

Hochleistungsjobs oder eine schwierige emotionale Situation zu bewältigen.

Arme zu kurz?

Das Altern und die Unkenntnis darüber, wie man diesen Vorgang rückgängig machen kann, sowie unsere kulturelle Programmierung veranlassen die meisten Menschen über 45 zum Griff nach vergrößernden Gläsern. Statt die Augen zu entspannen und zu aktivieren, sobald das Sehen nachläßt, fangen die meisten Leute zu starren an. Der Versuch, die Morgenzeitung oder das Telefonbuch zu lesen, führt rasch zum Griff nach der Altersbrille. In Kapitel 14, das vom klaren und leichten Lesen handelt, lernen Sie die Altersbrillenfalle zu umgehen und den Prozeß umzukehren. Kurzsichtige (myopische) Menschen starren vollendet in die Ferne. Wer an Weitsichtigkeit oder Altersweitsichtigkeit leidet (Hyperopie bzw. Presbyopie), starrt und verkrampft sich wundervoll im Nahbereich. Astigmatiker (abnorme Wölbung der Hornhaut oder Linse) starren aus unterschiedlichen Blickwinkeln.

Was auch immer der ursprüngliche Grund oder Zeitpunkt gewesen sein mag, auf das Starren folgt bald das Grabschen nach der Brille, und voller Wohlwollen (und für einen anständigen Preis) händigt man Ihnen die korrigierenden Gläser aus. Die künstlichen Linsen in Ihrer Brille sind so beschaffen, daß Sie angemessen damit funktionieren. Sie lassen aber Ihr ursprüngliches Starren und Ihre Unschärfe unangetastet. Manchmal verschlimmern sie es.

Es gibt einen anderen Weg. Sie können die Gewohnheit des unbewußten Starrens rückgängig machen und Ihre saccadischen Bewegungen in richtiger Geschwindigkeit und Anzahl wieder zulassen. Sie erreichen dies mit Hilfe der folgenden Seh- und Bewegungsspiele.

Spiele zum Sehen und Bewegen

Zu Beginn des 20. Jahrhunderts empfahl Dr. Bates mit einem gewissen Augenzwinkern, die Leute sollten sich „auf Schwung" bringen – Geist und Körper rhythmisch bewegen, um so ihre Augen vom Starren und von Sehbehinderungen zu befreien.

Ich nenne diese verschiedenen Schwünge und alle folgenden Aktivitäten in diesem Buch zur Verbesserung der Sehkraft *Spiele*, nicht Augenübungen. Der Begriff „Übung" bedeutet Arbeit und Zielsetzungen. Sehbeeinträchtigte Augen sind bereits durch Anspannung und pflichtgemäße Überbeanspruchung be-

lastet. Um Schleier vor den Augen in Klarheit zu verwandeln, wollen wir Ihren Augen jetzt zu Entspannung und Freude verhelfen. Sanfte und angenehme Anregung Ihres Sehens ist viel wirkungsvoller als stundenlange zielorientierte und anstrengende Augenübungen.

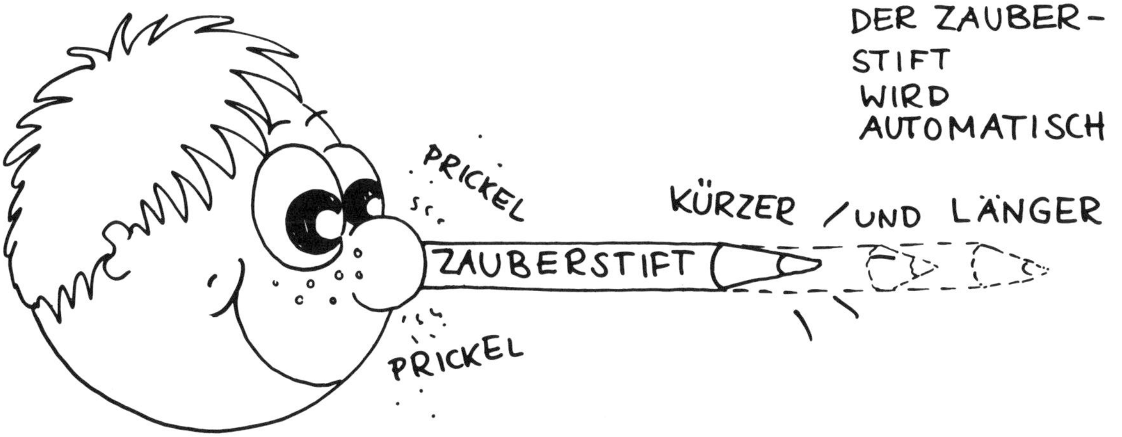

Der Zauberstift

Suchen Sie sich einen ruhigen, bequemen Platz. Loben Sie sich dafür, daß Sie bisher beim Starren so erfolgreich waren. Achten Sie darauf, wie sich Ihr Starren anfühlt. Übertreiben Sie es ein bißchen. Wie fühlt sich Ihr Körper an und wie Ihr Atem?

Alle Energie, die Sie bis jetzt beim Starren gebunden haben, können Sie jetzt umsetzen in Lockerheit, Freude und Spiel. Volles Atmen fördert die Lockerheit. *Blasen* Sie auch den letzten Rest von Luft durch den Mund *aus. Atmen* Sie durch die Nase *ein.* Bauch und Brustkorb dehnen sich dabei ungehindert. *Atmen* Sie wieder durch Ihren Mund *aus.* Atmen Sie weiterhin so voll und tief. Vielleicht taucht ein spontanes Gähnen auf. Lassen Sie es zu.

Massieren Sie Ihre Nasenspitze bis sie warm und rosig ist und kribbelt.

Stellen Sie sich vor, Sie besitzen einen Zauberstift, der sich automatisch verlängert und verkürzt. Dieser Stift ist leichter als Luft!

Befestigen Sie diesen Zauberstift an Ihrer prickelnden Nasenspitze: und schon sind Sie zum Sehkünstler geworden.

Zeichnen Sie ganz locker die Umrisse von Gegenständen in Ihrer unmittelbaren Umgebung mit der Spitze des Zauberstifts nach. Ihr Geist braucht Formen, Grenzen, Linien und Ränder –

Bereiche starken Kontrastes, um zu definieren, was er sieht. Bewegen Sie Ihren Kopf beim Skizzieren. Zeichnen Sie zunächst einige Augenblicke die Umrisse großer Objekte, die Sie am besten erkennen. Gehen Sie dann zu kleineren Dingen über. Wechseln Sie eine Zeitlang zwischen großen und kleinen Formen ab und machen Sie sich mit dieser neuartigen Aktivität und Beweglichkeit vertraut.

Alsdann zeichnen Sie ganz locker unterschiedliche nahe und ferne Formen. Ihre geistige und visuelle Aufmerksamkeit konzentriert sich ganz auf die weiche *Spitze* Ihres Zauberstiftes. Ihre Schultern und Ihr Nacken werden locker. Ihr ganzer Körper entspannt. Sie gähnen herzhaft, erst einmal und dann immer mehr.

Beginnen Sie damit, die Objekte in Ihrer Umgebung mit dem Stift zu *verbinden.* Ihr Nasenstift und Ihre Aufmerksamkeit fließen von einem Ding zum anderen. Umfahren Sie Ihre Hand, eine Pflanze, ein Fenster und andere Dinge – *locker* und *rhythmisch.*

Das Bewußtsein ist zu langsam, um mit den saccadischen Bewegungen Schritt halten oder sie beeinflussen zu können. Diese Bewegungen erfolgen automatisch, unbewußt und gehören zur Gruppe jener Fähigkeiten, die von der „imaginativen" rechten Gehirnhälfte ausgehen. Das Skizzieren mit dem Nasenstift erlaubt Ihrem Verstand, sich im Bereich seiner eigentlichen Fähigkeiten – dem Feststellen, Benennen, Vergleichen und Einordnen – zu betätigen.

UMWANDERN SIE DIE DINGE MIT IHREM NASENSTIFT

LOCKER UND RHYTHMISCH

Während Sie sich bewußt mit rhythmischem Zeichnen und Umwandern entspannen, stellen sich die schnellen Saccaden von selbst wieder ein.

Ihr Zauberstift paßt sich automatisch dem Fern- und Nahbereich an. Pedantisch oder genau zu sein ist hier ganz unangebracht. Sie fühlen sich heiter, prächtig, zufrieden. Erholsames Blinzeln begleitet Ihre fließenden Bewegungen.

Beachten Sie, wie sehr die Welt in Bewegung ist. Formen und Farben gleiten vorüber, während Sie zeichnen. Ihre Augen und Ihr Geist jubeln über diese neue Bewegungsfreiheit. Die saccadischen Tänze setzen wieder ein. Sie spielen mit dem Sehvermögen.

Würdigen Sie den Sehkünstler in sich. Künstler verwenden Licht, Farbe und Form, um Bilder zu schaffen. Sie benutzen die gleichen Elemente, um in Ihrem Inneren Sehkraft auszuformen.

Das Starren ist eine unbewußte Gewohnheit. Wir verwandeln Gewohnheiten, indem wir sie durch erfreulichere und heilsame Gewohnheiten ersetzen.

Machen Sie den Zauberstift zum Freund fürs Leben. Ihre neue Gewohnheit heißt: Skizzieren mit diesem Nasenstift – wo Sie auch sind. Im privaten Bereich: Zeichnen Sie großformatig und atmen Sie tief durch, um Ihre Augen, Schultern und den Hals zu entspannen. *Strecken und räkeln* Sie sich und gähnen Sie. Zeichnen Sie Ihre Zimmer, Besucher, Fernsehlieblinge, Pflanzen und Ihre persönlichen Schätze.

In der *Öffentlichkeit:* Skizzieren und atmen Sie unauffällig. Erfreuen Sie sich an den Farben und Einzelheiten jeder Umgebung. Fortwährendes Bewegen, *mag es noch so geringfügig sein,* wird Ihnen helfen, mit Ihrer jeweiligen Umgebung in Einklang zu kommen.

Anderen gegenüber: Zeichnen Sie Porträts. Halten Sie mit Ihrem Nasenstift diskret das Aussehen der anderen Person fest. Bewegen Sie sich sanft von Auge zu Auge, zum Mund, um die Haare. Blinzeln Sie und behalten Sie die Ruhe. Sie imitieren absichtlich die Art und Weise, mit der die Augen saccadisch Gesichter erfassen. (Siehe auch die Wiedergabe aus *Eyemovements and Vision* von Alfred Yarbus, Seiten 72 und 73). Dieser „Konversationsschwung“ gestattet Ihnen, sich leicht auf die Energie anderer Menschen einzustellen. Sie nageln sie nicht mit Blicken fest – sie genießen vielmehr den Augenkontakt mit anderen Menschen.

Auf der Straße: Beim Autofahren ist es wichtig, visuell wachsam und geistig auf der Hut zu sein. Wenn Sie einen Vermerk in Ihrem Führerschein haben, können Sie rechtmäßig Gläser mit 20/40- (6/12)-Korrektur tragen. Eine so unterkorrigierte Brille gewährt die notwendige Verkehrssicherheit auf der Straße und läßt doch Ihren Augen genügend Spielraum für Veränderungen. Führen Sie Ihre leichten Entspannungsbewegungen auch beim Tragen von 20/40- (6/12-)Gläsern fort. Nutzen Sie die im Auto verbrachte Zeit zur Festigung Ihrer neuen Gewohnheiten.

Zeichnen und umfahren Sie die Autos vor sich mit Hilfe Ihres Nasenstifts. *Umwandern* Sie die Straßenschilder und lassen Sie den Blick von rechts nach links *schweifen.* Dieses *Schwingen von einer Seite zur anderen* wird entsprechend der sich in der Ferne perspektivisch verschmälernden Landstraße kurz sein.

Durch dieses fortwährende, entspannte Schweifen des Blikkes beim Autofahren, erfassen Sie leicht alle Fahrzeuge oder Lebewesen, die plötzlich in Ihrem Gesichtsfeld auftauchen können. Tatsächlich ruft jede Bewegung über die äußeren Netzhautbereiche im Gehirn einen Reflex hervor. „Hallo, dreh' mal den Kopf und besorge mir genauere Informationen über dieses Ding, das sich da gerade an uns heranmacht!" Diese schnelle visuelle Reaktion kann durch geistesabwesendes Starren gestört werden. „Schwung-volles" Fahren erhöht Ihre Wachsamkeit und Sehkraft zugleich.

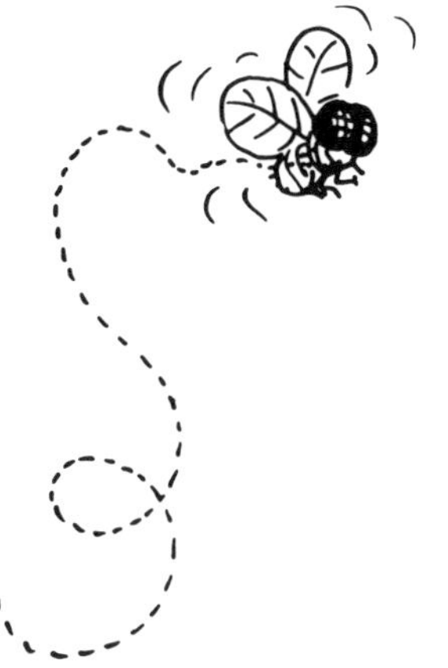

Nah-fern-Schwung im Auto

Auf langen Autofahrten mit Ausblicken in weite Landschaften und wenig Verkehr ist es zur weiteren Stärkung Ihrer Sehkraft lohnend und lustig, den *Nah-fern-Schwung* durchzuführen.

Mit Hilfe Ihres Zauberstifts lassen Sie Ihre Aufmerksamkeit am Mittelstreifen der Straße entlang bis zum Horizont gleiten. Dort skizzieren Sie einen Augenblick lang die fernen Formen. Nun lassen Sie Ihre Aufmerksamkeit am Mittelstreifen entlang bis zur Kühlerhaube Ihres Autos zurück*gleiten.* Kreisen Sie kurz und gleiten Sie wieder hinaus.

Fahren Sie in dieser Reihenfolge fort und atmen Sie im Rhythmus Ihrer Bewegung ein und aus. Bleiben Sie dabei ganz locker und verändern Sie die Bewegung nach Belieben. Wenn Ihre Aufmerksamkeit nach außen gleitet, dreht sich Ihr Kopf leicht nach oben; und er beugt sich leicht nach unten, sobald Ihre Aufmerksamkeit sich nach innen richtet. Dieser Schwung sorgt für einen beweglichen Hals. Ihre Augen blinzeln ein wenig, Ihr Gehirn wird dank Ihres tiefen Atmens reichlich mit Sauerstoff versorgt. Sie bleiben wach und aufmerksam. Ihre Sehkraft hat eine ausgezeichnete Chance, klar zu werden. Falls Sie Ihre Übergangsbrille tragen, kann diese Art von Bewegung Ihnen zu einer superscharfen Sehleistung durch diese Gläser verhelfen. Ohne Brille kann dieses *Nah-fern* zu anhaltendem Aufblitzen klaren Sehens beitragen.

Der *Nah-fern-Schwung* sollte bei allen möglichen Gelegenheiten ausgeführt werden. Das Prinzip ist stets gleich: Sie schwingen Ihre Aufmerksamkeit hinaus in die Ferne und wieder herein in den Nahbereich, ob Sie am Strand, im Garten oder im Büro sitzen. Dabei können Sie Ihre Aufmerksamkeit an einem imaginären Seil, einer Drachenschnur oder einer Perlenkette entlang hinaus- und hereingleiten lassen. Das ist bei Kurz- und Weitsichtigkeit gleichermaßen ausgezeichnet. Die Kurzsichtigen lassen ihre entspannte Nahsicht in die Ferne rollen. Die Weitsichtigen kullern ihre leichte und klare Fernsicht in die unmittelbare Nähe ihres Körpers. Machen Sie das eine Weile mit geschlossenen Augen (aber nicht im Auto – es sei denn als Beifahrer!), dann mit offenen Augen. Wir greifen den Nah-fern-

Schwung in Kapitel 14, dem Kapitel zum Thema Lesen, noch einmal auf.

Und wenn es sich bewegt?

Wir haben die Bewegungsspiele für die Augen bis jetzt an unbewegten Gegenständen erörtert. Wie steht es aber mit den Dingen, die sich bewegen? Dinge wie Tennis-, Fuß- oder Federbälle, kreisende Habichte und nette Leute? Oder Figuren, die herumhüpfende Punkte verschlingen? Folgen Sie diesen beweglichen Gegenständen einfach mit Ihrer Nase. Bewegen Sie den ganzen Kopf. Sie brauchen ein sich bewegendes Objekt nicht umwandern, weil dessen Eigenbewegung Ihre Aufmerksamkeit automatisch an- und mitzieht.

Ein beruhigendes, einfaches Zeichenstiftspiel

Sorgen Sie für Ruhe in Ihrer Umgebung. Setzen oder legen Sie sich hin und schließen Sie Ihre Augen.

Fühlen Sie Ihren Zauberstift an Ihrer Nasenspitze. Lassen Sie Ihre Gedanken dahin fließen, Ihren Atem tiefer werden.

Stellen Sie sich eine möglichst einfache Form *vor* – beispielsweise einen Kreis – und umfahren Sie ihn mehrmals. Lassen Sie Assoziationen zu Kreisen aus Ihren Gedächtnisspeichern aufsteigen. Zeichnen Sie die entstehenden Bilder. Lassen Sie Ihren Kreis zu einem Apfel (Wasserball, Fahrradreifen) werden. Dann zeichnen Sie ein Rechteck und verwandeln es in ein Haus (Schachtelmännchen, Zauberwürfel). Skizzieren Sie andere einfache Formen und verwandeln sie in vertraute Gegenstände.

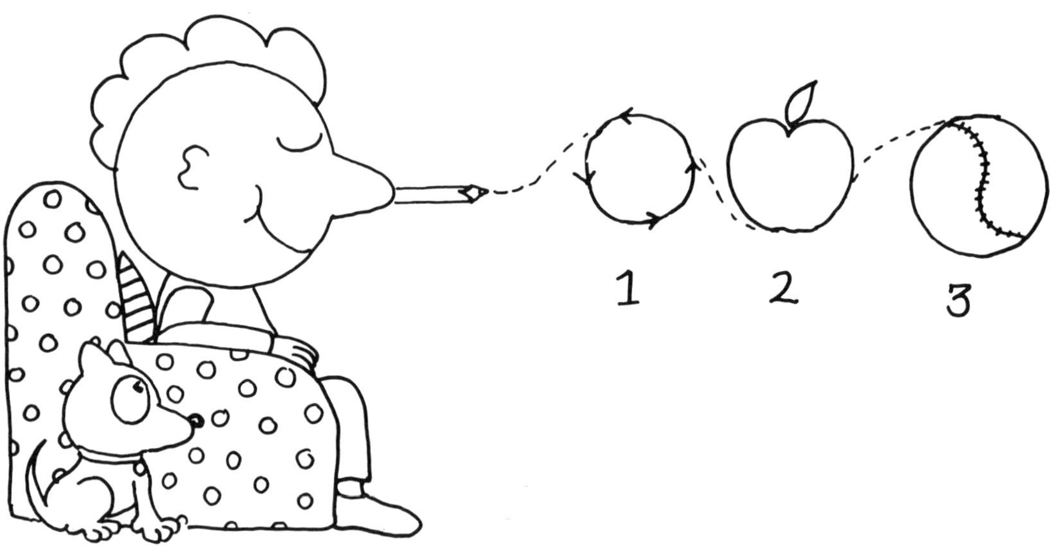

Beachten Sie dabei, wie das Ihre Augen zum Entspannen und Schwingen anregt. Ihr Atem ist voll und gleichmäßig geworden. Vielleicht macht sich ein unterdrücktes Gähnen bemerkbar. Öffnen Sie Ihren Mund und lassen Sie sich gähnend gehen.

Öffnen Sie Ihre Augen beim Weiterzeichnen. Erquicken Sie sich an den frischen Farben und neu enthüllten Einzelheiten Ihrer visuellen Welt. Strecken Sie sich, gähnen Sie.

Der Federschwung

Suchen Sie sich einen Platz in einem geräumigen Zimmer oder im Freien. *Stehen* Sie ruhig und fest mit locker hängenden Armen, die Füße in Schulterbreite.

Lauschen Sie einer rhythmischen Musik oder summen Sie Ihre eigene Melodie.

Verlagern Sie ihr Gewicht gemächlich von einem Fuß auf den anderen. Ihr ganzer Körper wiegt sich sanft von Seite zu Seite – zunächst ganz langsam, um sich an dieses neue Raumgefühl zu gewöhnen. Später bewegen Sie sich mit mehr Schwung und Kraft.

Befestigen Sie eine lange, prächtige, imaginäre Zauberfeder an Ihrer Nasenspitze. (Für diesmal stecken Sie Ihren gewohnten Nasenstift in die Tasche.)

Stauben Sie die Welt mit Ihrer imaginären Feder ab, während Sie von einer Seite zur anderen schwingen. Formen und Farben gleiten vorbei und vermitteln Ihnen immer stärker das Gefühl des Bewegtseins. Manchmal scheint die Welt in der entgegengesetzten Richtung vorbeizugleiten. Das stimuliert den allgemeinen glücklichen Energiefluß in Ihren Augen, Ihrem Geist und Körper.

Kitzeln Sie den Boden oder das Gras mit Ihrer Feder. Kitzeln Sie die Wände oder Büsche. Halten Sie Ihre Feder in Bewegung und in Fluß. Allmählich spüren Sie Veränderungen in Ihrem Innern. Jeder der folgenden Hinweise kündet von tiefer Entspannung Ihres visuellen Systems:

1. Spontanes Gähnen und tränende Augen.
2. Ihr Geist wird sanfter und weiter.
3. Ihr Gesicht fühlt sich weicher und lockerer an.
4. Farben und Einzelheiten werden intensiver und klarer.
5. Gesteigerte Tiefenschärfe.
6. Ihr Sehvermögen zieht mit Ihrem Denkvermögen gleich und Sie sind jetzt so visuell wie verbal.
7. Sie empfinden sich als einfach, zufrieden, dazugehörig, zentriert, heiter, lebendig.

Schwingen Sie mit der Feder so lange, wie es Ihnen gefällt.

Genießen Sie die daraus gewonnene Entspannung den ganzen Tag über.

Frei wie ein Vogel

Auch dieses Sehspiel spielen wir im Stehen. Bringen Sie Ihre Fantasie auf Schwung und *stellen* Sie sich vor, Sie seien ein Vogel – ein Adler, Falke, Uhu oder vielleicht eine seetüchtige Möwe oder ein Fischadler. Wie fühlt es sich an, dieses „Vogelsein"? Erleben Sie es anfangs mit geschlossenen, später mit offenen Augen.

Wiegen Sie sich im Stehen hin und her. Wie stellt sich der Planet Erde von Ihrer Vogelperspektive aus dar? Ihr Körper und Ihre Bewegungen werden freier, während Sie sich Geist und Wahrnehmung eines Vogels aneignen.

Beugen Sie Ihren Körper, biegen Sie Ihre Glieder. Die Arme schwingen wie zum Flug. Bewegen Sie Kopf und Nasenfeder aufs Geratewohl. Sie sind von Natur aus anmutig, während Sie über die imaginären Reviere der Herrscher der Winde hinwegstreichen.

Fliegen Sie über ausgedehnte Wüsten, Bergketten, Meere.

Improvisieren Sie bei diesem Spiel bis an die Grenzen Ihrer Vorstellungskraft.

Bewegen Sie jeden Teil Ihres Körpers, der sich jetzt entfalten möchte. Ihre Augen lieben das alles und reagieren mit einer Fülle saccadischen Zwinkerns: *Gähnen, gähnen, gähnen* Sie. Setzen Sie schließlich zur Landung an. Öffnen Sie sanft Ihre Augen und erlauben Sie den Dingen ringsum, wieder in Verbindung mit Ihrem Geist und Ihrer Aufmerksamkeit zu treten.

... EIGNEN SIE SICH GEIST UND SEHWEISE DES VOGELS AN

Lassen Sie die durch den „Vogelflug“ gewonnene Entspannung in den weiteren Ablauf Ihres Tages einfließen.

Die Sprache des klaren Sehens

Gesprochene wie gedachte Worte und Sätze sind in der Lage, das Sehen ein- und auszuschalten. Formulierungen wie „*Versuchen* zu sehen“ oder „Ich *kann nicht* sehen“ und „Meine Augen sind *schlecht*“ machen den Mangel an unbewußter visueller Energie zum Dauerzustand. Da Geist und Augen innigst miteinander verbunden sind, ist das Sehvermögen eine extrem beeinflußbare Funktion. Glücklicherweise gilt das auch umgekehrt. Was Sie abschalten können, können Sie auch wieder einschalten. Deshalb ist Ihre Sprache ein mächtiger Verbündeter beim Sehenlernen. Also wollen wir Worte und Sätze finden und zusammenstellen, die Ihr Unterbewußtsein und Ihr Sehvermögen beeinflussen.

Hier ist eine Liste von Worten, die Teilnehmer an meinen Kursen dem gewohnheitsmäßigen Starren zugeordnet haben, und eine Liste, welche uns hilft, das Starren umzuwandeln.

Setzen Sie Ihre magische Nasenfeder auf, und lassen Sie sie über die linke Wortspalte schweifen. Kommen Ihnen einige der Beschreibungen bekannt vor? Falls ja, vergessen Sie alle bisherigen Urteile zu diesen Punkten und über sich selbst. Die beschriebenen Zustände sind weder gut noch schlecht, weder richtig noch falsch. Es handelt sich vielmehr um Beschreibungen, die uns die Möglichkeit der gegenteiligen Haltungen eröffnen. Wir wüßten den Wert der zweiten Spalte nicht zu schätzen, wären wir nicht mit der ersten vertraut.

Augen, die starren und unscharf sehen, sind:	Bewegliche, klar sehende Augen sind:
abwesend	anwesend
umnebelt	klar
fixiert	locker
abschweifend	zentriert
blaß	strahlend
stumpf	scharf
unbewegt	beweglich
angespannt	entspannt
hart	weich
abgelenkt	bei der Sache
leer	voll

nichtssagend	erfüllt
steif	flexibel
unbewußt	bewußt
klammernd	ungebunden
ängstlich	sicher
tot	lebendig
flach	sprühend
verzweifelt	glücklich
feindselig	freundlich
kalt	warm
gleichgültig	liebevoll
zurückhaltend	freigebig
streng	lächelnd
eng	weit
undurchlässig	durchlässig
angriffslustig	aufnahmefähig
zerstreut	beteiligt
statisch	energiegeladen
nervös	zuversichtlich
verkrampf	frei
bemüht zu sehen	sehtüchtig

Fügen Sie der Liste Ihre eigenen Begriffe hinzu, und lassen Sie dabei die eigenen Erfahrungen und Beobachtungen einfließen.

Nun wollen wir mit den Worten in der rechten Spalte spielen. Lassen Sie Ihre weiße Nasenfeder (es gibt sie in allen Farben) an dieser das Sehen stimulierenden Wortliste auf- und abgleiten. Lassen Sie Geist und Körper die Energie, Einstellung und Freude dieser Wort-Zustände aufnehmen. Stellen Sie sich vor, daß diese Worte an die Tür Ihres visuellen kreativen Gehirns klopfen und alle Ihre besten Energien zum Spielen im irdischen Universum einladen. Wenn all diese lebendigen, positiven und optimistischen Teile Ihres Ichs ständig aktiviert werden, können Sie sich in einen „Klar-Sichtigen“ verwandeln.

Sie können die Sprache des klaren Sehens wirkungsvoll einsetzen, wenn Sie auf der Alltagsbühne Ihres täglichen Lebens neue Rollen für sich erfinden. Ersetzen Sie die alten negativen Gedanken wie etwa „Sehschärfe kann nicht verändert werden“ und „Ich bin zu alt“ oder „Meine Sehkraft ist schon zu stark geschädigt“ durch einen neuen Text, den Sie jetzt und hier sofort entwerfen.

Setzen Sie jetzt die für Sie bedeutungsvollsten Wörter der rechten Spalte in die Lücken der folgenden Sätze und sprechen Sie den sich daraus ergebenden Text mehrmals vor sich hin. Tun Sie das, bis dieser neue Gedanke „sitzt“. Machen Sie diese Gedanken zum Motto für den ganzen Tag. Es ist gut, sie laut zu anderen zu sagen und sie vor sich hinzuflüstern.

„Meine Augen sind jetzt strahlend“
„Ich sehe heute entspannt“
„Meine Einstellung ist die ganze Zeit über zuversichtlich“
„Mein Geist ist ständig ungebunden“
„Mein Blick ist überall bei der Sache und klar“

Diese Formulierungen sind Vorschläge. Lassen Sie sich davon zu einer ganz auf Sie persönlich zutreffenden Aussage inspirieren und schaffen Sie so ein Gegengewicht zu Ihren negativen Gedankenmustern. Überzeugen Sie die negativen Denkschemen davon, daß sie in Ihrem Geist nicht mehr länger willkommen sind, und ersetzen Sie sie durch Ihre neuen positiven Ideen. Bewegung, Flexibilität, eine visuelle Sprache und klares Sehen werden dann zu einem natürlichen Bestandteil Ihres Wesens.

Nachdem Sie jetzt erfahren haben, wie Sie Ihre Sehkraft durch Bewegung und Sprache verbessern können, wollen wir uns nun der Kunde vom besseren Sehen durch Visualisieren zuwenden. Packen Sie Ihr neues Rüstzeug für die „Kunst des Sehens“ und kommen Sie mit.

Kapitel 7

Besseres Sehen und Vorstellungskraft

Es ist unsere Vorstellungskraft, die die einzelnen Fäden der dem Sehzentrum im Gehirn zufließenden Botschaften zu einem sinnvollen, reichen, vieldimensionalen Bildteppich verknüpft. Erschüfe unser Geist nicht laufend bildhafte Vorstellungen, blieben die Nervenimpulse im Sehzentrum bruchstückhaft und leblos.

Wenn die Fähigkeit zu bildhafter Vorstellung auf der kulturellen Prioritätenliste auf einen unteren Rang verwiesen wird, verschlechtern sich sowohl Kreativität als auch Sehvermögen. Bemerkungen wie „Das bildest du dir nur ein" oder „Das stammt ja wohl aus Ihrer Fantasie" haben wahrscheinlich schon viele wundervolle kreative und visuelle Abenteuer verhindert.

Eine weitere Hürde für freies und leichtes Sehen besteht darin, daß es so oft von schwarzweißen verbalen Leistungen abhängig gemacht wird. Schließlich denken wir Menschen beim Stichwort „sehen" nur noch an Buchstaben und Zahlen. Wenn Sie irgendwann nicht fähig waren, die schwarzen Buchstaben auf dem weißen Untergrund der flachen Sehprobentafel zu lesen, hatten Sie Ihre „schlechten Augen" für alle Zeiten. Ihre wundervolle Ein-Bildungs-Kraft rostet vielleicht aus Mangel an Respekt und Anerkennung in der Abstellkammer vor sich hin. Im Lauf der Jahre haben viele meiner neuen Schüler mir gegenüber behauptet, sie hätten „keine Fantasie". In Wirklichkeit besitzen wir sie alle, sonst könnten wir überhaupt nicht sehen.

Es ist jetzt an der Zeit, die Kammertür zu öffnen!

Wenn Sie sich etwas vorstellen und ein-bilden, so schaltet sich Ihre rechte („sehende") Gehirnhälfte ein. Wenn sie eingeschaltet ist und sich bestimmte Wahrnehmungsaufgaben mit der verbalen, analytischen linken Gehirnhälfte teilt, erleichtert das alle körperlichen und geistigen Funktionen. Diese Kombination von spontaner Vorstellungskraft und vernünftigem Denken vermittelt uns das größtmögliche Wohlbefinden in sämtlichen Lebensbereichen. Wir werden uns damit in Kapitel 12 intensiver befassen.

Teile aus Ihrem Erinnerungsschatz, Ihre Träume und Ihre Kreativität sind Zutaten für Ihre Fantasie; und der Zugang zu allen bekannten und unbekannten, bewußten und unbewußten Landschaften steht ihr offen.

Wenn Sie Ihre Vorstellungskraft fördern, entwickeln und mit den Sehprozessen verknüpfen, steigern Sie Ihre Fähigkeit zu klarem Sehen. Saccadische Bewegungsmuster werden schon dadurch ausgelöst, daß Sie sich im Geist ein Bild von etwas machen. Alfred Yarbus sagte in seinem Buch, daß das Auge im allgemeinen abtastet, woran der Geist eines Menschen interessiert ist.

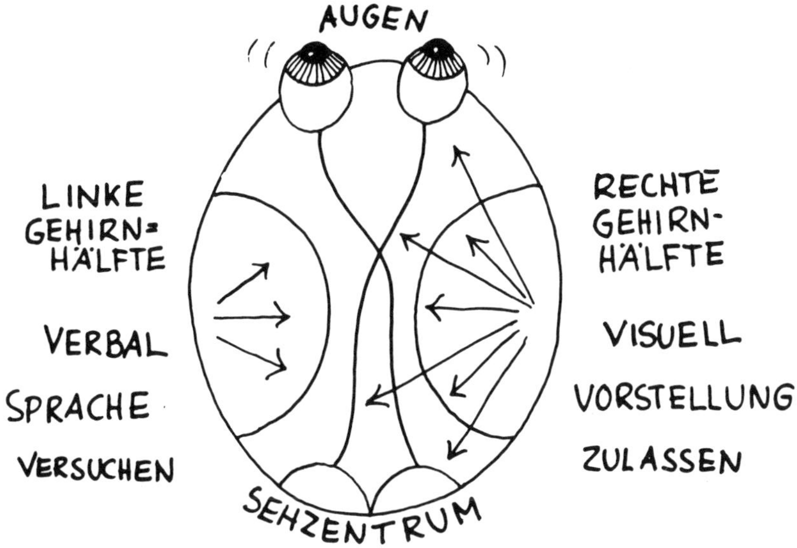

Ein Zimmermann betrachtet im Wald die Bäume im Hinblick auf die mögliche Holzschlagmenge, und seine Augen mustern Umfang, Wuchs und Höhe der Stämme. Ein Biologe achtet statt dessen auf die Vögel, das Wild, die Formen der Blätter, und ein Naturschützer sieht vielleicht eher die Beziehungen der Bäume zueinander, zum nahe Bach und zu den Wolkenbildungen am Himmel. Die physischen Augen bewegen sich im Einklang mit diesen unterschiedlichen geistigen Interessen und „erblicken" eine bestimmte Version des gleichen „realen" Waldgebiets.

In Ihren Augen finden die gleichen saccadischen Sprünge statt, ob Sie sie geschlossen halten und sich einen Baum vorstellen oder sie öffnen und eine Eiche betrachten.

Aus diesem Grund ist es wunderbar, seine Vorstellungskräfte im Ruhezustand mit geschlossenen Augen einzuschalten. Dies führt zu einer Entspannung von Körper und Geist, die Sie dann auf die offenen Augen in immer mehr Situationen übertragen können (einschließlich der Praxisräume mit der Sehprobentafel). Schließlich können wir unsere bildliche Vorstellung angeschaltet lassen, ob die Augen nun geschlossen oder offen sind. Dabei findet ein ununterbrochener Energiefluß von unserer rechten zur linken Gehirnhälfte statt, ein Integrationsprozeß, der das mühselige Versuchen-zu-sehen durch müheloses entspanntes, natürliches Schauen ersetzt.

Sehen Sie selbst. Probieren Sie beide Arten des Sehens – einmal mit, einmal ohne Vorstellungskraft – für sich aus.

„Ich zeichne jetzt die Umrisse eines Buches, dort auf dem Regal. Das Buch ist *dort draußen;* also keinesfalls irgendwo in meinem Inneren. Tatsächlich ist es ein geliehenes Buch. Es gehört mir nicht. Bilde ich mir das Buch nur ein? Durchaus nicht. Glauben Sie, ich sei verrückt? Ich kann das Buch sehen. Es steht dort drüben und ist sehr verschwommen, obwohl ich es wie wild mit diesem „Nasenstift“ umwandere ...“

„Ich zeichne jetzt die Umrisse des Buches, das ich mir in meinem Regal *vorstelle.* In meinem Geist zeichne ich das Buch grün. Das Buch ist wirklich in meinem Hinterkopf vorhanden. Es wird jetzt schärfer und klarer. Es wird lebendig. Vielleicht richtet es sich auf und fängt an, mit mir zu reden. Vielleicht erzählt es mir eine Geschichte. Ich fühle mich ruhig und zufrieden, während ich mir dieses Buch vorstelle und es zugleich *sehe.*“

Wählen Sie andere Dinge in Ihrem Zimmer. Zeichnen Sie mit Ihrem Zauberstift, während Sie wie oben vorgehen. Vergleichen Sie den Versuch, etwas „da draußen“ zu sehen, mit dem Sehen im Geist. Sobald Sie diesen entspannten Sehstil erlebt haben, werden Sie imstande sein, ihn in Ihr tägliches Leben einzubeziehen, wobei Sie gelegentlich murmeln: „Ich stelle mir das vor“, während Sie Ihre visuelle Welt zeichnen.

Die Vorstellungskraft pflegen und fördern

Menschen mit verschwommenem Sehvermögen haben mir drei Arten von Antworten auf den Vorschlag gegeben, mit Hilfe ihrer bildlichen Vorstellungskraft sehen zu lernen. Eine kleine Gruppe pflegt leicht abwehrend zu sagen: „Ich bin ein Künstler und habe eine großartige bildliche Vorstellungskraft.“ Wenn Sie zu dieser kreativ-visuellen Künstlergruppe gehören, ist es wichtig einzusehen, daß Ihre Fähigkeit zu fantasieren keinesfalls in Frage gestellt wird. Dann brauchen Sie diese Qualifikation Ihrem organischen Sehen nur noch „anzukoppeln“.

Eine zweite, größere Gruppe macht es sich gern bequem und läßt sich farbenfrohe Geschichten erzählen. Sie machen gern Tonbandaufzeichnungen ihrer Seh-Unterrichtsstunden und sind zufrieden, wenn die Stimme des Lehrers ihre geistigen Bildvorstellungen anregt. Den Mitgliedern dieser Gruppe fehlt die Einsicht, daß sie selbst die Fähigkeit zur Anregung ihrer inneren Bildvorstellungen besitzen. Tonbandaufzeichnungen sind für den Anfang empfehlenswert. Eines Tages ist es dann aber an der Zeit, im Geist an den Rand Ihres eigenen Erinnerungsbekkens zu treten, einen prüfenden Zeh hineinzutauchen und eine selbst gesponnene Geschichte zu liefern.

Die dritte Gruppe von Sehschülern reagiert mit knallhartem Widerstand. Sie behauptet entweder, daß man keine Fantasie brauche, um scharf sehen zu können, oder daß sie selbst keine besäßen. Wenn diese Menschen schließlich einsichtig werden und ihre Vorstellungskraft einschalten, verändern sie ihre Wahrnehmungsfähigkeit und ihre Persönlichkeit gründlich.

Die folgenden Visualisationsspiele sind im Hinblick auf diese drei Gruppen gestaltet worden und auch für alle anderen, die ihr inneres und äußeres Sehen erwecken und entwickeln wollen.

Die Fantasie zieht sich angesichts kritischer Beurteilung und Ablehnung schnell zurück. Sie reagiert wundervoll auf Einladung und ein wenig Ermutigung.

Wenn Sie visualisieren, zeichnen Sie die inneren Bilder mit Ihrem Nasenstift oder -pinsel, so daß Sie die ganze Zeit über in Bewegung bleiben. Beenden Sie jede Fantasiereise, indem Sie sich *erden.*

Erden

Falten Sie beide Hände und pressen Sie sie fest zusammen, während Sie durch Ihren Mund völlig ausatmen. Ihre Füße sind Magnete, und die Erde ist Metall. Öffnen Sie Ihre Augen jetzt langsam und blinzeln Sie mehrmals. Das Erden bringt uns wieder ins Hier und Jetzt und visuelle Ruhe in jede Umgebung.

Das Sehfeld vorbereiten

Setzen oder *legen* Sie sich bequem hin, und schließen Sie Ihre Augen. Die Dunkelheit, die Sie sehen, ist jetzt Ihr Sehfeld, und Sie sind der Gärtner in diesem inneren Raum. Sie pflanzen, züchten und arrangieren Farben, Formen und Details. Lassen Sie uns diese dunkle Region erforschen, bis Sie sich auf Ihrem eigenen Feld zu Hause fühlen.

Lassen wir jetzt die Gedanken zur Ruhe kommen. In dieser friedvollen Stille bewegen wir uns nun in die Dunkelheit vor uns.

Treiben sich dort Grautöne und dunkle Formen herum? Dies ist fruchtbarer Boden. Hier gedeiht alles. Genießen Sie das Nichts, das Undefinierbare, das noch nicht Geformte. Loten Sie im Geist munter das dunkle, reiche Potential Ihres Sehfeldes aus. Wie weit erstreckt sich Ihr Feld nach vorn und hinten, nach rechts und links?

Ist Ihr Feld begrenzt oder unendlich? Wie tief ist dieser dunkle Boden geschichtet? Erkunden Sie seine Beschaffenheit mit prüfenden Zehen. Ihre Reise führt über die gewohnten geistigen Pfade hinaus, durch die warme Dunkelheit Ihres inneren Schauens.

Wenden wir uns nun den „Glimmerchen" und „Flimmerchen" zu. Haben Sie schon mal ein *Glimmerchen* gesehen? Sie kommen in diesem Bereich ziemlich oft vor, treiben hierhin und dorthin durch die Dunkelheit. Sie sind vage, bedeutungslos, ruhig. Wenn Sie innerlich ruhig sind und das Unbekannte und Unsagbare zulassen, sind sie bisweilen zu sehen.

Jetzt tauchen einige *Flimmerchen* auf. Sie könnten Netzhaut-Nachbilder sein, die entstehen, wenn wir die Augen öffnen und schließen. Wie Irrlichter wehen sie über Ihr Feld. Machen Sie ein kleines Spiel mit den Flimmerchen. Wenn Sie Ihre Nasenfeder von Seite zu Seite schwingen, gleiten die Flimmerchen in die entgegengesetzte Richtung. Auf diese Weise entsteht ein wunderbares entspannendes Schattenspiel in Ihrem dunklen Gesichtsfeld.

Wir wollen nun einige Glimmerchen und Flimmerchen benennen, damit sich Ihre linke Gehirnhälfte nicht übergangen fühlt. Lassen Sie Ihre verbalen und visuellen Gehirnteile zusammenwirken und ein paar fantastische Einfälle dafür sorgen, daß das Gleichgewicht erhalten bleibt.

Hat sich eines Ihrer Flimmerchen in eine Spiral verwandelt? Das ist gut. Ziehen Sie die Spirale mit Ihrer Nase so weit wie möglich nach. Eines meiner Glimmerchen ist zu einer schwarzen Kiste geworden. Was darin wohl verborgen sein mag? Mit meiner Nasenfeder hebe ich vorsichtig den Deckel hoch – und ein schillernder gelber Schmetterling kommt heraus. Spielen Sie eine Weile mit Ihren Formen, umwandern und benennen Sie sie.

Eines meiner Nachbilder hat sich in einen roten Laserstrahl verwandelt. (Haben Sie bemerkt, wie Sie vage Formen sofort in etwas Bestimmtes verwandeln können, indem Sie sie benennen?) Wir könnten meinen scharlachroten Laserstrahl dazu benutzen, einen herrlichen Sonnenuntergang in die Wüste zu malen. Und was passiert gerade in Ihrem eigenen Feld?

Befruchten von Hand – Palmieren

Lassen Sie uns unsere Sehfelder durch Palmieren bereichern. Halten Sie Ihre Hände mit den Innenflächen vor die Augen. Atmen Sie tief ein, und fühlen Sie, wie Ihr Bauch dabei weit wird. Gähnen Sie ein paarmal. Tun Sie das, bis Sie Energieschwaden aus den Innenseiten Ihrer Hände aufsteigen fühlen. Ihre Hände sind in der Lage, zu heilen und Wärme und geistige Kräfte zu übertragen. Legen Sie Ihre leicht gewölbten Handflächen über Ihre Augen, so daß alles Licht von außen abgeschirmt wird, ohne daß die Hände Ihre Augäpfel berühren. Ihre Finger überkreuzen sich vielleicht auf der Stirn. Legen Sie sich hin, die Ellenbogen himmelwärts. Oder setzen Sie sich mit aufgestützten Ellenbogen. Bei geschlossenen Augen vertieft sich die Dunkelheit. Die aus Ihren Händen fließende Energie und Wärme lokkert angespannte Augen- und Gesichtsmuskeln. Die wohltuende Kraft, die aus Ihren Händen strömt, tankt Ihre Gehirnbahnen auf.

Die Handflächen vor den Augen, *stellen* Sie sich nun eine blaue Sonne im Mittelpunkt der Erde *vor.* Kobalt-, Ultramarin- und Indigotöne gehen von dieser Sonne aus. Die blauen Farbschattierungen strahlen durch alle Erdschichten und fließen durch Ihre Füße in Ihre Beine. Ein farbiger Fluß von Energie, der Gesundheit, Kraft und Harmonie in Ihren Körper und durch Ihren Leib bis in Ihre Brust trägt. Ihre Lungen füllen sich durch ihn mit frischem Sauerstoff und entledigen sich auch des letzten Restes verbrauchter Luft. Das Blau fließt in Ihre Schultern. Hier nehmen es Ihre Schultermuskeln auf und deh-

nen und lockern sich dabei. Dann teilt sich der blaue Fluß und strömt in Ihre Arme. Sie spüren seine beruhigende und belebende Kraft in Muskeln und Knochen. Das blaue Licht erreicht Ihre Hände. Hier verweilt es ein wenig und bildet Strudel in der Mitte Ihrer Handflächen. Instinktiv lassen Sie es im richtigen Augenblick in Ihre Augen weiterströmen. Eine Flut von magischem Licht und Freude ergießt sich in Ihre Augen und in Ihr Gehirn. Es sickert in die Knochen Ihres Gesichts und alle Gewebe und Zellen Ihrer Augen, heilt, kräftigt und bringt Klarheit in Ihr gesamtes Sehsystem.

Stellen Sie sich *vor,* wie das blaue Licht in Ihre Sehzentren im Hinterkopf fließt. Die sehenden Zellen Ihres visuellen Gehirns erwachen und vibrieren voller Farbe und Lebendigkeit. Lassen Sie das blaue Licht sich schließlich durch und um den eigenen Hinterkopf ausdehnen. Wenn Sie jetzt ganz langsam Ihre Handflächen von den Augen nehmen, halten Sie diese noch ein Weilchen geschlossen. Strecken Sie Ihren Körper ausgiebig, und gähnen Sie herzhaft. Setzen Sie Ihre Zauberfeder auf die Nasenspitze und kitzeln Sie damit den Raum um sich. *Öffnen* Sie dann allmählich Ihre Augen und genießen die Frische Ihrer Sehkraft.

Beim Palmieren regt kein Licht von außen Ihr Sehsystem an. Das Licht, mit dessen Hilfe Ihre Fantasie die farbigen Bilder Ihrer Vorstellung formt, stammt aus Ihrer eigenen inneren Beleuchtungsabteilung. Wappnen Sie sich mit Geduld, wenn Sie Ihr Beleuchterteam zuvor lange Zeit nicht beschäftigt hatten. Bald wird es Ihnen ein paar wundervolle visuelle Effekte vorführen.

Empfänglichsein

Sie werden schon bemerkt haben, daß wir die inneren Bilder in den Sehspielen oft *bitten* aufzutauchen. Bildvorstellungen entstehen spontan aus dem Unbekannten (rechte Gehirnhälfte) und können nicht vom Bewußtsein willentlich erzwungen oder herbeigeordert werden. *Bitten* Sie um Bilder, wenn Sie Ihre Fantasie auf möglichst wirkungsvolle Art ankurbeln wollen.

Drängeln und Schieben führt meiner Erfahrung nach dabei geradewegs in Leere und Frustration. Nach dem Bitten um Fantasien und Erinnerungen heißt der nächste Schritt *Empfänglichsein.*

1. Wenden Sie sich mit einer bestimmten Bitte an Ihre Vorstellungskraft, Ihr Unterbewußtsein: „Liebe Fantasie, bitte schicke mir das Bild eines radschlagenden Pfaus."
2. Jetzt ist es gut, alle Anweisungen, Erwartungen und nachträglichen verbalen Einfälle beiseite zu lassen.
3. Akzeptieren Sie, was auch immer an Bildern auftaucht, auch wenn die ersten eher wie flügellahme Raben aussehen.

Bild und Bewegung

Palmieren Sie mit geschlossenen Augen. Stecken Sie den Zauberstift auf die Nasenspitze, und skizzieren Sie einen Apfelbaum. *Zeichnen* Sie den grauen Stamm und wie seine Äste sich zum klaren, blauen Himmel recken. *Zeichnen* Sie die fasrigen Wurzeln, die den reichen Lößboden durchwachsen. Dazu ein paar apfelgrüne Blätter. Bitten Sie Ihr inneres Beleuchterteam, diese Szene mit fantastischem Sonnenlicht zu überfluten und die knackigen, roten Äpfel in den Zweigen anzustrahlen.

Stellen Sie sich *vor,* wie Sie zum Baum gehen und den Duft der sonnenerwärmten Gräser und Blätter riechen. Pflücken Sie einen karmesinroten Apfel, polieren Sie ihn an Ihrem Ärmel und halten Sie ihn ins Licht. Ihr Gesicht spiegelt sich auf der glänzenden Schale. Riechen Sie am Apfel, und beißen Sie hinein. Er ist knackig, saftig und süß. Werfen Sie den Apfel in den klaren, blauen Himmel. Aha, er fällt wie ein roter Gummiball.

Werfen Sie den Ball, so weit Sie können. Folgen Sie ihm mit der Nase. Er wird immer kleiner und verschwindet schließlich am Horizont. Er taucht irgendwo wieder auf und hüpft fröhlich auf Sie zu, wenn Sie ihn in Ihre Hände zurückrufen. Umkreisen und erkunden Sie ihn mit Ihrer Nase. Weist er irgendwelche Spuren von seiner Reise auf? Ist er bereit, wieder davonzufliegen? Will er hüpfen und glänzen und auf einen Rutsch eine große Entfernung zurücklegen? Lassen Sie ihn gewähren. Der rote Ball ist Ihr Freund, ist jederzeit und überall verfügbar, um Ihnen bei der Entwicklung der saccadischen Bewegungen und der Beweglichkeit Ihrer Fantasie zu helfen.

Stellen Sie sich jetzt vor, Sie befinden sich im australischen Busch. Schauen Sie auf den Bumerang in Ihrer Hand. Er ist erdfarben mit weißen Mustern und etwa 60 cm lang. Beachten Sie seine aerodynamische Form, fast wie die nach hinten gezogene Tragfläche eines Düsenflugzeugs.

Sie halten den Bumerang an einem Ende, und das glatte, warme Holz liegt angenehm in der Hand. Sie holen zum Wurf aus. Sie werfen. Er springt aus Ihrer Hand und zwirbelt in einer niedrigen, flachen Flugbahn durch die Luft wie ein Sensenblatt. Er saust über das niedrige Buschwerk in der Wüste, schrumpft ... wird immer kleiner, bis er fast zwischen den von der Sonne ausgedörrten, rötlichen Hügeln in der Ferne verschwindet.

Folgen Sie seinem Kurs, wie er jetzt aufsteigt, durch die Luft segelt und wie ein Vogel im eleganten Bogen wieder zu Ihnen zurückkehrt – seine Flugbahn ist wie ein schwacher Schimmer im klaren, blauen Himmel. Er kommt näher ... wird größer ... Sie halten Ihre Hand hoch und er schmiegt sich hinein. Sein Herzschlag hört auf, jetzt hält er ganz still.

Die Ernte einbringen

Nachdem Sie jetzt die fruchtbare dunkle Leere, den Fluß blauer Energie, Farbe und Bewegung Ihrer Vorstellungskraft kennengelernt haben, ist es Zeit herauszufinden, welche visuellen Schätze in Ihren Erinnerungsbanken gestapelt sind. Gleich unter der Oberfläche Ihres Bewußtseins liegen Ihre Lebenserfahrungen angehäuft. Freuen Sie sich über jede einzelne, denn auch sie verhelfen zu mehr Wohlbefinden und besserem Sehen.

Lassen Sie mich einige Geschichten aus meiner Erinnerungsbank erzählen, die sich gut zum Palmieren und Visualisieren eignen.

Es ist wichtig, daß Sie nach jeder dargebotenen Geschichte eine eigene ausdenken und aufschreiben.

In Ihren eigenen Geschichten verankern Sie Ihre Erfahrung und bauen Ihr Selbstbewußtsein auf. Verfahren Sie ganz nach Belieben und fügen Sie vielleicht eine Zeichnung hinzu. So lernen Sie, Ihren eigenen Fähigkeiten zu vertrauen und die eigenen Kräfte einzusetzen, um besser zu sehen.

Ich bin drei Jahre alt. Ich stehe im Sonnenschein auf der Straße, welche die Häuser in dem winzigen Dorf, das meine Welt ist, voneinander trennt. Eines Tages kommen Männer und schütten schwarzes Zeug, das sie Teer nennen, auf unsere Landstraße. Ich gehe barfuß, trage kurze, rote Hosen und eine weiße Bluse. Die Luft ist warm. Ein paar andere Kinder sind da und mein älterer Bruder Larry, der alles kann. Große und kleine Kinder, so wie ich. Wir gehen am Rand der Teerstraße entlang an den weißen Häusern vorbei, auf die grünen Maisfelder zu. Der Teerbelag wird weich und heiß unter meinen Füßen. An manchen Stellen ist der Teer teigig-grau und gewellt. Oh, was ist denn hier Wunderbares passiert? Der Teer hat Blasen gebildet, so groß wie meine Hand. Kleine, weiche, schwarze Häuser, in denen Käfer leben könnten. Wir setzen uns alle an den Straßenrand, um mit diesen Teerblasen zu spielen, diesen reizvollen Kissen und Beulen. Mit dem Fingernagel mache ich ein Loch in die Teerblase und ziehe sie hoch. Oooohhh, ist das schwarz! Und glänzend! Klebrig, weich und elastisch! Das Sonnenlicht scheint genau in das kleine Haus. Der frische Teer glänzt schwarz und ist klebrig. Schau, er dehnt sich aus. Der Teer klebt an meinem Knie und an meinen Fingern. Und Sie haben etwas davon in Ihrem Haar und an Ihrer Nase.

Ich fahre auf einem kleinen Fährschiff von der Spitze der Yucatan-Halbinsel zu einer Insel im Küstenbereich der Karibik. Ich sehe, wie meine Hände auf dem weißen Geländer des Bootes ruhen. Freundliches Sonnenlicht ergießt sich über mich und funkelt auf dem ruhigen Meeresspiegel. Diamanttrauben glitzern auf türkisfarbenem Wasser. Der Himmel über mir ist zartblau, leer und weiträumig. Ich bitte den Frieden und die Schönheit von Wasser und Himmel in meinen Geist.

Als das Fährschiff am hölzernen Anlegeplatz festmacht, spüre ich, wie die körnigen Seemuscheln meine Fußsohlen massieren. Ich gehe die Küste entlang und begrüße die frische Meeresluft in meinem Körper. An einem Wasserlauf, der zu einer Lagune strömt, liegt ein Haufen Muscheln. Um eine Muschel aufzuheben, braucht man zwei Hände. Sie ist so groß wie mein Kopf, außen kalkig grau und innen glatt wie ein rosa Pfirsich. Meine Fingerspitzen sehen und liebkosen die Muschel und ich stelle mir dabei vor, wie ihr Zuhause auf dem Meeresgrund ausgeschaut haben mag. Das Wasser hört meinen Ruf und gibt mir ein Zeichen. Ich wate bis zu den Hüften ins laue Meer. Schillernde rosa und grüne Fische schwänzeln um mich herum, während ich in ihr warmes, nasses Reich spähe. Die Lagune ist ein durchsichtiges Fenster zu einem friedlichen, geräumigen Heim mit körnigen, weißen Böden, möbliert mit roten Korallen. Eine leuchtendrote Fächerkoralle wiegt sich in der Strömung – eine lebendige Skulptur. „Ja, ihr munteren, blitzschnellen Regenbogenfische, ich komme und schwimme mit euch!" Ich lächle und schöpfe das leuchtende Meerwasser mit beiden Händen, spritze es in die Sonne, entzückt von den kühlen Funken, die über meine Augenlider und Wangen rieseln.

Ich stehe auf einer Straße in der Nähe des Hafens. Die Sonne scheint zwischen grauen, tief hängenden Wolkenfetzen.

Eine frische Meeresbrise rötet meine Wangen. Ein riesiger silberner Omnibus fährt vor. Die aussteigenden Gestalten müssen japanische Touristen sein. Herren in dunklen Anzügen mit schwarzen Kamerataschen, hübsche, zierliche Damen in blumigen Kleidern, die nach ihren Hüten greifen, mit glänzend schwarzem Haar und braunen Augen. Sie tummeln sich um mich herum, während sie Eindrücke auf Netzhaut und Japanpapier sammeln. Bald klettern sie wohlgeordnet wieder in ihren Bus. Der Motor springt an. Ich drehe mich um, und mein Blick streift am Bus entlang zu einem geöffneten Fenster direkt über mir. Eine Frau schaut mich an. Sofort fließt eine starke Welle von Wärme zwischen uns. Sie lächelt ein schnelles „Hallo" und ich lächle zurück. Wir strecken unsere Arme aus und unsere Fingerspitzen berühren sich, während der Bus anfährt.

In meiner Studienzeit sah ich mir eines Abends einen Film der „neuen Welle" an. Drei Stunden saß ich im großen, kühlen Hörsaal im Stummfilm „Gras". Kein Ton, nur eine dreistündige Schwarzweißcollage eines Nomadenstammes. Diese geduldigen Menschen zogen über endlose Ebenen von Weideland. Sie überquerten tosende Flüsse, wobei eine wertvolle Ziege im schäumenden Strom abgetrieben wurde. Sie kletterten über enge Bergpässe. Jeder half jedem. Männer mit Turbanen trugen kleine Kinder auf ihren Rücken. Frauen in langen Gewändern verteilten die kärglichen Rationen. Ich stellte mir vor, selbst an einem derartigen Nomadenzug teilzunehmen: Ich spürte meine Füße in den dünnen Ledersandalen und marschierte jeden Tag meilenweit mit meinen dürftigen Habseligkeiten auf dem Rükken. Ich erwachte jeden Morgen mit dem Blick auf sonnige und windgepeitschte Steppen, die schroffen Bergen Platz machten. Ich atmete die dünne Höhenluft in kühler blauer Atmosphäre. Wenn ich jetzt meine Augen schließe, sehe ich die unerschütterlichen, verwitterten Gesichter dieser Leute. Dann werden meine inneren Bilder von den hohen Grasteppichen überflutet, vom wogenden, schwellenden grünen Gras, das sich meilenweit erstreckt.

Ich erinnere mich an eine Episode aus dem Buch *Wind in the Willows* („Wind in den Weiden"), die ich vor langer Zeit las und die mich entzückte. Ratte und Maulwurf dösten in ihrem Boot auf dem kleinen Fluß. Nein, in Wirklichkeit waren sie auf der Suche nach einem verirrten Tierkind und hatten voller Verzweiflung die Hoffnung fast schon aufgegeben. Plötzlich reckte sich Maulwurf mit verklärtem Blick. Er hörte einen schwachen Ton über den Fluß wehen. Zuerst wußte Ratte nicht, was tun, und dachte, Maulwurf sei übergeschnappt. Dann schlugen zauberhafte Laute von einer grünen Insel in der Flußmitte auch Ratte in ihren Bann. Die Klänge erinnerten die bescheidenen Tiere an den Ort voller Schönheit, woher alle Tiere kommen und wohin sie am Ende heimkehren. Sie nahmen die Ruder auf und paddelten auf die Quelle des Klangs zu. Sie legten an und bewegten sich vorsichtig landeinwärts. Ihre erstaunten Augen nahmen eine schimmernde Gestalt wahr: Geweihe und Hufe – und sie fühlten sich von grenzenloser Güte und Liebe umflossen. Nach einem zeitlosen Augenblick in diesem Traumzustand verhallte der Ton der Flöte, und die beiden Nager fanden sich wieder in der Wirklichkeit, umarmt vom verloren geglaubten Tierbaby, das sie jetzt freudig heimwärts trugen.

Vor mir sehe ich die Kaminuhr, die immer auf dem alten Beistelltisch aus Eiche steht. Die Uhr ruht auf einem von Großmutters gestärkten Spitzendeckchen, erhellt vom Tageslicht, das durch das Fenster strömt. Ich zeichne den runden Kopf und die beiden flachen Ständer der Uhr mit meinem Nasenstift nach. Das Schutzglas bedeckt ein weißes Mondgesicht mit goldenen Punkten, welche die Stunden anzeigen. Die ziselierten Bronzezeiger weisen von der Mondnase unterschiedlich weit weg. Sie haben sich seit Jahren nicht bewegt. Sie ruhen sich aus, damit ich ihre Schnörkel mit dem Nasenstift umrunden kann. Ich staube das glänzende, dunkle Mahagonigehäuse der Uhr mit meiner Nasenfeder ab und fege die feinen Staubteilchen weg, die sich darauf niedergelassen haben. Ich liebe diese Uhr. Sie hat ihre eigene Geschichte. Im Augenblick stelle ich mir vor, sie würde die Gesellschaft einer Geranie schätzen, die ich im Garten finden werde.

Ich erinnere mich an einen Traum aus unbestimmter Zeit. Ich fuhr einen offenen Wagen durch wellige, grüne Hügel. Die Landstraße verlief in anmutigen Kurven. Ich spürte den unbesiegbaren Geist der Kröte aus *Wind in the Willows.* Gutgelaunte Freunde waren bei mir. Ihre farbenfrohe Kleidung wehte und flatterte in der Brise, die durch den klaren, blauen Himmel zog. Hinter einer Kurve begrüßte uns eine tanzende Versammlung von Wildblumen. Ich hielt an und rutschte aus dem Fahrersitz, um mir die Blüten näher anzuschauen. Von einer riesigen leuchtendroten Tulpe, die frisch und frei aus der fruchtbaren, dunklen Erde wuchs, war ich besonders angetan. Diese Tulpe war von kräftigen Landsleuten in sämtlichen Regenbogenfarben umgeben. Zitronengelbe Blütenkelche sprangen empor mit Staubgefäßaugen aus dunklem Gold. Eine Herde türkisfarbener Maßliebchen floß hangaufwärts. Organgefarbene Rosen hielten einander lachend und sinnlich umschlungen. Violette Augen glänzten uns aus dem Gras entgegen. Meine Freunde und ich labten uns an den Wohlgerüchen, die in unsere träumenden Sinne geweht wurden. Wir waren erfüllt von ruhiger Freude.

Stellen Sie sich mit geschlossenen Augen vor, Sie stehen auf einem grünen, mit Gras bedeckten Abhang in der Nähe des Meeres. Sie greifen ins frische Grün und pflücken einen Löwenzahn. Aufmerksam betrachten Sie die Form und die leuchtende Farbe der Blüte in Ihrer Hand.

Sie atmen die stärkende Meeresluft ein und lassen Ihre Aufmerksamkeit hügelabwärts zur beigefarbenen sandigen Küste schweifen. Da liegt ein Stück Treibholz mit barocken Formen, die an Seeschlangen erinnern. Sie genießen die flüssige Eigenschaft des Meeres: die flüsternden Wellen am Strand, dahinter ein türkisfarbenes Band. Noch weiter draußen ein Stück Marineblau, das am Horizont zu einem Silberstreifen verschmilzt. In der Ferne entfalten sich winzige Segelboote und gleiten langsam außer Sicht.

Die Segelschiffe blinken weiß, wenn Sie jetzt die Augen schließen. Sie erzählen von unbeschwerten Ferientagen und frischen Meeresbrisen auf Ihren Wangen. Sie sehen eines dieser Segelboote so scharf, als läge es in Ihrer Handfläche oder Badewanne. Lassen Sie sich nieder an diesem Ort, den Sie gleichermaßen erinnern und sich vorstellen. Während Sie die salzhaltige Luft tief eingähnen, beginnen Sie sich auszudehnen. Sie spüren, wie Sie größer werden. Ihre Wahrnehmungsfähigkeit nimmt zu. Jetzt sehen Sie den Mond silbern am blaßblauen Himmel leuchten. Eine runde Glätte, in der Sie Krater, Meere und Berge entdecken können.

Mit Hilfe der inspirierenden tiefen Atmung wachsen und erreichen Sie Sonnengröße. Die neun Planeten walzen um die Sonne. Im Hintergrund lachen Sterne auf dem riesigen schwarzen Samtpolster des Weltraums. Die Galaxien drehen sich in fröhlichen Spiralen. Sie umkreisen Ihren Geist und wirbeln hinweg, um dann schwach an den staubigen Rändern des Universums zu blinken. Oh, dort drüben links feiert eine Nova ihr Hinscheiden mit rotgrünem Feuerwerk, das kreuz und quer durch die Lichtjahre spritzt. Weiter rechts sehen Sie ein winziges schwarzes Loch, das alle benachbarten Himmelskörper in sich hineinsaugt. Gehen sie gern? Eilig machen sie sich auf den Weg zu ihrer Anti-Erleuchtung.

Während Sie zu Ihrer Mitte zurückkommen, betreten Sie erneut das Reich der Sonne. Dort ist Mars, rot und gefurcht. Venus geht grasgrün auf. Saturn ringelt sich fröhlich und Pluto umschleicht das Tanzvergnügen von fern, dunkel und magisch. Die Planeten können Sie besuchen, wann immer Sie wollen, und zur Sonne kehren Sie täglich wieder. Jetzt kommen Sie zum Meer zurück, zu den Gezeiten des Erdbodens, der Sie trägt, während Sie dem Mond und dem Löwenzahn, der über Ihrem Knie hängt, „Bis auf bald!" zurufen. Bleiben Sie bei dem inneren Gefühl der Weiträumigkeit, während Sie Ihre Aufmerksamkeit wieder dem irdischen Raum zuwenden. Sie haben erfahren, daß die Sehkraft in Ihnen ist. Dieses Sehen lebt in Ihrer Fantasie, in Ihrem Sehvermögen, und steht Ihnen jederzeit offen. Lassen Sie dieses innere Sehen in die Welt fließen, während Sie Ihre Augen sanft öffnen.

Imagination: Variationen für Fortgeschrittene

Um neue Perspektiven zu gewinnen und die Erfahrungen anderer Seinsformen zu würdigen, stellen Sie sich vor, daß Sie sich in andere Erscheinungsformen der Natur *verwandeln.*

Palmieren Sie und stellen Sie sich vor, als großer grauer Felsbrocken auf einer hochgelegenen Bergwiese zu ruhen. Sie sind durch und durch massiv. Sie bestehen aus Quarz und Glimmer und sind froh darum. In sich tragen Sie winzige, faszinierende Versteinerungen, und darauf sind Sie besonders stolz. Dicht an Ihrer Oberfläche liegt kaum wahrnehmbar ein versteinerter Trilobit. Wenn es regnet und die Schauer Ihren Grauton in eine dunkle Schieferfarbe verwandeln, sticht der Urkrebs kalkweiß davon ab. Sie sitzen da in Ihrer felsigen Festigkeit, und die Regentropfen trommeln auf Ihre Oberfläche. Wenn der Westwind die dicken Wolken wegfegt, lächeln Sie der gelben Sonne zu. Das Licht erwärmt die mineralischen Moleküle Ihrer Haut, Sie sind zufrieden und strahlen den ganzen Tag. Manchmal kommt ein flinkes Eichhörnchen mit weißem Bauch und weichem, braunen Fellrücken zu Besuch und bringt eine Eichel mit. Es kitzelt, wenn es an Ihnen hochklettert. Es hockt friedlich auf Ihrer Felsnase und knabbert an seiner braunen Waldnuß.

Manchmal beobachten Sie den Goldadler, wie er am hohen, tiefblauen Himmel schwebt und seine Schwingen durch die kristallklare Atmosphäre rauschen läßt. Im Winter tragen Sie einen luxuriösen Hermelin-Umhang aus sauberem, flauschigem Schnee. Nachdem Sie behaglich durch die Wintermonate gedöst haben, sind Sie der erste, der das Knirschen und Knacken des Frühlingstauwetters spürt, das die gefrorenen Winterdecken zart erwärmt. Manchmal meditieren Sie über Ihre Lebensgeschichte. Sie sehen sich vor urdenklichen Zeiten, als noch jungen Felsen unter Wasser. Ein stürmischer jugendlicher Fluß plätscherte über Sie hinweg. Er kam aus einem Binnensee, in dem es von sich feurig entwickelnden Lebewesen nur so wimmelte. Damals kamen Sie zu ihrem Trilobiten. Er ließ sich eines Tages zum Ausruhen auf Ihnen nieder und fand, Sie seien ein ausgezeichneter Gefährte für kommende Äonen.

Entwerfen Sie eine Szene und übernehmen Sie dann eine Rolle darin. Reisen Sie dabei in die Zeiten und Orte, die Sie interessieren. Sie können, zum Beispiel, ein reisender Händler zur Zeit Marco Polos werden, ein Wurzeln sammelnder Höhlenbewohner, ein japanischer Perlentaucher, ein Läufer in Peru, ein Indianer ...

Mein Name lautet Sis-Kai-Watch-Ti. Ich paddle in meinem Kanu aus Birkenrinde durch endloses, üppiges Marschland. Das Paddel in meinen Händen ist glatt und stark. Vor vielen Jahren saß mein Großvater abends am Feuer und schnitzte den Kopf des wilden Falken in seinen Griff. Heute taucht es glücklich in das schäumende Wasser. Ich fahre auf die weiten Flächen sommerlich gereiften Reises zu. Die dunkelbraunen Körner fallen wie starker Regen in meine Schilfgraskörbe. Ein Regenbogenfisch schnellt zur Sonne hoch und klatscht dann ins blaßgrüne Wasser zurück. Vorbeiziehende Wildgänse rufen mir zu. Ihr keilförmiger Zug verrät mir, daß der Nordwind bald seine kalten Pfeile durch die Kiefernbäume schießen wird. Zur Stunde ist der Himmel warm und riecht nach knisternden Blättern und rauchenden Lagerfeuern. Die Welt singt ihr Herbstlied für meine Augen, meine Ohren und die Nase.

Stellen Sie sich vor, Sie verwandeln sich in eine Pflanze. In einen See. In eine Wolke. In eine Farbe. In ein kleines leuchtendes Insekt ...

Ich bin winzig und federleicht, lebhaft und ausgelassen. Wenn die große Laterne am Himmel verschwindet, komme ich heraus, um zu spielen. Strahlend vor Freude tanze ich in den dämmrigen Dickichten, tolle ich mit meinen Freunden, die in der kühlen Nachtluft aufflackern und herumwirbeln. Wir lassen uns von den Nachtwinden tragen. Strahlend und munter beleuchten wir unser eigenes Dasein mit Zuversicht und Frohsinn.

Strecken, gähnen und erden Sie sich nach jeder Verwandlungsreise.

Der Floh im Kopf

Als ich zuerst wieder sehen lernte, war ich meiner Fantasie sehr abgeneigt. Ich hatte mir angewöhnt, mich denkend durchs Leben zu bewegen. Obwohl ich immer lebhaft geträumt hatte, schätzte ich mich als nicht kreativ, nicht künstlerisch begabt und intellektuell verstopft ein. Ich war mit viel Wißbegier ins Leben getreten, doch in der Schule war ich immer verkrampft und bedrückt. Ich erinnere mich genau an jenen Augenblick, als ich im Alter von zwölf Jahren den Entschluß faßte, meine bildliche Vorstellungskraft radikal abzuschalten. Ich hatte eines Tages meine Augen geschlossen und war aus panischer Angst vor den Bildern, die in meinem Kopf auftauchten, ausgerastet. Mein Entschluß, das nie wieder zu tun, war felsenfest. Als es dann mit siebenundzwanzig Jahren Zeit wurde, meine Sehkraft wiederzuerlangen und hinter den schweren Brillengläsern vorzukommen, die ich wegen meiner Kurzsichtigkeit trug, befand sich mein Sehfeld in sehr vernachlässigtem Zustand. Mein innerer Filmproduzent war schon lange abgetreten. Ich erkannte, daß ich in dieser Lage etwas unternehmen mußte. Eines Abends hockte ich mich auf den Boden im Badezimmer (dem ruhigsten und geschütztesten Ort im Haus) und bat meine Fantasie darum, sich doch wieder bei mir einzustellen. So saß ich zwei oder drei Stunden lang und ließ mir von meiner Vorstellungskraft ein surrealistisches Chaos (Prädikat: wenig empfehlenswert) vorführen. Mein Bewußtsein wollte dauernd entfliehen. Ich mußte es am Kragen packen und zwingen, sich hinzusetzen und alles mitanzusehen.

Schließlich wurden die Bilder ruhiger. Ich war imstande, mir ein heiteres, friedliches Fantasiebild zu wünschen, und es kam auch ein solches. Heute bin ich sehr dankbar für die prachtvollen und farbigen Fantasien, die mir bei offenen oder geschlossenen Augen zufließen. Aus diesen Erfahrungen und nachdem ich Hunderte von Sehschülern unterrichtet habe, weiß ich inzwischen, daß es manchmal notwendig ist, zuerst Blockierungen in bezug auf Fantasie in den Wunsch nach Vorstellungsbildern umzuwandeln. Die folgenden Aktivitäten helfen, solche vielleicht vorhandenen Blocks zu lösen. Sie sind außerdem unterhaltsam, polieren Ihre geistigen Fähigkeiten auf und reaktivieren Ihre Gehirnbahnen.

Unterdrückte negative Vorstellungen machen sich meist zu seltsamen und oft unpassenden Gelegenheiten bemerkbar. Und zwar so lange, bis Sie ihnen die gebührende Beachtung schenken. Aufmerksames Betrachten verwandelt diese lästigen Flöhe in hilfreiche Verbündete.

Die negativen oder gespenstischen Vorstellungen können auch beim Entspannen auftauchen. Wenn das sonst vorherrschende Dauergeschnatter des mündlichen Tondbands in Ihrem Gehirn zur Ruhe kommt, treten die ungelösten negativen Schreckensbilder unvermutet aus ihren Verstecken. In dieser Lage schalten manche Menschen innerlich ab und ziehen sich mit ihrem Bewußtsein zurück, so daß die innere Vorstellung genauso verwischt wie die Sehkraft. Es steht Ihnen frei, sich zurückzuziehen. Sie können sich aber auch mit den Dämonen auseinandersetzen und sie in hilfreiche Geister verwandeln. Rufen Sie dazu Ihre Fantasie zu Hilfe, denn von dort beziehen diese Schatten ihre gesamte Energie.

Und dann?

Wählen Sie für dieses Spiel eine ruhige Zeit. Spielen Sie es möglichst mit einer Freundin oder jemandem, der immer „Und dann?" fragt.

Schließen Sie Ihre Augen und bitten Sie das schaurigste und unangenehmste Bild darum, vor Ihrem inneren Auge aufzutauchen. Betrachten Sie es aufmerksam. Der Produzent, Regisseur und Ausstattungsleiter dieses inneren Films sind Sie. Diese Horrorschau könnte sich auf bestimmte, Personen oder Situationen betreffende, immer wiederkehrende Ängste beziehen. Es wäre gut, das alles jetzt, wo Sie es unter Kontrolle haben, zum Vorschein kommen zu lassen und umzuwandeln. Wenn Sie negative Bilder von anderer Seite in sich aufgenommen haben, ist es an der Zeit zu lernen, daß Sie derartige Bilder aussortieren können. Wir werden uns gleich mit dem Schmetterlingsnetz daran machen. Zuerst aber setzt sich das folgende Spiel mit Ihren eigenen bedrohlichen Vorstellungen auseinander.

Sie atmen gleichmäßig und tief und malen die gespenstischen Bilder in all ihren grausigen Einzelheiten. Sobald das erledigt ist, stellen Sie oder Ihre Freundin die Frage: „Und dann?"

Beobachten Sie, wie die Bilder sich verändern, und beschreiben Sie sie unzensiert. Sobald der Film hängenbleibt, fragen Sie: „Und dann?"

Fahren Sie fort, bis die natürliche Heilkraft Ihrer Fantasie die gespenstischen Bilder zu völliger Harmlosigkeit entschärft hat – bis Sie gewiß sind, daß der Alptraum sich tatsächlich verwandelt hat. Sobald das geschehen ist, wird die bisher in den Angstbildern gebundene Energie frei und steht Ihnen zur positiven Verwendung zur Verfügung.

„Was ist das Schrecklichste, was du dir vorstellen kannst?"

„Ich treibe vergnügt auf dem Rücken in einer lieblichen Lagune im Sonnenschein. Ein Schatten taucht am Rand meines Blickfeldes auf. Während ich den Kopf wende, um zu sehen, was dort auf mich zukommt, werde ich bereits von einem riesigen weißen Hai in zwei Teile zerrissen."

„Und dann?"

„Das Wasser wird blutigrot. Ich sehe, wie meine Beine ohne mich zum Meeresgrund sinken."

„Und dann?"

„Der Hai verschluckt mich vollends. Alles wird dunkel."

„Ja, und dann?"

„Ich spüre, wie ich mich in einen Hai verwandele."

„Wie fühlst du dich jetzt?"

„Ich bin sehr groß und glatt. Ich bin ruhig und zuversichtlich. Ich liebe die Tiefsee. Das Essen macht mir Freude."

Manchmal ist es hilfreich, sich der Unterstützung eines Helfers zu versichern.

„Wovor hast Du Angst?"

„Vor dem Gedanken, daß mein Kind einmal entführt und verletzt werden könnte. Obwohl die Schule vor vier Stunden aus war, ist Travis bis jetzt nicht nach Hause gekommen. Wir haben bei allen seinen Freunden angerufen. Niemand weiß, wo er steckt."

„Was kannst du tun, außer hier zu sitzen und zu leiden?"

„Ich kann mir vorstellen, daß die ganze Umgebung in positives, beschützendes weißes Licht gehüllt ist."

„Was noch?"

„Ich kann einen unbesiegbaren weisen Freund herbeirufen und ihn bitten, Travis zu finden und nach Hause zu bringen. Einen Verbündeten, mit dem sich niemand anlegen möchte."

„Wer könnte das sein?"

„Eine riesige, schwarze Schlange, so groß wie der Bürgersteig. Sie ist hochbetagt und hellsichtig. Sie ist meine Verbündete. Ich bitte sie, nach Travis Ausschau zu halten und ihn nach Hause zu bringen. Oh ja, jetzt hat sie ihn entdeckt. Sie trägt Travis in einem Ei zwischen den Zähnen. Ich sehe ihren langen ungeheuren Leib auf unser Haus zugleiten. Sie legt das Ei behutsam auf die Türschwelle, und Travis kommt heraus. Entschuldigen Sie bitte, die Türklingel läutet gerade."

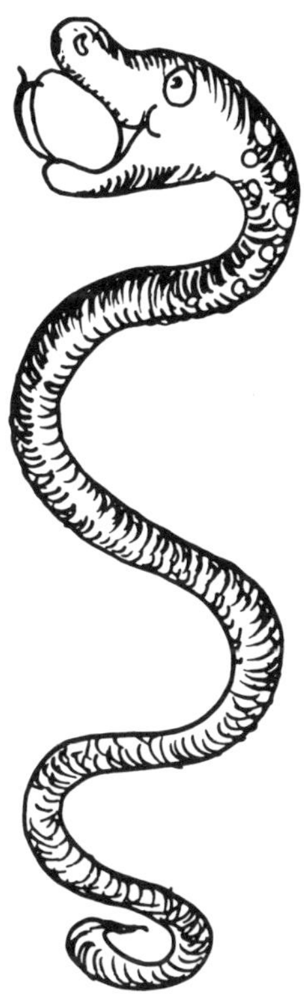

Umweltfreundliches Durchforsten von Gedanken

Vielen Leuten fällt das Stillsitzen und Betrachten innerer Bilder schwer, weil ihnen hartnäckige Gedanken und Vorstellungen immer wieder durch den Kopf kreisen. Dieses unaufhörliche Dröhnen weist darauf hin, daß Ihre geistige Energie hauptsächlich durch Ihre linke, verbale Gehirnhälfte fließt. Es ist wichtig, einen Teil dieser Energie zurück in Ihre rechte, visuelle Gehirnhälfte zu leiten. Zu diesem Zweck stellen Sie sich vor, daß verbale Gedanken Schmetterlinge oder Stechmücken sind – je nachdem. Erfinden Sie sich dazu einen Fliegenkäscher oder ein Schmetterlingsnetz, mit dem Sie alle störenden Gedanken einfangen.

Packen Sie diesen Gedanken. Haben Sie ihn? Fein. Was machen Sie jetzt damit? Sie haben viele Möglichkeiten. Sie könnten ihn dahin zurückschicken, woher er kam. Sie könnten ihn in einen Gedanken-Reißwolf werfen und daraus Gedanken-Kompost herstellen. Sie könnten den Gedanken lieben und umarmen, bis er den Wunsch, Ihnen lästig zu fallen, aufgibt. Wenn Sie sich ein anderes Mal mit ihm befassen möchten, könnten Sie den Gedanken in einen reizenden handgeschnitzten Dokumentenschrank legen, der automatisch zum passenden Termin

Gedanken zur weiteren Prüfung und Entscheidung herausgibt.

Es ist wichtig, daß Sie sich nicht mit negativen Gedanken oder Vorstellungen identifizieren. Empfindsame Menschen übernehmen oft unbewußt die negativen Ausstrahlungen aus den Köpfen anderer Leute. Wenn das bei Ihnen der Fall ist, sollten Sie einen geistigen Hausputz veranstalten.

Einer meiner Schüler erzählte mir, daß ihm jedesmal, wenn er sich beim Palmieren einen wundervollen Strand vorstellte, der Anblick von Unrat und Umweltverschmutzung in die Quere kam. Öllachen besudelten das türkisfarbene Wasser, leere Bierdosen und Papiertüten verunzierten den weißen Sand. So sehr er sich auch bemühte, etwas Angenehmes zu sehen, die alten, negativen Assoziationen mischten sich immer wieder ein.

Statt nun den Unrat in seinem Bild liegen zu lassen, starteten wir eine imaginäre Säuberungsaktion. Der Schüler entwarf einen riesigen Staubsauger, der eifrig allen Dreck im Wasser und am Strand aufschleckte. Jedesmal, wenn Müll in seinen Vorstellungen auftauchte, setzte er seinen Supersauger ein. Schließlich hatte der Unrat von solcher Behandlung die Nase voll und ließ sich nicht mehr blicken. Diese Lösungen sind Vorschläge. Entwerfen Sie Ihre eigenen fantasievollen Lösungen für Ihre Vorstellungswelt.

Für viele Menschen ist die Angst vor der Dunkelheit eine Hemmschwelle. Wenn Sie Ihren Geist auf angenehme Reisen durch die Finsternis mitnehmen, kann diese Angst beseitigt werden. Außerdem entspannen Sie damit Geist und Augen für das Sehen bei Nacht.

Reisen im Dunkeln

Setzen oder *legen* Sie sich an einen ruhigen Ort. *Schließen* Sie Ihre Augen. *Stellen* Sie sich *vor,* Sie haben irgendwo auf dem Land Ihr Nachtlager aufgeschlagen. Ihr Schlafsack besteht aus schwarzer Baumwolle mit kostbarem, dunklem Seidenfutter. Er ist mit den Daunen schwarzer Schwäne gefüllt. Am Himmel sind winzige Diamantsterne über das endlose Nichts des Weltraums verstreut. Eine frische Brise, die durch die umschatteten Bäume auf Sie zuweht, ruft Ihre Aufmerksamkeit zur verdunkelten Erde zurück. Regenduft dringt in Ihre Nase. Eine große, schwarze Wolke verdunkelt alle Sterne. Bald sind Sie von stiller Schwärze umhüllt. Sie fühlen die Kühle der Wolke, aber Sie wissen, wenn sie sich Ihrer Wasserlast entledigt, wird die Nässe einfach von Ihrem Leib abtropfen und Ihre Denkprozesse erfrischen. Tasten Sie Ihre Umgebung mit einer Rabenfeder ab. Streicheln Sie die tiefen, tintenfarbenen Schatten. Lassen Sie

Ihren Körper mit der Dunkelheit verschmelzen. Fühlen Sie sich sicher und zufrieden in Ihrem dunklen Nachtnest. Sie hören den Doppelruf einer Eule. Sie riechen die Pflanzen, die in Erwartung des kommenden Regens zittern. Perlen aus Feuchtigkeit berühren Ihre Wangen. Es ist Zeit, sich tief in Ihre warme Schutzhülle zu kuscheln. Sie schlafen fest in den weichen Schatten und ruhen, bis die ersten Strahlen der Morgensonne über Ihre Augenlider huschen.

Das „Keine-Zeit"-Spiel

„Ich habe keine Zeit, um mich hinzusetzen und innere Bilder zu betrachten. Ich habe viel zu tun. Es hört sich sehr gut an, aber ich habe keine Zeit." Wenn Sie sich gerne mit Arbeit überhäufen oder davon überzeugt sind, daß ein Übermaß an Arbeit lebensnotwendig ist, so habe ich gute Nachrichten für Sie. Sie brauchen Ihren Arbeitseifer nicht aufgeben, um klares Sehen und inneres Schauen zu erlangen. Es geht vielmehr darum, das Visualisieren in Ihren Alltag einzubauen. Wenn Sie beispielsweise Entscheidungen fällen oder Probleme lösen müssen, sollten Sie Ihre kreative Vorstellungskraft in diesen Prozeß mit einbeziehen.

Sie wollen:

eine geschäftliche Entscheidung treffen
eine familiäre Angelegenheit klären
eine finanzielle Entscheidung fällen
eine Änderung Ihres Verhaltens herbeiführen
sich auf Prüfungen vorbereiten
sich weiterbilden

Setzen oder *legen* Sie sich hin, palmieren Sie und *bitten* Sie alle zu berücksichtigenden Faktoren zu erscheinen. *Malen* Sie die Bilder und Möglichkeiten in Farbe und mit Einzelheiten. Stellen Sie sich die verschiedenen Lösungsmöglichkeiten als Pfade in einem Wald vor. Jeder Pfad mündet auf einer Wiese. Jede Wiese beheimatet eine mögliche Lösung. Gehen Sie zu einer Wiese und erforschen, schmecken und studieren Sie diese spezielle Lösung. Sobald Sie mit dieser Lösung gründlich vertraut sind, kehren Sie zu Ihrem ursprünglichen Startpunkt zurück und schlagen den Waldweg zu einer anderen Wiese ein. Begutachten Sie die dort angebotene Variante. Spielen Sie sie mit Hilfe von Kostümen und Kulissen durch. Wenn die Untersuchung dieser Möglichkeit abgeschlossen ist, gehen Sie erneut

zum Startpunkt zurück. Unternehmen Sie so viele Ausflüge längs der Waldpfade zu den Wiesen, wie erforderlich erscheint. Sorgen Sie dafür, daß der Wald die einzelnen Lösungen voneinander trennt. Wenn Sie schließlich zum Startpunkt zurückkehren, können Sie Ihren endgültigen Entschluß auf das Gefühl der Zufriedenheit stützen, das bei der Vergegenwärtigung einer der möglichen Lösungen entstand. Sie haben nun das Sehen und das Denken integriert. Sie haben die Kraft der Vorstellung und Intuition mit Ihren analytischen Fähigkeiten gepaart.

Kapitel 8

Besser sehen mit Sonne, Licht und Farbe

Wir sind Kinder des Sonnensystems. Unsere menschlichen Augen wurden im Glanz der Sonne erschaffen. Als Taggeschöpfe sehen wir bei Tageslicht am besten. Je mehr wir unseren Augen das natürliche Licht durch ständigen Aufenthalt in Räumen entziehen, desto mehr verlieren sie die Fähigkeit, zu sehen und zu reagieren. Jeden Tag wachen wir auf. Jeden Tag sollen wir im Licht leben. In der Tat ist unser ganzes Hormonsystem auf den Puls des Sonnenspektrums abgestimmt. Die Farben des Regenbogens singen bunte Lieder für uns, indem sie den Hypothalamus beeinflussen, jenen Gehirnteil, der Emotionen, Pupillengröße und Akkommodation reguliert. Ultraviolettes Licht, das unbehindert von Fenstern oder Brillen in die Augen dringt, stimuliert die Hypophyse (Hirnanhangdrüse), die „Konzertmeisterin" der Drüsen, die Hormone zur Regulierung von Wachstum, Stoffwechsel, Assimilation und sexueller Aktivität produziert. Weitere eindrucksvolle Informationen über die Wirkung des Sonnenlichts auf Ihren Organismus und den Hormonhaushalt sind in folgenden Büchern enthalten: *Health and Light* von John Ott und *Sunlight can save your life* von Dr. med. Zane Kime.

Die drastische Zunahme von Sehstörungen traf zeitlich mit dem Wandel vom ländlichen zum städtischen Leben zusammen. Die Annehmlichkeiten der verstädterten Technologie haben die unheilvollen Wirkungen der Leuchtstoffröhren, EDV-Anlagen und der sitzenden Lebensweise in geschlossenen und statischen Räumen mit sich gebracht. Es liegt an uns, uns wieder der Sonne zuzuwenden, der Quelle und dem Medium unserer Sehfähigkeit. Unser körperliches, geistiges und kreatives Ich wird aufblühen und wachsen statt zu verfallen und zu verblassen. Klarheit, Glanz und Leuchtkraft kehren in die Augen zurück, sobald sie die stickigen Räume verlassen, um in der Helle der großzügigen Sonne zu spielen.

Diese Rückkehr zur Sonne erreichen wir durch das Einbeziehen von „sonnen" in unsere Arbeit, in Spiel, Sport und tägliche Pflichten.

Sonnenspiele

Machen Sie es sich mit dem Gesicht zur Sonne bequem. *Schließen Sie Ihre Augen.*

Zeichnen Sie mit Ihrer Nase einen Kreis im entgegengesetzten Uhrzeigersinn. Setzen Sie diese Bewegung fort, während Sie sich für die Wärme und Energie der Sonne öffnen.

Bedanken Sie sich, während Sie so kreisen, bei der Sonne für ihre großzügige Gabe an Licht, Farbe und Wärme.

Stellen Sie sich vor, die große Kugel am Himmel sei eine

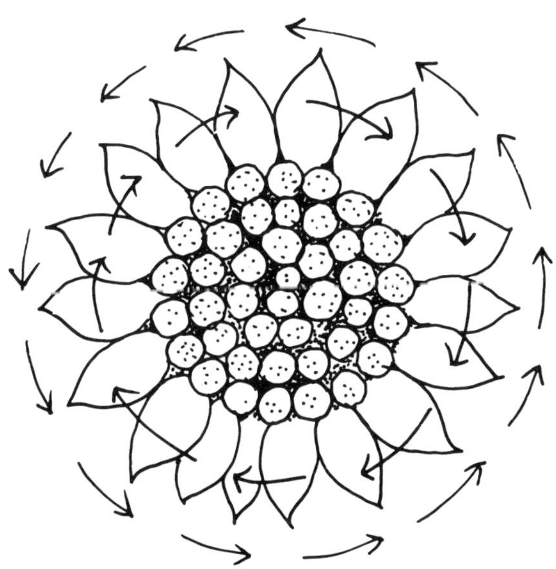

Sonnenblume. *Ziehen* Sie mit Ihrer Nase ebenmäßige Kreise um die Sonnenblume, wobei es so aussehen mag, als drehten sich die Blütenblätter in die Gegenrichtung zu Ihrer Bewegung. Dieses Kreisen und der rhythmische Eindruck der vorbeiziehenden Blätter ruft feine saccadische Bewegungen in den Augen hervor, während das Licht durch die sich öffnenden Türen Ihrer Seele fließt. *Bitten* Sie das Sonnenlicht, bis tief in die abgelegensten Bereiche Ihrer Seele zu strömen. *Reinigen* Sie Ihr inneres Schauen mit klarem, weißem, flüssigem Licht. Lassen Sie es durch alle Winkel und Spalten fegen, um Ihr Ich zu erneuern und zu erfrischen. Nachdem sich Ihr Geist geklärt hat, gleiten Sie am Stengel Ihrer Sonnenblume hinab, bis zu den Wurzeln in der Erde.

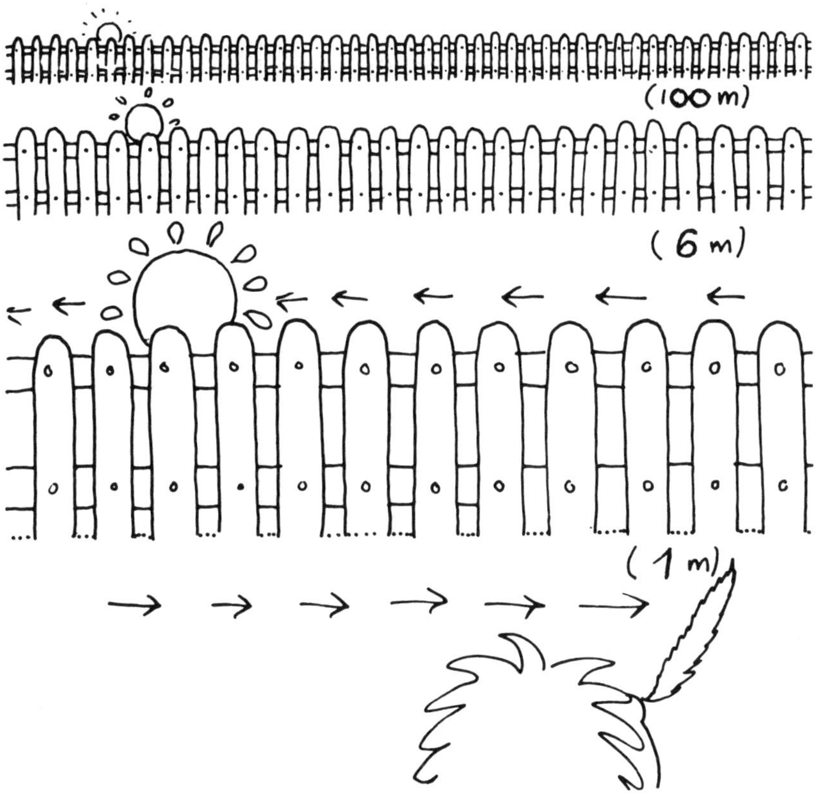

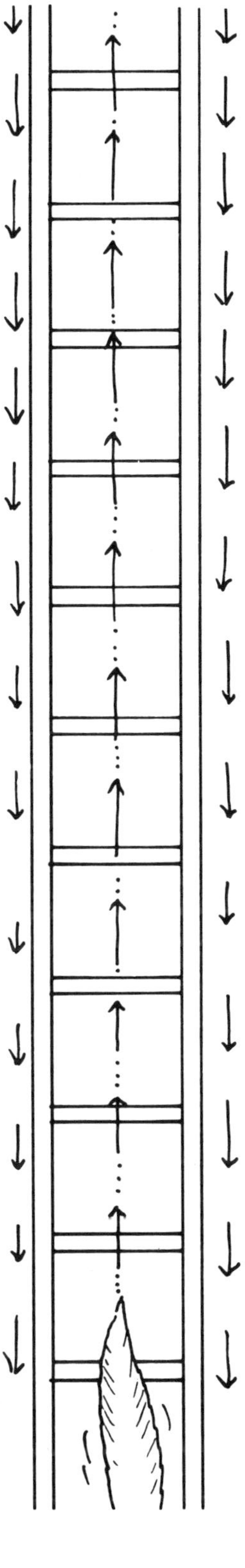

Stellen Sie sich einen Lattenzaun vor. Dieser Zaun ist so weiß wie die Feder, die Sie jetzt auf Ihre Nase setzen. Er erstreckt sich endlos nach links und rechts.

Kitzeln Sie den Zaun mit Ihrer Nasenfeder nach beiden Seiten. Wenn Sie nach links schwingen, gleitet der Zaun nach rechts. Machen Sie weiter so, bis Sie ein Gefühl von Entspannung spüren. Wenn Sie in der Ferne verschwommen sehen, rükken Sie Ihren Lattenzaun so nahe zu sich heran, daß Ihnen das Vorstellen leichtfällt (25 cm bis 100 cm). Nachdem Sie den Zaun in der Nähe mit der Nasenfeder gekitzelt haben, schieben Sie ihn weiter weg. Schließlich sehen Sie ihn in weiter Ferne. Er kann dabei winzig oder groß sein.

Wenn Sie in der Nähe verschwommen sehen, gehen Sie in der umgekehrten Reihenfolge vor. Beginnen Sie mit der Vorstellung des Lattenzauns in großer Entfernung. Sie lassen ihn dann Schritt für Schritt näher kommen, bis er 15 cm vor Ihrer Nase steht und so wenig ist wie der Zaun um ein Puppenhaus.

Ändern Sie Farben und Entfernungen bei allen diesen Visualisationen nach Belieben. Versteifen Sie sich nicht auf eine bestimmte Entfernung.

Ihr Ziel ist mehr Beweglichkeit. Beginnen Sie alle Visualisationsspiele dort, wo es Ihnen leichtfällt, und übertragen Sie diese Leichtigkeit auf andere Bereiche. Deshalb beginnen die Kurzsichtigen mit Vorstellungen im Nahbereich und verlegen sie dann weiter nach draußen. Für unsere Weitsichtigen trifft genau das Gegenteil zu. Wenn Sie jedoch auf alle Entfernungen verschwommen sehen, spielen Sie am besten alle Entfernungen durch.

Stellen Sie sich jetzt eine bis an den Himmel und tief ins Erdinnere reichende Leiter vor der Sonne vor. Gleiten Sie die Sprossen dieser Leiter mit Ihrer Nasenfeder auf und ab. Wenn Sie nach unten schwingen, rutscht die Leiter nach oben, und wenn Sie nach oben gleiten, sinkt die Leiter tiefer. Verändern Sie die Entfernung zwischen sich und der Leiter wie beim Lattenzaun. Ihre Augen sind die ganze Zeit über geschlossen. Strecken Sie sich und gähnen Sie zwischendurch. Je mehr, desto besser.

Die zuvor geschilderten Aktivitäten öffnen Ihr Sehen dem Licht und rufen saccadische Bewegungen in sämtlichen Richtungen hervor: waagerecht, senkrecht und kreisförmig.

Das Regenbogenspiel

Aus dem „weißen“ Licht der Sonne stammen alle Regenbogenfarben. Jede Farbe spricht einen bestimmten Teil Ihres Körpers an. Unser Unterbewußtsein reagiert direkt auf Farbe. Farben können uns in vielen Bereichen helfen, wenn wir sie darum bitten. Der folgende Farbenschlüssel und die zugehörigen Beispiele liefern Ihnen Stoff zur Integration Ihrer Kreativität in Ihr Leben.

Während Sie sonnen oder palmieren, verwenden Sie die folgenden Ideen als Sprungbretter in den Teich der Regenbogenfarben:

ROT belebt und stärkt den Organismus. „Ich sonne mich und bitte die rote Strahlung der Sonne, in alle Zellen meines Körpers vorzudringen. Dieses Rubinlicht gibt mir körperliche Kraft und Vitalität. Meine roten Blutkörperchen reisen energiegeladen durch meinen Körper. Alle meine Muskeln und Organe werden gekräftigt. Rot bedeutet Wärme, Zusammengehörigkeit, Sexualität. Ein karmesinrotes Licht hüllt mich ein. Ich sauge es auf, bis ein gesundes Glühen mich durchstrahlt. Ich bin wendig wie der Kardinalvogel, elegant wie die Scharlachrose, prächtig wie ein flammender Sonnenuntergang.

ORANGE bedeutet emotionale Energie, die Brücke zwischen Körperlichem und Geistigem sowie die Drehachse der dreidimensionalen Wahrnehmungsfähigkeit. Je stärker die Gefühle sind, desto mächtiger kann ein Mensch sein. Die Frage ist, ob man mit den Emotionen umgehen kann, ohne daß sie dem Organismus oder seiner Umgebung schaden.

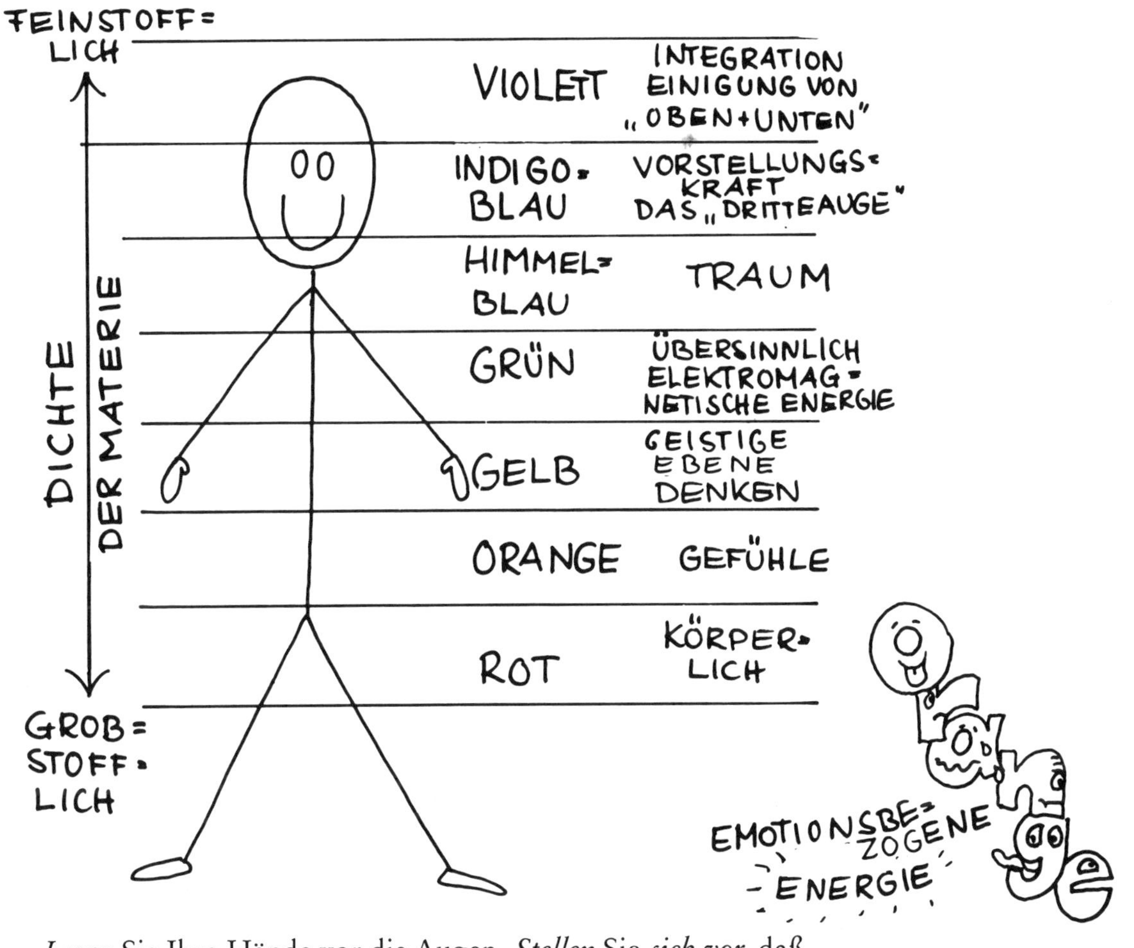

Legen Sie Ihre Hände vor die Augen. *Stellen* Sie *sich vor,* daß Sie durch ein Feld von glänzenden orangefarbenen Ringelblumen gehen. Die nickenden Blüten berühren Sie sanft, und Ihre Kleidung färbt sich orange. Vom Hügel aus schauen Sie auf ein Tal, das wie eine nach innen gewölbte Mandarinenschale leuchtet. In diesem Tal wächst ein kleiner Baum, vollbehangen mit samtigen, orangefarbenen Aprikosen. Ein kürbisfarbenes Pferd futtert die Aprikosen vom Baum. Seine rotgoldene Mähne flattert im Sonnenlicht. Aufgeschreckt durch Ihre Gegenwart schnaubt das Pferd und wendet den Kopf, um Sie mit seinen Bernsteinaugen zu mustern. Sie halten inne, atmen ruhig die aromatische Luft und fühlen sich in diese leuchtende Kreatur ein. Eine Stimme meldet sich in ihrem Kopf, und Sie hören aufmerksam zu. „Ich bin der wilde Geist deiner Emotionen. Mein Geist ist das goldene Feuer, das inmitten deines Körpers lodert. Mein Leben ist auf das Fließen und Strudeln der Farben um dich herum abgestimmt. Ich höre Musik und tanze mit deinem Körper. Ich steige auf und fliege mit den wilden Winden. Manchmal überkommt mich Winterstimmung. Die Flüsse, an denen ich trinke, gefrieren, und schwere Schneemassen behindern mich. Aber mein feuriger Geist loht im Verborgenen unter den Schichten erstickender Starre – eine langsame und schwere Jahreszeit.

Den Frühling begrüße ich inbrünstig und lasse die Vergangenheit hinter mir. Sie glauben vielleicht, daß ich mich manchmal ängstige, wenn Wölfe heulen oder die Erde bebt. Doch selbst dann ist mein starker Geist obenauf und bringt mich zurück zu diesem Ort der goldenen Seelenruhe, wo ich saftige Aprikosen kaue und beschwingt durch die wilden Felder orangefarbener Blumen trabe."

GELB vertritt die bewußten Denkprozesse, die einen glorreichen, hellsichtig-einsichtigen Beitrag zum menschlichen Erfahrungsschatz leisten könnten. Gelb bezieht sich auf den Solarplexus. Das Meditieren mit der Farbe Gelb bringt Ruhe in Ihren Bauch. Während Sie in der Sonne oder in Ihrem Zimmer sitzen, wenden Sie Ihren Geist dem Gelb zu, der Wellenlänge von Zitronen und Osterglocken.

Die gelbe Wellenlänge nimmt Ihren Verstand mit auf eine Reise: Ein mit gelben Ziegelsteinen gepflasterter Pfad führt Sie zu einer Mauer, die sich in beträchtlicher Höhe nach rechts und links erstreckt. Diese Mauer sieht massiv und unüberwindbar aus. Sie entdecken darauf eine Inschrift aus leuchtend gelber Farbe. Buchstaben fügen sich zu Worten, und die Worte kitzeln Ihren Geist wie damals, als Sie lesen lernten. Die Worte führen Sie nach rechts und formen sich allmählich zu Sätzen. „Diese Mauer ist eine Illusion", lesen Sie. „Gedanken sind, was immer Sie wollen – Herren, Diener, Spielgefährten, Freunde oder Feinde. Gedanken kommen und gehen auf Ihren Befehl." Im Weitergehen streifen Sie mit der Hand an der Mauer entlang. Sie wird weicher, ihre Härte verflüssigt sich, schmilzt, bis Ihre Hand sie durchstoßen kann. Schieben Sie jetzt mit beiden Händen die Mauer beiseite, und treten Sie ganz durch sie hindurch. Sie erblicken drei lächelnde Damen in klassischen Posen. Die erste Dame trägt safrangelbe Seide und einen Kranz aus kleinen goldenen Blumen in ihrem dunkelbraunen Haar. Sie hält ein Buch in Händen, das Sie Ihnen übergibt. Überrascht stellen Sie fest, daß es trotz seines großen Umfangs kaum etwas wiegt. Der Einband ist aus Blattgold, und ein einziger Kreis ist darauf gedruckt. Beim Öffnen sehen Sie geometrische Formen, die sich in alten Volkstänzen wiegen und kreisen. „Was bedeutet das?" fragen Sie die Frau. „Dieses Buch zeigt Ihnen die Muster Ihres denkenden Geistes", erwidert sie. „Die Ihrem Geist zugrundeliegenden Muster werden Ihnen ohne speziellen Inhalt gezeigt. Wenn Sie die Bilder dieses Buches in sich aufnehmen, werden Sie feststellen, daß Sie jederzeit klar denken können. Sie werden imstande sein, Gedanken miteinander zu verbinden oder umzugruppieren und sich die Ideen auszusuchen, mit deren Hilfe Sie Ihr Leben formen und bestimmen wollen. Nehmen Sie das Buch mit. Viel Spaß beim Spielen mit Ihrem Intellekt." Daraufhin verschwinden die Dame und ihre Begleiterinnen bis zu Ihrem nächsten Besuch in der gelben Welt. Ein goldener Lichtschein durchdringt die Atmosphäre. Ihr Geist badet in klarem Gelb, in einem gedankenfreien Zustand, der Sie auf die Rückkehr in Ihr tägliches Leben und auf einen Neubeginn von Denken und Kommunikation vorbereitet.

GRÜN stellt die elektromagnetische Energie dar. Der Gelbanteil im Grün ist die Verbindung zwischen dem elektomagnetischen Geist und dem organischen Gehirn. Das Grün zieht entsprechend der Assimilations- und Koordinationsfähigkeit des Gehirns tatsächlich Informationen an.

Begeben Sie sich auf das folgende Abenteuer, wenn Sie wieder einmal sonnen (oder palmieren):

Stellen Sie sich vor, Sie gehen einen von stattlichen Tannen gesäumten Waldweg entlang. Der Pfad ist umwoben von nikkenden Wedeln anmutiger Farne. Ein dichter Moosteppich dämpft Ihre Schritte. Am Stamm einer edlen Tanne sehen Sie ein grünes Schild. Auf diesem Schild (das Sie natürlich mit Ihrem Nasenstift umwandern), steht in weißer Schrift: „Zur Smaragd-Lady – diese Richtung". Sie gelangen zur Tür eines völlig von dunkelgrünem Efeu umrankten Häuschens. Sie klopfen an die aus Jade geschnitzte Tür. Sie öffnet sich, und eine kühle Stimme sagt: „Herein". Sie treten in ein meergrünes Zimmer. Der Sonnenschein fällt durch ein Dachfenster auf eine winzige Frau, die von Kopf bis Fuß in Lorbeerblätter gekleidet ist. Auf ihrem Kopf sitzt ein grüner Schlapphut mit einer kecken grünen Feder. Sie fühlen sich willkommen, geliebt und geschätzt. Die zierliche grüne Dame geleitet Sie zu einem Tisch aus Malachit und zeigt Ihnen ein Kartenspiel in der Form von Feigenblättern. Sie wirbelt die Karten in die Luft wie einen anmutigen Springbrunnenstrahl. Eine Spielkarte schwebt vor Ihnen nieder. Was ist auf Ihrer Karte zu sehen? Das Visualisieren eines klaren und lebhaften Grüns wird es den Bildern Ihrer Vorstellung ermöglichen, Wirklichkeit zu werden.

BLAU ist die Schwingung der Träume. Seine Stärke bestimmt die Fähigkeit, in den inneren Welten zu leben und zugleich einen physischen Körper zu haben. Ihre Träume sind die erste Stufe einer immateriellen Erfahrung.

Bitten Sie die blaue Frequenz, sich in Ihrem Inneren auszubreiten. Das Blau fühlt sich kühl und fein an. Ziehen Sie einen Badeanzug von der Farbe des Sommerhimmels an, und schlendern Sie über den abendlichen Strand zum Meer.

Am Wasser breiten Sie Ihre Arme weit aus und atmen die prickelnde Seeluft ein. Fühlen Sie, wie eine *warme* Brise, die über den sonnenwarmen Sand weht, Ihre Haut streichelt. Die untergehende Sonne strahlt als rötliche Scheibe, ein sinkendes Auge im Westen. Ihr Licht zeigt Ihnen ein schwankendes orangefarbenes Band, das sich auf die weiche blaue See legt. Sie waten ins Meer. Gehen Sie weiter, bis das Blau Sie ganz umgibt. Schließen Sie Ihre Augen wieder, und werden Sie gewahr, daß Sie ins Universum des Blaus eingetaucht sind. Das ist der Durchgang, der Sie zu den Träumen führt. Das Blau geleitet Sie zu dem Ort, wo Ihre feineren Sinne herrschen und Hologramme erschaffen, die man Träume nennt. Verweilen Sie an der Tür, und atmen Sie tief. Sie sind stabil und sich Ihrer selbst vollkommen bewußt. Sie befinden sich im blauen Korridor. Wellen mögen über Sie hinwegspülen und Ihnen vorübergehend Angst einjagen, doch Sie wissen, daß Ihr Körper in diesen wirbelnden und lebendigen Wassermassen entstand. Ihr Traumvertrauen ist unverzagt. Das Blau ist Ihr Freund. Sie wissen, daß der grenzenlose Himmel und Ihre begrenzte Traumwelt verbunden sind. Atmen Sie nochmals die blaue Farbe ein, und bitten Sie darum, daß Ihr Leib und Sinn von der Sanftheit des allumfassenden Himmelblau beruhigt und besänftigt werden.

INDIGO. Das Rot, das sich ins Blau mischt, um Indigoblau zu bilden, vermittelt Ihnen Festigkeit und Bewußtsein Ihrer selbst im Traumzustand. Indigo ist die Ebene des wahren Sehens, die Schwingung der Imagination.

Sie sitzen in der Sonne. Stellen Sie sich vor, daß Sie in eine geräumige, offene Küche treten. Die Wände, der Boden und die Decke sind weiß. Auf dem weißen Herd steht ein riesiger, weißemaillierter Kochtopf, darübergebeugt eine junge Frau mit einem langen hölzernen Rührlöffel in der Hand. Als Sie die lichtdruchflutete Küche betreten, hebt Sie den Kopf und lädt Sie lächelnd ein, in den Topf zu schauen. Darin kocht eine tiefweinrote Flüssigkeit, aus der winzige Farbtröpfchen spritzen, blau und rot gemischt. „Dies ist die Farbe der Vorstellungskraft", erklärt die junge Frau, während sie vorsichtig ein großes weißes Tuch in den blubbernden Kessel taucht. „Wir werden das ein wenig umrühren, und dann können Sie mir helfen, das Tuch zum Trocknen in die Sonne zu hängen.

Sie hebt das tropfende burgundrote Tuch aus dem Kessel und legt es in den wasserdichten Korb, den Sie halten. Sie tragen ihn hinaus und breiten das Tuch über vier Pfosten aus, so daß es aussieht wie ein Zelt. Als das Sonnenlicht darauf fällt, drängt es Sie unwiderstehlich, sich unter diesen Baldachin aus Indigotuch zu setzen. Es fühlt sich an, als befände man sich in einer kühlen Suppe aus pflaumenfarbenem Licht. Vielleicht fallen ein paar Tropfen Farbe auf Ihren Kopf – macht nichts: Sie sitzen und lassen das Indigolicht durch Leib und Seele sickern. Sie atmen regelmäßig und stellen sich dabei vor, wie Ihre rechte und linke Gehirnhälfte von Indigo durchflutet werden und sich die roten und blauen Farbtöne vereinen, um in der psychischen Welt eine Fähigkeit von der Art der Träume zu schaffen. Fantasie und Kreativität sind Ihr unbewußtes Vermächtnis. Diese Farbe schließt die Schatzkiste auf. Wer weiß, was jetzt passiert? Stellen Sie sich vor, daß ein schimmerndes Leuchten Ihre Stirn erhellt, während Sie im Indigolicht sitzen und die Energie Ihres einfallsreichen Geistes durch Ihre glatte, friedliche Stirn nach außen dringt. Lassen Sie sich von dieser Farbe leiten, und seien Sie in ihr zufrieden, heiter und wach.

VIOLETT. Mehr Rot und mehr Blau ermöglichen uns, die Kraft sämtlicher Farben auf die physische Wirklichkeit zu übertragen.

Stellen Sie sich vor, Sie säßen auf einem violetten Teppich. Der Flor des Teppichs ist dicht und weich. In der Sonne erstrahlt er im zarten Lila von Amethysten und Lavendelblüten. Stellen Sie sich vor, ein Turban aus violettem Licht sei um Ihren Kopf geschlungen. Mit Turban und Teppich machen Sie sich jetzt auf zum Flug in einen violetten Sonnenuntergang. Sie haben alles, was Sie brauchen. Sie sind alles, was Sie sein könnten. Der violette Teppich bringt Sie körperlich, geistig oder seelisch überall hin. Violett symbolisiert die Mischung und Integration unterschiedlicher Aspekte Ihres Ichs. Während Sie auf einem Luftstrom am Berghang dahingleiten, lächeln Ihnen violette Astern von einer grünen Wiese aus zu. Ihr lilafarbener Teppich hebt Sie über einen zackigen, in violetten Dunst gehüllten Berggipfel hinweg. Er trägt Sie über eine Schlucht mit tiefviolettem Rachen und setzt Sie dann vor einer riesigen Kristallkugel nieder. Die Kugel ist größer als Sie selbst. Ihre Oberfläche ist ein Spiegel. Sie sehen sich als violettes Spiegelbild auf der Kugel. Besonders fallen Ihnen Ihre lächelnden Augen auf – glänzend und mit klarem Blick.

Innenbeleuchtung

Das beste Licht für alle Sehprozesse ist das direkte Sonnenlicht, das von entspannten, beweglichen Augen in einem gesunden Körper aufgenommen wird. Die zweitbeste Beleuchtungsquelle unter künstlichen Bedingungen ist das Licht weißer Glühlampen. Es hat sich erwiesen, daß fluoreszierendes Licht (Leuchtstoffröhren) Augenbeschwerden und Kursichtigkeit verursachen kann. Durch Muskeltests hat man festgestellt, daß das Flimmern von Leuchtstoffröhren den Fluß der Gehirnenergie kurzschließen kann. Wenn Sie in einem Büro unter Leuchtstoffröhren arbeiten *müssen,* bringen Sie am besten Ihre eigene Tischlampe mit, und bestrahlen Sie Ihren Arbeitsplatz mit einer Glühbirne. *Sonnen* Sie Ihre Augen in jeder Mittagspause. Gleichen Sie anstrengende Tätigkeiten wie das Arbeiten an EDV-Anlagen in klimatisierten, lauten und mit Leuchtröhren bestückten Räumen dadurch aus, daß Sie immer wieder die Augen sonnen, palmieren, tief durchatmen und herzhaft gähnen.

Zu Hause bestrahlen Sie Arbeitsplatz und Leseecke mit 150 Watt und schalten unbenutzte Lichtquellen im übrigen Teil des Hauses dafür aus. Ihre Augen und Ihr Geist lieben den Kontrast, der durch die intensive Beleuchtung zustande kommt. Sobald Ihre Augen in allen Situationen vollkommen entspannt sind, können Sie auch bei schwacher Beleuchtung gut sehen.

Richtiges Sonnen

Das Sonnenlicht kräftigt jeden Teil Ihrer Netzhaut, ohne daß Sie beim Sonnen die Augen öffnen. Ausreichende Wärme und Energie dringen durch Ihre geschlossenen Augenlider, und Sie vermeiden die Gefahr einer Netzhautschädigung durch Verbrennungen – ein Thema, das manche Augenärzte beunruhigt. („Starren Sie ja *niemals* direkt in die Sonne!") Als Schüler auf dem natürlichen Weg zum besseren Sehen starren Sie überhaupt nicht und schon gleich nicht in die Sonne. Halten Sie Ihre Augen geschlossen und Ihren Kopf in Bewegung, und das Sonnen verhilft Ihnen zu wohliger Entspannung, während Sie die wohltuenden und heilenden Strahlen der Sonne aufnehmen.

Ich empfehle Ihnen ein tägliches „Sonnenbad" von fünf bis zehn Minuten, wobei Sie die Sonne durch eine 100- bis 150-Watt-Lampe ersetzen können, wenn der Himmel bedeckt ist. Wenn Sie nur an Wochenenden die Gelegenheit haben, draußen zu sein, sollten Sie das „Sonnenflitzen" in Ihren täglichen Arbeitsablauf einbauen. Auf dem Weg zum Parkplatz halten Sie einen Moment inne, *schließen* Ihre Augen und beschreiben einen kleinen Kreis um die Sonne. Öffnen Sie die Augen, und gehen Sie weiter. Schon wenige Sekunden „Sonnenflitzen", hier und da im Lauf des Tages, nützen Ihnen wesentlich mehr, als Hals über Kopf vom Arbeitsplatz zu dieser Verpflichtung, zu jener Besorgung und zum Einkaufen zu eilen und dadurch zu ermüden. Grüßen Sie die Sonne wie einen lieben Freund auf der Straße, zwar nur im Vorbeigehen, aber herzlich.

Lassen Sie Ihren Kopf leer werden und Ihr Denken einfach. Das ist eine Erholung, wenn man den ganzen Tag über nachgedacht, Probleme gewälzt und Lösungen gesucht hat. Mit Ihrem Herzen nehmen Sie die Freigiebigkeit, die Großzügigkeit und Wärme der Sonne auf. Mit denselben Worten wird Herzlichkeit beschrieben und was von Herzen kommt. Die Sonne liebt uns alle gleichermaßen. Die Sonne reinigt.

Sonnen Sie auch Hals, Ohren, Kehle und die Fußsohlen.

Besonders zu beachten

1. Die Netzhaut des Auges ist sehr empfindlich. Halten Sie Ihre Augen geschlossen, damit die Sonne keine Löcher in ihre Gewebe einbrennt. Vermeiden Sie einen Sonnenbrand. Unsere Haut braucht sechs Monate zur völligen Wiederherstellung nach einem Sonnenbrand. Bauen Sie Ihre Sonnenlichtverträglichkeit langsam aber sicher auf.

2. Nötigenfalls kann eine Lochbrille in Situationen mit extremer Helligkeit helfen, etwa das erste Wochenende an Bord eines Segelbootes. Nach einigen Monaten des Sonnens berichteten die Skifahrer unter meinen Schülern sogar, daß die vom Schnee verursachte Blendung so unerheblich geworden war, daß sie ihr Wochenende auf den Abfahrtshängen ohne Sonnenbrillen genießen konnten. Das Glas von billigen Sonnenbrillen kann außerdem unbemerkte Verzerrungen aufweisen und die Augen dadurch überanstrengen. Die Tönungen der Gläser können eine gesundheitsschädliche Wirkung auf das autonome Nervensystem haben, und das gesunde ultraviolette Licht ist ausgesperrt. Das Tragen von Sonnenbrillen ändert nichts an einer möglicherweise vorhandenen Angst vor Helligkeit und Lichtüberempfindlichkeit, sondern erhält diese Schwächen vielmehr aufrecht.
3. Wenn Ihnen das Sonnenlicht anfangs zu stark erscheint, beginnen Sie das Sonnen am besten im Schatten eines Baumes. Wir gehen langsam und behutsam vor und tun nicht mehr, als angenehm ist, so daß wir uns bei jedem Schritt wohl und sicher fühlen. Sie können überall sonnen, sogar in verdunkelten Räumen, wo Sie sich die Sonne vorstellen. Bei trübem Wetter verwenden Sie dazu eine einfache Lichtquelle: eine weiße 100- bis 150-Watt-Glühbirne oder eine Infrarotlampe. Benutzen Sie jedoch *niemals* ultraviolette Bestrahlungslampen zum Sonnen Ihrer Augen. Diese UV-Röhren geben Ihnen kein Warnzeichen, wie es die natürliche Sonne durch zu starke Hitze tut, wenn Sie Ihren winterblassen Körper der Sommersonne zu lange ausgesetzt haben.
4. Bei sehr empfindlicher Haut cremen Sie Ihr Gesicht ein und achten darauf, daß die Sonne tief steht, wenn Sie sich fünf Minuten ihren Strahlen aussetzen.
5. Bei unempfindlicher Haut können Sie das Sonnen beliebig lang ausdehnen, wenn Sie Ihre Haut vernünftig schützen.

Nach dem *Sonnen* möchten Sie vielleicht *skizzieren* oder sich mit anderen Sehspielen aus dem Buch beschäftigen. Drehen Sie sich dazu mit dem Rücken zur Sonne. Das Sonnenlicht strahlt dann Ihren Lesestoff, Ihre Fotos (wie beim Malspiel) oder die Umgebung vor Ihnen an.

Zwölffach tut die Sonne gut

Nach einigen Monaten regelmäßigen *Sonnens* entdecken Sie vielleicht:

1. Ihre Lichtverträglichkeit hat sich erhöht. Kein Stirnrunzeln und Augenkneifen mehr, auch nicht im hellen Tageslicht.
2. Augenblicke vollkommen klaren Sehens *blitzen* nach etwas Sonnen auf, Farben werden intensiver, und Einzelheiten kommen auf Sie zu.
3. Ihre Augen sehen gesund und reizvoll aus. Sie brauchen gelbliche und trübe Augen nicht mehr hinter „Jalousien“ zu verbergen. Die Augen von Sonnenliebhabern strahlen vor Energie.
4. Das Bedürfnis nach „Lichtschutz“ durch Sonnenbrillen verschwindet. Je mehr Ihre Lichtverträglichkeit wächst, desto weniger blendet oder stört Sie helles Licht.
5. Sie sehen besser bei Nacht, und Ihre Fähigkeit, sich das Dunkel vorzustellen, wächst. Schüler haben mir berichtet, daß bei wechselweisem Sonnen und Palmieren die Tiefe der samtenen Schwärze faszinierend war. Dies ist ein zuverlässiges Zeichen tiefer innerer Entspannung.
6. Die Wärme der Sonne entspannt verkrampfte Augenmuskeln, die daraufhin ihren Griff um den Augapfel lockern. Der unbehinderte Augapfel kann schwingen.
7. Das Licht regt die Zellen der Netzhaut, die Hypophyse und das Sehzentrum im Großhirn an.
8. Die Bewegungen beim Skizzieren mit dem Nasenstift stimulieren die schnellen Saccaden.
9. Ihre rechte, visuelle Gehirnhälfte schaltet ein, belebt das Sehen und fördert den Energiefluß durch den ganzen Körper.
10. Sie empfangen die Heilkraft aller Farben, die im direkten Sonnenlicht enthalten sind.
11. Eine erhöhte Energiezufuhr in Ihre nicht-physischen „Körper“ macht Sie auf emotionaler Ebene glücklich, offen und begeisterungsfähig. Sonnenlicht ist eine natürliche Kraft, frei und verfügbar für jedermann. Das Licht erleuchtet auch Ihre Denkprozesse, Stimmungen und Ihre körperliche Verfassung.
12. Das Sonnenlicht erhellt den Intellekt, stärkt Ihre emotionalen Energien und nährt die spirituellen Seiten (die nicht-materiellen Aspekte Ihres Ichs, Ihre Vorstellungen, Träume und Zugänge zu feineren universellen Schwingungen).

EIN AUGAPFEL, DER NICHT FESTGEHALTEN WIRD, SCHWINGT

Kapitel 9

Besser sehen mit Mandalas

Das Mandala ist eine bildliche Darstellung mit starker Wirkung auf die bewußten und unbewußten Sinne. Seine unendlichen Variationen kommen überall in der Natur vor und sind von Künstlern vieler Kulturen verwendet worden. Das Mandala konzentriert Energie durch seinen kreisförmigen Rhythmus, der weder Anfang noch Ende hat. Es führt Sie auf sich selbst zurück. Das Kennzeichen eines Mandalas ist sein Mittelpunkt, der wie das Zentrum unserer geistigen Aufmerksamkeit nach außen strahlt. Seine Form stellt Symmetrie und harmonische Beziehungen dar. Sein Aufbau, seine Farbgebung und die dargestellten Symbole wie z. B. Tiere, Sonne, Mond und übernatürliche Wesen schwingen in der menschlichen Seele wieder. Wenn Sie einen Kieselstein in einen stillen Teich werfen, haben Sie ein natürliches Mandala geschaffen. Stellen Sie sich das bildlich vor, bevor Sie weitergehen.

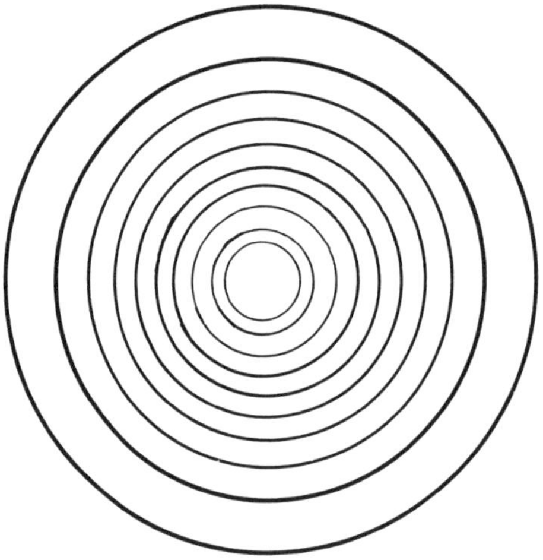

Das Betrachten von Mandalas schwingt uns auf die Grundmuster des Lebens ein. Es hilft uns, die Verbindung zwischen Mikro- und Makrokosmos – dem kleinen und dem großen Bild – herzustellen. Das bewußte Selbst, das Ich, das sieht, greift nach den geheimnisvollen Kräften, die Planeten und Galaxien in ihren Bahnen halten. Die Beschäftigung mit Mandalaformen führt dazu, daß wir uns auf unser Zentrum besinnen, das Nervensystem beruhigen und einen Zustand des Friedens erlangen.

Dieses Gefühl von innerer Ganzheit begleitet die Klarheit des Sehens. Und vielleicht hebt die Schönheit der inneren Mandalaharmonien Ihre Gedankenmuster aus schalen negativen Geleisen auf positive reizvolle Pfade.

Lassen Sie uns Mandalas in unserer Nähe suchen. Die Sonne kommt uns in den Sinn, der flammende Ball mit dem atomaren Herzen, der unsere Gesichter bestrahlt. Nun zu den Pflanzen, die sich vom Sonnenlicht ernähren. Vor allem bemerken wir die Sonnenblume, die Sie bereits besucht haben. Seien Sie sich jetzt ihrer Mandalawirkung bewußt, während Sie ihre Umrisse beim Sonnen umrunden. Und natürlich sind unsere Augen Mandalas. Betrachten Sie Ihre Iris im Spiegel. Schauen Sie auf den Mittelpunkt, die Pupille, den Durchgang von der *Außenwelt* zur *inneren Schaubühne.* Sogar die Netzhaut im Augenhintergrund ist rundlich mit einem Gebiet im Zentrum, dem wir uns in Kapitel 11 zuwenden.

Die Mandalaform stimuliert die lebendige Beweglichkeit unserer Augen auf leichte und heitere Art, während sie den Geist beruhigt und sammelt. Die vielfältigen, harmonischen, nichtlinearen Bilder der Mandalas stimulieren unsere rechte Gehirnhälfte und ermuntern unsere Augen zu saccadischen Schwingungen, ohne daß wir daran denken müssen. Ein Blick über funkelndes Wasser, ins Astwerk eines Baumes oder durch Quarzkristalle bewirkt das gleiche. Mit den Mandalas haben wir den zusätzlichen Vorteil der fortlaufend gebogenen Linie, die sich um einen Punkt dreht. Das hilft uns, den Geist vor Abschweifen zu bewahren.

In diesem Kapitel werden wir Mandalas allgemein kennenlernen und auch solche, die für einen bestimmten Zweck entworfen wurden. Beginnen Sie mit den Farbtafeln und gehen Sie dann zu den schwarzweißen Mandalas über. Anschließend können Sie entscheiden, welche Bilder im Sinn zu behalten und bei Gelegenheit zu aktivieren sich am meisten für Sie lohnt.

Farbtafel 1: Das saccadische Feuerrad

Halten Sie das Bild anfangs auf Armlänge. Stellen Sie sich Ihre Zauberfeder auf der Nase vor. Schwingen Sie sanft im Gegenuhrzeigersinn am Außenrand des Rads entlang und blinzeln Sie unbekümmert. Gleiten Sie mit Ihrer Feder zum nächsten Kreis. Ein Gefühl gelassener Ruhe stellt sich ein. Schließen Sie Ihre Augen ein Weilchen und gleiten Sie weiter um das Bild vor Ihrem geistigen Auge. Winzige rhythmische Pulsschläge fließen durch Augen und Kopf. Öffnen Sie Ihre Augen wieder und gleiten Sie in gemächlichen Spiralen aufs Zentrum, den kleinen

Konvergenzpunkt, das Symbol der kosmischen Quelle zu. Jetzt spielen unsere Blicke mit dem Mandala, erkunden es auf locker mäandernden Pfaden. Seine Farben und Formen ergötzen Ihre Aufmerkamkeit durch sanft fließende visuelle Harmonien. Schließen Sie Ihre Augen wieder, und betrachten Sie die Nachbilder zum Feuerrad. Lassen Sie diese sich fröhlich in den Raum ausdehnen und das Feuerrad immer größer werden.

Wenn Sie gegen den Uhrzeigersinn spiralig nach außen gleiten, regen Sie die nach außen strahlende Energie des expansiven Ausdrucks an. Die Bewegungen im Uhrzeigersinn auf das Zentrum zu sammeln und konzentrieren Ihre Aufmerksamkeit. Spielen Sie mit den Bildern, und ziehen Sie Spiralen in beide Richtungen.

Farbtafel 2: Das Mikro-Makro-Rad

Dieses Mandala wurde dafür entworfen, die Beweglichkeit Ihrer Augen beim Pendeln zwischen Nah- und Fernbereich zu stimulieren.

Ein naher Start: Halten Sie die Abbildung auf Leseentfernung. *Umwandern* Sie den Teil des Rads, in dem die Mohnblume vergrößert erscheint. Schweifen Sie mit Ihrer Nasenfeder und offenen Augen über diesen Abschnitt. Stellen Sie sich den Duft der feinen Blütenblätter vor. Wie würde sich diese Blume anfassen? Schließen Sie Ihre Augen, und machen Sie das gleiche in Ihrer Fantasie. Öffnen Sie dann die Augen wieder, und wenden Sie sich dem nächsten Bild zu. Nehmen Sie die Formen und Farben aus dieser neuen Perspektive auf. Verstärken Sie diese Ansicht bei geschlossenen Augen. Gehen Sie immer weiter auf diese Weise vor.

Beweglichkeit: Tollen Sie ausgelassen zwischen nah und fern, fern und nah auf dem Mikro-Makro-Rad umher. Vergegenwärtigen Sie sich alles aus jedem beliebigen Blickwinkel bei geschlossenen Augen. Erwecken Sie die Bilder mit Hilfe all Ihrer Sinne zum Leben; spazieren Sie in den Garten, und halten Sie die Erde in Ihrer Hand.

Fahren Sie fort mit: Augen auf – Schweifen – Augen zu – vorstellen – bis Sie am fernsten Punkt angelangt sind. Atmen Sie tief, und sagen Sie sich: „Ich sehe ganz entspannt in die Ferne."

Ein ferner Beginn: Halten Sie die Abbildung auf Leseentfernung. Umwandern Sie unseren Planeten, der sich oben rechts heiter im Weltall dreht. Malen Sie die Erde bei geschlossenen Augen nach. Streichen Sie mit der Nasenfeder über die wirbelnden Ozeane und Kontinente. Und während Sie sanft von

R. Montoya '84

Montoya '84

Seite zu Seite schwingen, scheint die Erde im Gegentakt mitzuschaukeln. Der weite Überblick erfüllt Sie mit Frieden. Genießen Sie dieses Gefühl, und übertragen Sie es auf das nächste Bild, während Ihre Augen sich sachte öffnen. Schweifen Sie über den nächsten Abschnitt und fahren Sie immer so fort. Beobachten Sie Ihre Gefühle und Ihre Fähigkeit, sich sanft auf die immer näher kommenden Bilder einzustellen. Wenn Sie schließlich bei der Nahaufnahme angekommen sind, bestätigen Sie sich: „In der Nähe sehe ich ganz entspannt."

Farbtafel 3: Leuchtende Edelsteine für Weitsichtigkeit und Altersweitsichtigkeit

Halten Sie die dritte Farbtafel in Leseentfernung. Beginnen Sie oben links, und schweifen Sie mit einer weichen Nasenfeder über die abgebildeten Mineralien. Nun schließen Sie Ihre Augen und stellen sich vor, daß der Stein greifbar geworden ist und aus der Buchseite heraustritt. Ihre Feder gleitet über die körnige Oberfläche, die Sie sich vorstellen. Die endlosen, aber typischen Variationen von Flecken, Glanzlichtern, winzigen Adern und Rinnen tauchen aus früheren Begegnungen mit dem Mineralreich vor Ihrem inneren Auge auf. Erinnern Sie sich an die Beschaffenheit von beigefarbenem Sand, grauem Schiefer, blauem Lapislazuli und grünem Malachit. Öffnen Sie nun wieder Ihre Augen und gleiten Sie über den gemalten Stein, mit dem Sie angefangen haben. Wirkt er jetzt räumlicher, klarer, als hebe er sich plastisch von der Buchseite ab? Verfahren Sie mit allen Steinen in diesem Mandala so.

Das Herzrad: Für Astigmatismus

Das Herzrad hilft die von Astigmatismus verursachte Unschärfe mildern. Der Winkel Ihrer astigmatischen Verschwommenheit steht auf Ihrem Brillenrezept. Ihr Augenarzt oder Optiker kann ihn für Sie entziffern. Das Phänomen der Vielfachkanten beim Astigmatismus kann in jeder Richtung liegen. In Ihre Brille könnte z. B. ein Zylinder eingeschliffen sein, der Astigmatismus bei 180 Grad korrigiert. Das bedeutet, daß Sie waagrechte Linien undeutlicher sehen. Es ist auch möglich, in einem Auge einen horizontalen und im anderen einen schiefwinkligen Astigmatimus zu haben. Deshalb fahren wir im allgemeinen die Radspeichen in allen Richtungen nach.

Halten Sie das Herzrad in einem bequemen Abstand, und umkreisen Sie es gegen den Uhrzeigersinn mit Hilfe Ihrer flau-

schigen Nasenfeder. Gleichen Sie dabei über die Herzen. Schließen Sie Ihre Augen beim Weitermachen, und stellen Sie sich die schimmernden Herzen vor. Öffnen Sie Ihre Augen, und gleiten Sie jetzt von links nach rechts über die waagerechte Speiche des Rades. Visualisieren Sie diese mit geschlossenen Augen. Öffnen Sie die Augen, und verfahren Sie so mit jeder einzelnen Radspeiche. Stecken Sie das Herzrad in Ihre imaginäre Reisetasche, und holen Sie es bei allen möglichen Gelegenheiten wieder heraus. Stellen Sie es an die Mauern von Gebäuden, gegen Fenster oder Bäume.

Nachdem wir einige Zeit beim Herzrad und seinen weichen Umrissen verbracht haben, wollen wir uns nun allmählich spezifischeren und schärferen Kanten zuwenden und unsere automatischen Saccaden dabei weitertanzen lassen.

Setzen Sie einen imaginären schwarzen Filzstift auf Ihre Nase, und umkreisen Sie damit den *Perlenfächer.* Dann beginnen Sie, ganz locker der Reihe nach über die Perlenstränge zu streichen. Ihr Filzschreiber folgt den Linien. Wenn Sie Ihre Augen schließen, lassen Sie dabei das ganze Bild vor sich auftauchen. Schon die Vorstellung der Perlen regt saccadische Schwingungen an. Dekorieren Sie die Perlen mit Farbe, wenn Sie wollen, in Königsblau, Apfelgrün, Kanariengelb, Kirschrot.

Gehen Sie dann zum *gegliederten Fächer* mit seinen klaren, strengen Linien über. Verfahren Sie wie beim Perlenfächer, nur behalten Sie diesmal das Gefühl von Klarheit und Leichtigkeit

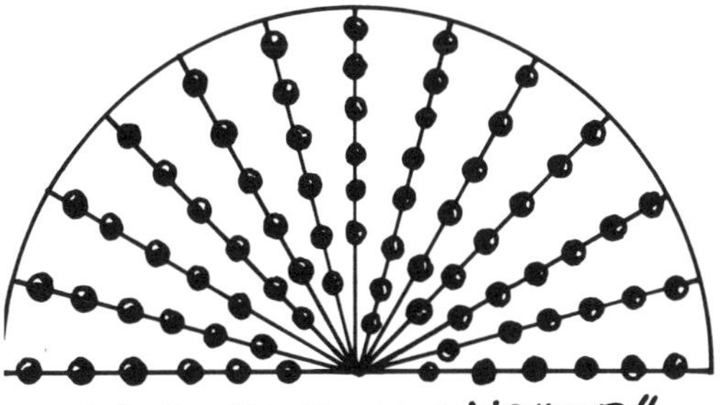

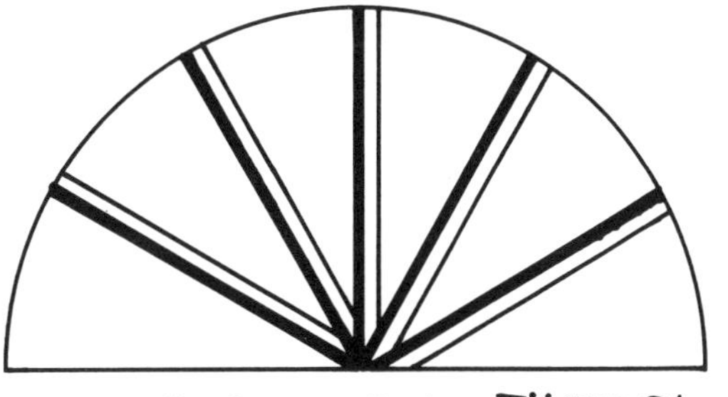

in Ihrem Hinterkopf, wenn Sie die Augen öffnen. Spielen Sie mit diesem Fächer, um Ihre Fähigkeit zu geradlinigem Denken aufzupolieren, und seien Sie so präzis, bestimmt und konzentriert wie diese Linien.

Nun verdoppeln wir die Mandalaform zur liegenden Acht, dem Symbol für Unendlichkeit und Integration rechter und linker Gehirnhälfte. Beginnen Sie am Schnittpunkt der Achterbahn, und setzen Sie Ihre kleine Lokomotive nach oben links und gegen den Uhrzeigersinn in Bewegung. Fahren Sie das verwobene Schienenmuster mehrmals nach. Mit geschlossenen Augen wird die Lokomotive farbig durch die spielzeugreichen Erinnerungen aus Ihrer Kindheit. Lassen Sie die Blumen wachsen zwischen den Schlafwagen, und kuppeln Sie faszinierende Schätze an die Lok, die Ihre Nase durch die Achterbahnstrecke führt. Muß ich darauf hinweisen, daß sich dieses Spiel überall durchführen läßt? Legen Sie die Gleisstrecke um Baumstämme, oder dirigieren Sie den Zug bei geschlossenen Augen über Kontinente. Die Achterform führt Sie immer zu Ihrer Mitte zurück.

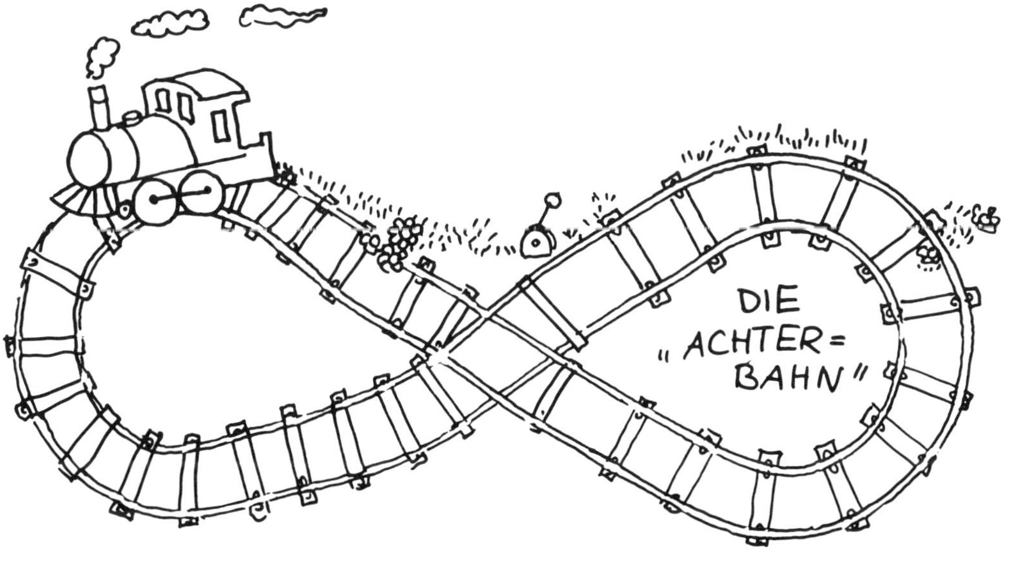

Die Spirale zur Mitte

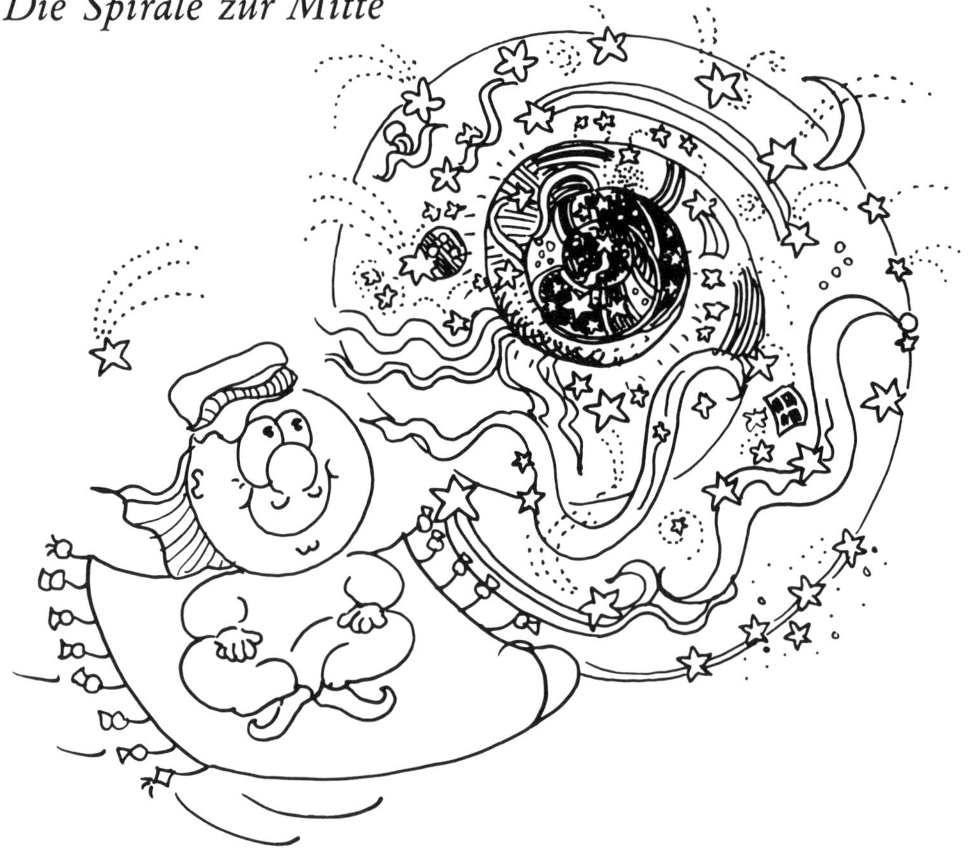

Sie sind Ali Baba auf seinem fliegenden Teppich. Die Worte „Sesam, öffne dich!" heben Ihren Perserteppich in die Lüfte, und bald schweben Sie im Weltraum. Vor Ihnen taucht eine Spirale aus reiner Energie auf, eine Galaxie rotierender Sterne, vor dem dunklen Untergrund des Universums schwebend. Sie scheint so nahe, daß Sie die Spirale außen berühren können, die sich, während Sie sie anschauen, durch Sie, um Sie und über Sie erstreckt. Die Bewegung entspannt Sie, zieht Ihre Sicht nach innen, der Spirale nach, immer weiter nach innen, bis zu einem Zentrum, das sich ins Unendliche dehnt. Sie betrachten diese Spirale, fühlen ihren Rhythmus, hören ihr Lied und erblicken den Tanz des Lebens.

Kapitel 10

Sehen Sie selbst: Grundkurs

Die Grundlagen sind für alle

Die grundlegenden Aktivitäten kommen sogar Leuten mit guter Sehkraft – den Nichtbrillenträgern – als Vorsorge- und Kräftigungsmaßnahmen zugute. Für diejenigen unter uns, die ihre Brillen bereits weglegen konnten, wird das Grundprogramm zur Gewohnheit fürs Leben, die für fortwährende Harmonie und Klarheit unseres Sehens sorgt.

Sie alle, die voller Begeisterung wieder sehen gelernt haben, verstehen inzwischen, wie Bewegung, Licht und Fantasie Ihr Sehen beeinflussen. Auf diesen drei Säulen erstellen wir nun unser eigenes Programm. Welche Sehspiele für Sie wichtig sind, hängt davon ab, ob Sie am Nahpunkt oder in der Ferne verschwommen sehen. Danach führen wir das Malspiel ein, das alle bisher erlernten Aktivitäten umfaßt und zu „Aufblitzen" von klarem Sehen führt.

Klares Sehen in der Ferne: Für Kurzsichtigkeit und Astigmatismus

Umwandern und skizzieren Sie die ganze Zeit mit Ihrem Nasenstift (siehe Kapitel 6). Sollten Sie sich zwischendurch bei gelehrtenhaftem, düsterem Starren ertappen, lächeln Sie, atmen Sie tief durch und „wandern" Sie weiter.

Entwickeln Sie Weitblick in Ihrer Vorstellungskraft durch Palmieren. Palmieren Sie mindestens fünf Minuten im Verlauf des Tages, wo auch immer Sie gerade sind. Wenn Ihre Augen sich wegen Müdigkeit oder Überlastung bemerkbar machen, palmieren Sie, und unternehmen Sie eine schöne Fantasiereise, um sie zu erfrischen (siehe Kapitel 7).

Investieren Sie mindestens fünf Minuten für Entspannen und *Sonnen,* wann immer sich die Gelegenheit dazu bietet (siehe Kapitel 8). Oder gewöhnen Sie sich das „Sonnenflitzen" auf dem Weg zum Auto, beim Warten an der Verkehrsampel oder beim Aufhängen der Wäsche an (siehe Seite 119).

Setzen Sie von Zeit zu Zeit die Mandalas ein, besonders diejenigen, die Sie in die Weite führen und Ihre Fähigkeit zu fließenden Übergängen vom Nah- zum Fernbereich geschmeidig

erhalten. Malen Sie mit Buntstift und Papier oder im Geist Ihre eigenen Mandalas (siehe Kapitel 9).

Helfen Sie Ihren Gedanken. Machen Sie es sich zur Gewohnheit, Ihre Einsichten, Erkenntnisse und Affirmationen zu den in Kapitel 2 und 3 erörterten Denk- und Verhaltensmustern aufzuschreiben.

Aufklärung im Nahbereich: Für Weitsichtigkeit und Altersweitsichtigkeit

Umwandern und skizzieren Sie die ganze Zeit über. Zusätzlich zu Ihren fortwährenden sanftfließenden Bewegungen sollten Sie ab und zu etwas in die Hand nehmen und zum Umwandern nahe vor die Augen halten. Eine Blume, einen Kieselstein, ein Blatt, Ihre Uhr, die eigene Hand oder die Hand eines anderen Menschen (siehe Kapitel 6).

Freunden Sie sich mit dem Nah-fern-Schwung an, und führen Sie ihn *häufig* aus. Machen Sie ihn zu einem Bestandteil Ihres Lebens. Legen Sie beim Lesen, Nähen, Kochen und bei der Büroarbeit zwischendurch ein paar Nah-fern-Schwünge ein (siehe Seite 79).

Wenn Sie die natürlichen Methoden zum besseren Sehen gleich fürs Lesen einsetzen wollen, dann springen Sie jetzt über zu Kapitel 14: Nah und fern mühelos lesen.

Palmieren Sie mindestens fünf Minuten täglich, um Ihre Augen ausruhen zu lassen. Lassen Sie die Bilder Ihrer Visualisation näherrücken, je entspannter Sie sind (siehe Kapitel 7).

Helfen Sie Ihren Gedanken. Schreiben Sie Ihre eigenen Einsichten, Erkenntnisse und Affirmationen zu den Vorschlägen in den Kapiteln 2 und 3 auf. Integrieren Sie Ihre eigenen positiven Gedanken in Ihr tägliches Leben.

Verschwommenes Sehen auf alle Entfernungen kann durch zunehmende Abhängigkeit von Vergrößerungsgläsern und Zweistärkengläsern herrühren. Es kommt auch bei hochgradigen Brechungsfehlern vor. Das bedeutet, daß Sie *alle* die wunderbaren bis jetzt erörterten Sehspiele spielen dürfen. Fangen Sie jedoch mit den einfachen Dingen an: dem Umwandern mit dem Nasenstift, Sonnen und Palmieren. Lassen Sie sich reichlich Zeit für die Umstellung, und beginnen Sie mit dem Grundkurs zur Besserung der Sehschärfe in der Ferne. Danach wenden Sie sich der Entwicklung Ihres Sehvermögens im Nahbereich zu.

Das Malspiel: Der Bereich der Sehschärfe wird ausgedehnt

Wir wollen uns von der Vorstellung freimachen, daß die menschliche Sehkraft nur durch schwarzweiße Buchstabentafeln überprüft oder verbessert werden kann. Erfreuliche, farbige Bilder (z. B. Landschaftsaufnahmen) sind uns und unserer Sehkraft deshalb um so willkommenere Helfer beim Aufbau unseres Selbstvertrauens im Verlauf des Sehenlernens. Später werden wir dieses wachsende Vertrauen in unsere Sehkraft auf Wortkarten übertragen, dann auf Prüftafeln in der Praxis des Augenarztes oder beim Führerscheintest. Achten Sie darauf, daß sich kein heimliches Anstrengen einschleicht. Verwandeln Sie jede *Anstrengung* mit einem herzhaften Gähnen und einem neuen guten Gedanken (beispielsweise: „Ich bin empfänglich, und alles kommt zu mir").

Falls Sie Übergangsgläser tragen, ist dieses Malspiel gut für klares Sehen durch diese herabgesetzten Gläser.

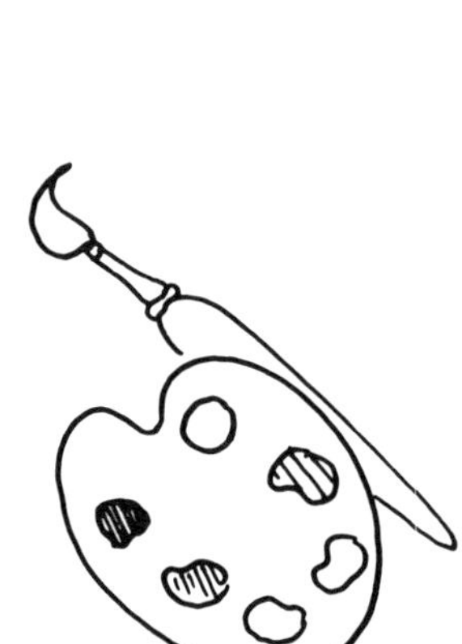

Suchen Sie ein gefälliges Foto oder Gemälde, etwas aus der Natur. Landschaften mit Bergen, Flüssen und weitem Himmel, Blumen- oder Tiermotive sind zu empfehlen (Titelbild).

Setzen Sie *sich* bequem *hin,* und halten Sie das Bild Ihrer Wahl in den Händen. Schweifen Sie nun mit Ihrer Nasenfeder mehrmals von Seite zu Seite und von oben nach unten über das Bild. Seien Sie aufnahmebereit. Lassen Sie die Eindrücke dieser Szene zwei bis drei Minuten in sich einfließen.

Schließen Sie Ihre Augen, und setzen Sie einen *Zauberpinsel* auf Ihre Nasenspitze, aus dem jede Farbe fließt, die ihnen gerade in den Sinn kommt. Der Pinsel ist so lang oder kurz, wie Sie ihn brauchen.

Stellen Sie sich Ihr ganzes Gesichtsfeld als riesige Leinwand *vor.* Malen Sie darauf die Eindrücke der Landschaft oder Szene, die Sie gerade in sich aufgenommen haben. Beginnen Sie mit den großen Farbflächen – mit dem Himmel und den Bergen. Dann gehen Sie zu den kleineren Einzelheiten über. Lassen Sie sich nicht davon abhalten, nach Belieben Details oder Farbschattierungen hinzuzufügen. Malen Sie Tiere, Blumen, Schnee, galoppierende Pferde, wenn Sie wollen. Sie entwickeln Ihre Fantasie aus dem Foto oder Gemälde heraus. Nachdem Sie sich beim Malen eine Weile vergnügt haben, *öffnen* Sie Ihre Augen. *Schweifen* Sie noch einmal über das Bild. Beachten Sie, daß es vielleicht einige neue Eigenschaften bekommen hat, während Ihre Augen geschlossen waren und Sie mit seinen Möglichkeiten spielten. Die Farben mögen strahlender erscheinen, Einzelheiten auf Sie zukommen. Es wirkt vielleicht plastischer, lebendiger und echter, kontrastreicher. Wenn dies alles – oder einzelne Punkte davon – bei Ihnen zutrifft, haben Sie Ihre Sehschärfe verbessert.

Die Entspannung und Gehirnintegration, die aus dieser einfachen Aktivität herrühren, sind mit die besten Mittel, um Ihr Sehvermögen „einzuschalten“. Es ist wichtig, daß Sie sich richtig auf dieses Spiel einlassen und den ganzen Vorgang genießen. Wenn Sie nicht merken, wie die Zeit vergeht, dann wissen Sie, daß Sie richtig „dabei“ sind. Dann erübrigt sich auch die übliche Frage: „Wie lange werde ich brauchen, um meine Sehkraft zu bessern?“ Die richtige Frage lautet vielmehr: „Wieviel und wie gut will ich heute sehen?“

Das Malspiel läßt sich mehrmals hintereinander durchführen. Jedesmal ergeben sich mehr Einzelheiten und Schärfe. Das flache, zweidimensionale Foto wird so lebendig, daß Sie glauben, Sie hätten eine Reise unternommen und befänden sich mittendrin.

Nachdem Sie dieses Spiel mit Fotos durchgespielt haben, übertragen Sie den ganzen Vorgang auf andere Dinge – einen Baum in Ihrem Garten, eine Topfpflanze in Ihrem Haus – alles, was Sie gern zum Strahlen bringen wollen.

Der Erfolg stellt sich von allein ein. Spontanes Scharfsehen oder das „Aufblitzen“ von klarem Sehen ereignet sich. Es ist so, als hätten Sie Ihrer angeborenen Sehkraft die Erlaubnis erteilt, herauszukommen und die Welt zu begrüßen. Spielen Sie und haben Sie Spaß dabei.

Das Lieblingsspiel

Ich stelle mir vor, daß Sie zur Zeit „Spaß an der Freude“ haben. Ich sehe, wie Sie sich mit all jenen Dingen beschäftigen, die Gesundheit und eine Erweiterung Ihres Bewußtseins mit sich bringen. Dies erlaubt mir nun vorzuschlagen, daß Sie Ihr Lieblingsspiel auswählen und damit so viel Zeit wie möglich verbringen. Es handelt sich dabei um jene Aktivitäten, die Sie am meisten anheimeln, bei denen Sie sich am wohlsten fühlen und bei denen Ihnen die besten Gedanken kommen.

Schreiben Sie Ihre Lieblingsspiele aus dem Grundkurs auf. Wenn Sie Ihre Liste abgeschlossen haben, skizzieren Sie ein bißchen zum Thema „So schaue ich aus, wenn ich meine Lieblingsspiele spiele“.

Das Minimalprogramm

Wenn Sie von der Arbeit müde und matt nach Hause kommen, haben Sie vielleicht das Gefühl, daß es zu viel Mühe kostet, jetzt noch etwas für Ihr Sehen zu tun.

Ich darf Ihnen versichern, daß diese entspannenden Aktivitäten das Gegenteil von Arbeit sind. Wenn Sie müde sind, ruhen Sie sich dabei aus und bauen sich wieder auf.

Setzen Sie sich in einen Sessel und gähnen Sie eine Weile. Oder legen Sie sich hin und palmieren Sie. Zeichnen Sie mit geschlossenen Augen genüßlich die einfachsten Formen. Tun Sie nur das, was Ihnen leichtfällt und Spaß macht. Bald werden Sie bemerken, wie die Verstimmung und Erschöpfung des Tages von Ihnen abfallen. Vergessen Sie die Sehprobentafeln und Wortkarten. Sie werden sie zu einem anderen Zeitpunkt benutzen, wenn Sie mehr Schwung haben. Jetzt ist es Zeit, sich zu *erholen* und mit ruhiger Bewegung und ein bißchen Fantasie auszuruhen.

Machen Sie sich mit dem Gedanken vertraut, daß weniger tatsächlich mehr sein kann. Beginnen Sie jetzt gleich mit kleinen Veränderungen. Fügen Sie auf Ihre eigene Weise hier und dort eine neue Gewohnheit hinzu. Diese kleinen integrierenden Schritte ergeben schließlich ein neues visuelles Sein.

Kapitel 11

Nukleares Sehen

Ein Pünktchen auf dem Flügel eines Marienkäfers, die Monde um Jupiter – menschliche Augen verdanken die Fähigkeit, solche feinen Einzelheiten nah oder fern zu sehen, dem Vorhandensein der *Fovea centralis,* der Stelle auf der Netzhaut, wo die Zäpfchen, unsere Farben- und Detailrezeptoren, dicht gedrängt in einem Punkt extremer Lichtempfindlichkeit stehen. Wenn die Lichtstrahlen des Gegenstandes, den wir betrachten, in die Fovea centralis einfallen, fluten dem Sehzentrum im Gehirn Millionen informativer Daten über dieses Objekt zu. Tatsächlich hat die Sehzentrale im Gehirn 35mal mehr Platz für Meldungen aus der Sehgrube bereitgestellt als für alle anderen Netzhautteile. Wenn die Lichtstrahlen von dem Gegenstand, dem wir unsere Aufmerksamkeit zuwenden, sich zerstreuen oder nicht in die Sehgrube fallen, sehen wir verschwommen. Das Aufblitzen völliger Klarheit, das Schüler auf dem Weg zum besseren Sehen erleben, stellt sich jeweils dann ein, wenn Ihr entspanntes, aufgeschlossenes Nervensystem ihre beweglichen Augen und Ihren aufnahmebereiten Geist schwingen läßt. Anders gesagt: Wenn die Blechbläser den organischen Sehapparat darstellen und die Holzbläser das Bewußtsein, so sollten sie zur gleichen Zeit den gleichen Takt aus der gleichen Partitur spielen.

Dr. Bates machte uns auf die unglaubliche Sehschärfe aufmerksam, die möglich wird, wenn der Blick – nach seinen Worten – „zentriert“ oder „zentral fixiert“ ist. Auf Grund der Riesenzahl von Zäpfchen (16 bis 20 Millionen) in der Fovea, von denen jedes einzelne dazu imstande ist, seine eigene bestimmte Botschaft ins Sehzentrum zu übermitteln, kann unser Sehen einen Grad an Schärfe erreichen, den man mit „Ultra-Sicht“ umschreiben kann. Schüler schildern dies mit begeisterten Worten: „Die Farben und Blumen im Garten waren überwältigend.“ – „Ich habe noch nie etwas so scharf gesehen.“ – „Das Schild auf der anderen Seite des Parks sprang förmlich auf mich zu.“ Worte reichen da nicht aus. Bei vollkommener Harmonisierung schaltet sich die Sehkraft ein, und es ist, als befände man sich in einem anderen Bewußtseinszustand. Das Zentrieren des Sehvermögens ist eine tiefgehende Erfahrung – eine sanfte Ekstase. Ich möchte einen anderen Ausdruck zum Beschreiben des klaren, zentrierten Sehens vorschlagen. Anstelle der Formulierung von Dr. Bates: „zentrale Fixierung“ (die Augen sind niemals auf einen Punkt *fixiert* – sie schwingen um ihn herum)

... EINE SANFTE EKSTASE

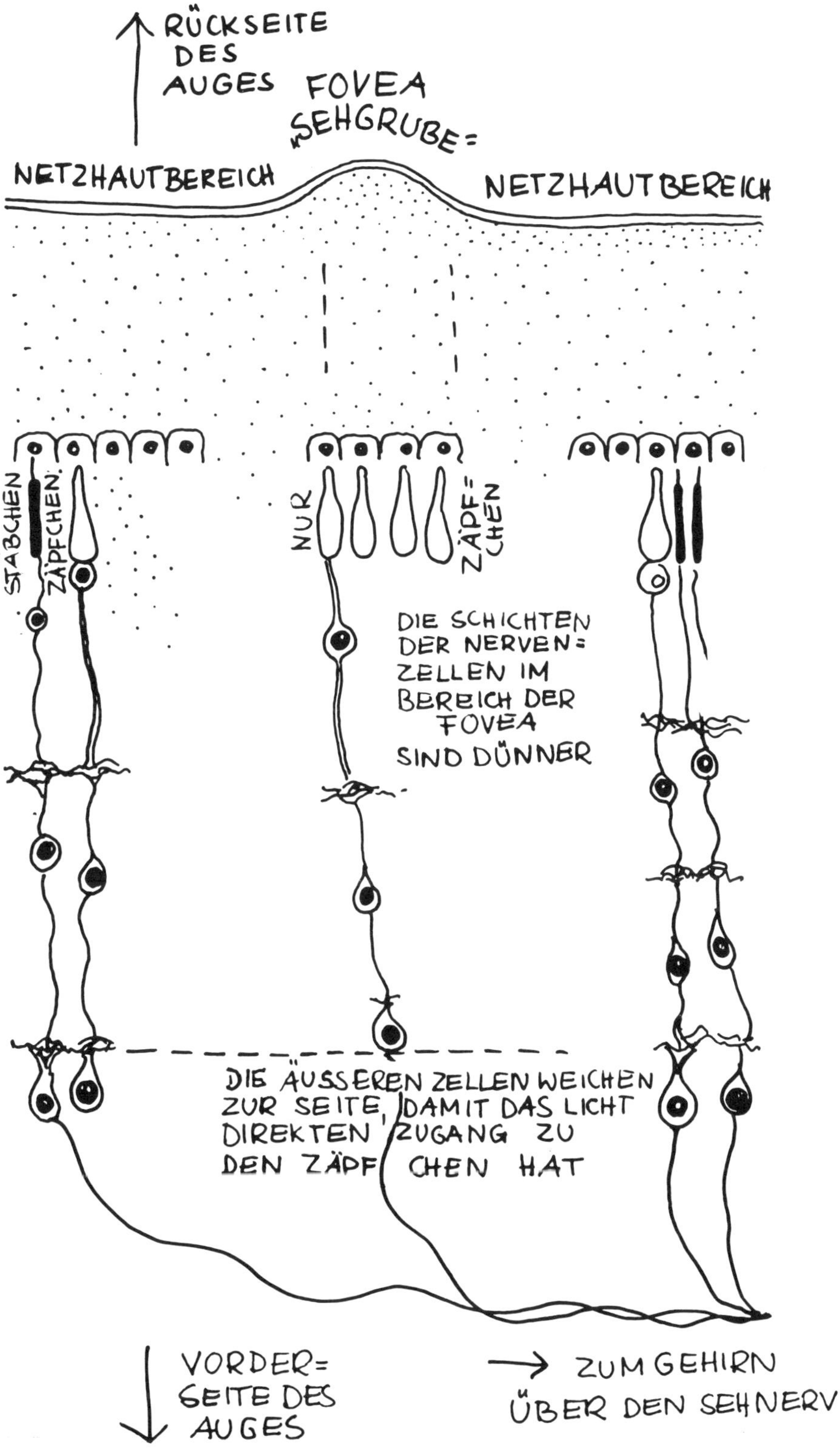
RÜCKSEITE DES AUGES
FOVEA
„SEHGRUBE"
NETZHAUTBEREICH
NETZHAUTBEREICH
STÄBCHEN
ZÄPFCHEN
NUR ZÄPF= CHEN
DIE SCHICHTEN DER NERVEN= ZELLEN IM BEREICH DER FOVEA SIND DÜNNER
DIE ÄUSSEREN ZELLEN WEICHEN ZUR SEITE, DAMIT DAS LICHT DIREKTEN ZUGANG ZU DEN ZÄPFCHEN HAT
VORDER= SEITE DES AUGES
ZUM GEHIRN ÜBER DEN SEHNERV

bzw. „Zentralisieren“, nenne ich den Vorgang nukleares (= „neuklares“) Sehen (engl. Wortspiel = *nuclear – new clear).*

Beachten Sie, daß nukleares Sehen mit einer Einheit in einer Vielheit zu tun hat, mit einem winzigen, klaren Sehkern inmitten eines weiten, nebligen Feldes. Der Kern Ihres Sehens ist immer das kleinste Detailstück, der „Kern der Sache“, das, worum es sich gerade dreht, der Punkt der wichtigsten Information oder größten Wertschätzung. Es erinnert mich an die „Heiße-Kohlen-Spiele“ meiner Kindheit, bei denen ein Gegenstand gefangen und so schnell weitergeworfen wurde, als könnte man sich daran verbrennen. Es ist das Auge des Energie-Wirbelsturms, mit dem Ihre saccadischen Bewegungen Ihre Augen ständig „in Schwung“ halten. Dieser Kern vermittelt so lange Informationen an Ihr Gehirn, bis Ihr Verstand über alle angeforderten oder benötigten Daten zu einem bestimmten Sachverhalt verfügt. Dann geht es weiter zu einem neuen Kern. Die Geschwindigkeit, mit der das nukleare Sehen abläuft, beruht auf der Schnelligkeit und Flexibilität der Saccaden (siehe Kapitel 6, über die Bedeutung der saccadischen Schwingungen). Die anatomische Seite des nuklearen Sehens ist der ganze weite Netzhautbereich im Gegensatz zu dem kleinen Gebiet namens *Macula lutea* und der darin enthaltenen noch winzigeren, mit Zäpfchen vollgepackten Fovea centralis.

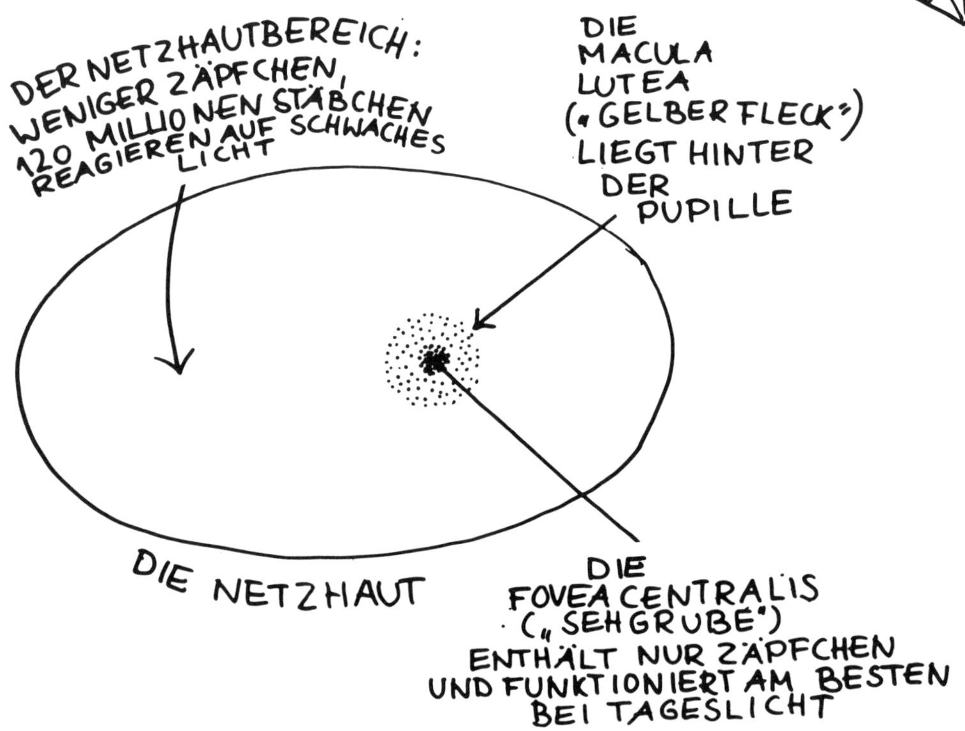

Spielen Sie die *nuklearen Sehspiele* zunächst dort, wo Ihnen das Sehen am leichtesten fällt. (Wenn Sie überall verschwommen sehen, wählen Sie Ihre natürliche Lesedistanz.) Dies ist ein Spiel, bei dem es darum geht, ganz bewußt etwas zu *betonen*, was bereits existiert: den Kontrast zwischen Feld und Kern, der das nukleare Sehen ausmacht. Wenn Sie das nukleare Sehen eine Zeitlang bewußt betont haben, wird es sich von allein einstellen, wenn Sie spazierengehen, Auto fahren usw. Es könnte sich jederzeit und überall ereignen, während Ihr Tag dahinmäandert. Wie aufregend!

„Kernige" Finger

RECHTER FINGER

Wir können das nukleare Sehen mit einfachen Mitteln hervorrufen und anregen.

Ihre Zeigefinger befinden sich ungefähr 25 cm vor Ihrem Gesicht und im etwa gleichen Abstand zueinander. Umwandern Sie Ihren rechten Zeigefinger mit Ihrem Nasenstift.

Beachten Sie den Unterschied zwischen diesem Finger, der im Augenblick das Vorrecht Ihrer gesammelten Aufmerksamkeit genießt, und dem Zeigefinger der linken Hand.

Der linke Zeigefinger ist *weniger „kernig", weniger bestimmt, ausgeprägt, farbig, lebendig, detailliert, scharf.* (Wenn Sie diesen sichtbaren Unterschied zwischen den beiden Fingern nicht wahrnehmen, bewegen Sie Ihre Finger weiter auseinander, bis eine spürbare Differenz erkennbar ist.

In diesem Augenblick ist Ihr rechter Zeigefinger der eingeschaltete Kern Ihres Sehens. *Beachten* Sie, daß Sie auch Ihre ganze Umgebung wahrnehmen – den Boden, die Wände, den Teppich, die Erde; alles von der gleichen Beschaffenheit wie Ihr linker Zeigefinger. Sie sind sich ihrer bewußt, sehen sie aber nicht auf *nukleare Weise.*

LINKER FINGER

„Nun, das ist ja schön und gut", könnte man jetzt sagen. „Da befinde ich mich also in einer nuklearen Situation, aber ich habe es satt, hier zu sitzen und nur einen strahlenden Finger zu sehen. Wie werden auch andere Dinge *nuklear?*

Ganz einfach. Sie lenken Nasenstift und Aufmerksamkeit auf etwas anderes. Den anderen Finger zum Beispiel, damit er sich nicht zu lange benachteiligt fühlt.

Schwenken Sie also Ihren Nasenstift hinüber zum linken Zeigefinger. Beachten Sie, wie er jetzt aufstrahlt, während der rechte Zeigefinger abgeschaltet, trüb und stumpf wird. Wechseln Sie mehrmals zwischen beiden Fingern. Bringen Sie die Finger immer dichter zusammen, und beachten Sie dabei den Kontrast zwischen den beiden. Lassen Sie sich von diesem einfachen, aber bedeutsamen Phänomen beeindrucken. Freuen Sie sich, daß Sie in der Lage sind, die Dinge in Ihrem Gesichtsfeld scharf und unscharf werden zu lassen. Schmunzeln Sie beim Spielen mit der elektrisierenden Kraft Ihres Nasenstifts. Was er anpeilt, schaltet sich ein, strahlt auf, wird zum Kern. Alles andere schaltet sich ab. Dieser Vorgang ist automatisch und wohnt dem entspannten Sehen inne. Je mehr Sie dies mit solchen kurzen und einfachen Aktivitäten ermutigen, desto eher geschieht es von selbst.

Nachdem Sie den Kernprozeß an Ihren beiden Fingern erlebt haben, übertragen wir ihn auf:

Das Beleuchterspiel

Alles im Weltall trägt in sich eine Glühbirne. Jedes Ding, jede Person, jede Wolke am Himmel hat elektrisches Potential. Jeder Teil jedes Dings hat seine eigene winzige Glühbirne. Alle Glühbirnen im Universum können sich für Sie einschalten, aufleuchten, einzeln oder nacheinander und mit solcher Schnelligkeit, daß Sie nichts anderes als einen fortgesetzten Strom klaren Sehens bemerken.

Wenn Sie verschwommen sehen, sind alle Glühbirnen gleichermaßen abgeschaltet. Es gibt kein Zentrum, keinen Kern der Klarheit mehr.

Wie schalten Sie die Glühbirnen in allen Dingen ein? Sie berühren sie, umkreisen sie und skizzieren sie mit Ihrem magischen Nasenstift, der jetzt den Rang eines Zauberstabs erhalten hat.

Schwingen wir den Zauberstab! Halten Sie einen Finger vors Gesicht. Umfahren Sie die Fingerspitze mit Ihrem magischen Nasenstab. Fordern Sie alles andere auf, sich „auszuschalten". Alles übrige wird ein bißchen matter, wie eine gewöhnliche Glühbirne im ausgeschalteten Zustand, verschwindet aber durchaus nicht.

Alles, die ganze Ansammlung von Dingen, Formen und Bildern um meine Fingerspitze herum, ist ausgeschaltet, während meine Aufmerksamkeit, mein Zauberstab, die Glühbirne in meiner Fingerspitze einschaltet und sie beleuchtet.

Richten Sie Ihren Zauberstab blitzschnell auf Ihr Knie. Jetzt können Sie wahrheitsgemäß bekräftigen, daß alles im Umkreis Ihres Knies abgeschaltet ist (einschließlich der zuvor genannten Fingerspitze). – „Alles abschalten!" – „Abschalten, du trübe Tasse!" – „Bitte schaltet euch ab, ihr übrigen Formen." – Ja, tatsächlich, der Hintergrund, das Umfeld meines Kerns, meines Knies, ist abgeschaltet. Wiederholen Sie diese Gedanken, während Sie mit Zauberkraft andere Glühbirnen einschalten und andere Dinge beleuchten.

Wedeln Sie Ihren Beleuchterstab durch die Umgegend, bestätigen Sie die ausgeschalteten Glühbirnen, würdigen Sie den strahlenden Kern Ihrer Sehkraft. Beleuchten Sie drei bis vier Minuten täglich (auch länger, wenn es Ihnen Spaß macht). Das Beleuchten und Bestätigen beim nuklearen Sehen meldet Ihrem Sehzentrum: „Hallo, alle mal herhören, ich bemühe mich nicht mehr, alles gleich scharf zu sehen, und die Spannung ist weg." Ihr Sehsystem will nämlich klar sehen und seine normale und natürliche Fähigkeit zum nuklearen Sehen einsetzen.

Wir haben das nukleare Sehen an physischen Dingen erlebt. Spielen Sie das „Beleuchterspiel" auch mit geschlossenen Augen, und schaffen Sie den Zusammenhang mit Ihren inneren Abenteuern und Filmen. Der Vorgang ist genau gleich: Beleuchten Sie das jeweilige „Kernbild", indem Sie alle umgebenden Bilder auffordern, sich abzuschalten.

Ihr augenblickliches Interesse bestimmt den jeweiligen Punkt Ihres nuklearen Sehens. Ob Sie nun Ausschau nach einer Lücke im verstopften Straßenverkehr halten oder die Bananen im Supermarkt suchen.

Finden

Um etwas zu finden, muß man es erkennen. Erkennen können Sie aber nur das, wovon Sie eine innere Vorstellung haben. Wenn Sie das Ding finden, das Sie sich vorgestellt und vielleicht gewünscht haben, verbindet sich das elektromagnetische Bild in Ihrem Kopf mit dem physischen Objekt, das diese Konfiguration repräsentiert. Wir wollen das weiter erforschen.

Wenn Sie also etwas finden möchten, formen Sie ein Bild davon in Ihrem Kopf. Malen Sie es farbig und mit allen Einzelheiten bei offenen oder geschlossenen Augen. Dann tasten Sie die Umgebung mit Hilfe der handlichen Nasenfeder ab. Ist das Objekt vorhanden, springt es auf Sie zu. Es wird von seinem Ebenbild in Ihrem Geist angezogen.

Wenn Sie Ihre Schere in der Kramschublade finden wollen, stellen Sie sich einfach diese Schere vor und lassen Ihren Blick über die Schublade schweifen. Die gesuchte Schere „fällt" heraus. Wenn Sie Ihr Kind in einer Menschenmenge finden wollen, stellen Sie sich die Farbe seines Pullovers vor und tasten das Suchgebiet ab.

Suchbilder

Suchbilder sind ein Beispiel für nukleares Sehen. Was Sie sich vorstellen, das fällt Ihnen in die Augen. Dieses Wiedererkennen wird von einem Aufblitzen klaren Sehens begleitet. Das Suchbildspiel gewöhnt Sie daran, daß es die Dinge sind, die auf Sie zukommen, und nicht umgekehrt.

Halten Sie das Bild „Die Nixenbucht" vor sich. Schließen Sie die Augen, und skizzieren Sie eine Meerjungfrau. Sobald Sie ihr Bild vor Augen haben, öffnen Sie Ihre Augen und schweifen über die „Nixenbucht". Lassen Sie die Meerjungfrauen auf sich zukommen.

Wiederholen Sie den gleichen Vorgang draußen in freier Natur – mit Wolkenformationen, Felsengesichtern, Farben auf Ihren Landschaftsfotos, Buchstaben auf Ihrer Augenprüftafel.

Eins, zwei, drei

Das nukleare Sehen, das – sei es auch nur für eine Sekunde – ein bestimmtes Objekt oder einen Teil eines Objekts herausgreift, ist eine Voraussetzung für die Fähigkeit zu zählen. Zählen hat mit voneinander abgegrenzten Einheiten („Einsen") zu tun, die nach entsprechender Aufreihung bereit sind, andere Namen anzunehmen – wie etwa zwei, drei, der zweite, der

dritte usw. Wenn man beim Sehen das Zählen betont, wird eine automatische „Kernbildung“ angeregt, ohne daß Sie daran zu denken brauchen.

Halten Sie das Bild des Rosenstrauches vor sich. Schweifen Sie über den ganzen Strauch, umkreisen Sie dann jede Rose nacheinander mit Ihrer Nase, und geben Sie ihr einen „zählbaren“ Namen, Rose 1, Rose 2, Rose 3 usw. In jeder beliebigen Sprache. Jede Rose wird in dem Augenblick, in dem sie gezählt wird, in voller Farbe und Pracht auf Sie zukommen. Machen Sie das draußen in der Natur und schließlich auch mit den Buchstaben der Sehprobentafel.

Kernspiele im Bereich der Unschärfe

Bis jetzt habe ich darauf verwiesen, daß sich die Kernspiele am besten im Bereich Ihres schärfsten Sehens spielen lassen. So entgehen Sie der Versuchung, nukleares Sehen herbeizwingen zu wollen, es sich nicht von selbst einstellt. Sobald Sie jedoch das Phänomen des nuklearen Sehens und die ihm zugrundeliegenden Prinzipien verstanden und einige Erfahrungen damit gesammelt haben, sollten Sie das Spiel auch im Bereich der Unschärfe ausprobieren.

Falls Sie in der Entfernung verschwommen sehen, gehen Sie ins Freie und suchen sich größere, unterschiedliche Formen. Wenn ich in meinem Vorgarten stehe, sehe sich zum Beispiel den Unterschied zwischen dem weichen, blauen Himmel, dem Haus auf der anderen Straßenseite und einer hochragenden Platane. Ich umwandere den Baum und lasse indessen wie beim Beleuchterspiel Haus und Himmel ihre inneren Glühbirnen abschalten. Dann richte ich meinen Nasenstift auf das Haus und und fordere die beiden anderen, größeren Formen auf, abzuschalten. Machen Sie dieses Spiel auch einmal mit Farben. Ein Umzug verschiedener Trachtengruppen oder ein Karnevalsumzug wären weitere gute Gelegenheiten zum Entwickeln nuklearen Sehens an großen Farbflächen. Ein Hügel, eine Wolke, ein Himmel sind für großräumiges nukleares Sehen gut geeignet. Befehlen Sie dem Himmel und Hügel, ihr Leuchten abzuschalten, und gestatten Sie der weißen Wolke, Ihr zentrales Sehvermögen für einige Zeit zu unterhalten. Dann beleuchten Sie nacheinander die zwei anderen Objekte.

Wenn Sie im Nahbereich verschwommen sehen, könnten Sie das Beleuchterspiel mit farbigen Knöpfen, Garnrollen oder Wollfäden spielen, die Sie um Ihre Finger wickeln. Oder nehmen Sie Kieselsteine, Blätter und kleine Bilder in die Hand.

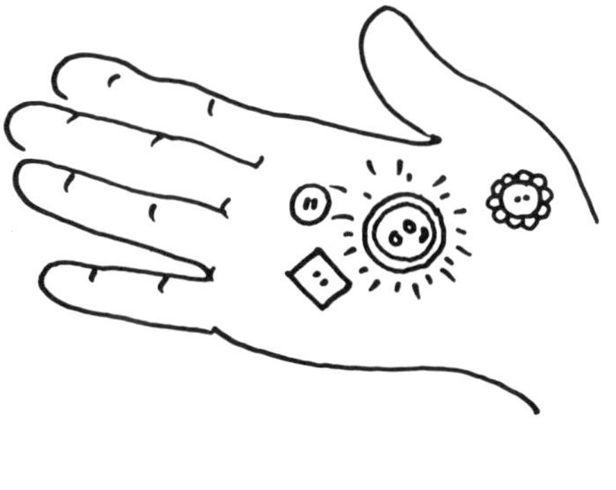

Kapitel 12

Sehen mit dem ganzen Gehirn

Ich wehrte mich lange dagegen. „Zu sehr vereinfacht", sagte ich. „Nicht genügend erforscht. Das Gehirn ist so vielschichtig." So ließ ich die Frage der linken und rechten Gehirnhälfte zunächst beiseite und wartete erst einmal ab. Die Frage ignorierte mich ihrerseits. Dann zeigte mir eines Tages jemand ein Gehirnspiel, das vernünftig erschien. So erlebte ich am eigenen Leibe das Einschalten beider Gehirnhälften. Und die Theorie zum „Einschalten" des Gesamtgehirns füllte einige Lücken, die sich aus der Arbeit mit Schülern ergeben hatten. Hier war der Schlüssel zu noch größerem Erfolg für die natürliche Methode zu besserem Sehen. Mein Freund Paul Dennison führte legasthenische Kinder (Kinder mit Lese-Rechtschreib-Schwäche) mit einer Mischung aus Muskeltests, Meridianausgleichen und Überkreuzbewegungen zur Integration der Gehirnbahnen und damit zu fließendem Lesen und Schreiben. Ein voll eingeschaltetes Gehirn erleichtert jedes Lernen, Auffrischen von Wissen, Heilen, Erwerben neuer Fähigkeiten oder Freisetzen angeborener Kreativität. Wenn die Anstrengung verschwindet, werden wir wieder zum geborenen Genie und aktivieren das Potential zum Wachsen und Lernen unserer frühen Kindheit.

Die Gesamtgehirntheorien werfen auch Licht auf die Frage der Motivation. Einige Schüler verbrachten täglich mehrere Stunden mit ihren Sehspielen und aktivierten und integrierten sie auf originelle Art und Weise. Diese Sehschüler hatten regelmäßig Sehblitze, bestanden ihre Sehtests für den Führerschein und waren begeistert. Weil Sie bereits „eingeschaltet" waren, kamen sie mit dem Programm zur allgemeinen Freude in Riesenschritten voran. Andere Sehschüler gingen nur halbherzig an die Sache heran, wollten zwar klar sehen, sich aber auf die geistigen oder emotionalen Seiten des Programms nicht einlassen. Ihre Begeisterung für das Unterfangen wurde durch unbewußte homolaterale Verhaltensweisen abgelenkt, zu denen der sanfte und zwanglose Unterrichtsstil der natürlichen Methode zu besserem Sehen nicht durchdrang. Sie waren entgegen ihrer eigenen Einschätzung weder faul noch dumm, sie waren nur nicht „eingeschaltet".

War es möglich, daß die hinter ihren Brillen verschanzten Kurz- und Weitsichtigen ihre Verschwommenheit aufgrund

„ausgeschalteter" Verhaltensmuster ihres Gehirns verteidigten? Ich hatte lange über die Charakteraspekte der Kurz- und Weitsichtigkeit nachgedacht, die in den Kapiteln 2 und 3 behandelt werden.

Doch der Charakter wird vom Nervensystem aufrechterhalten. Reaktive Verhaltensweisen, egal welchen Ursprungs, werden in gegenwärtigen Gehirn- und Denkmustern konserviert. Sie treten noch lange nach der Zeit in Aktion, in der ein Verschanzen und defensive Maßnahmen zum Überleben aus aktuellem Anlaß in unserer Vergangenheit notwendig waren. Es ist viel leichter, diese alten Bastionen umzubauen, wenn das gesamte Gehirn aktiviert ist und wenn Ihre analytischen und Ihre universalen intuitiven Stimmen gemeinsam beratschlagen.

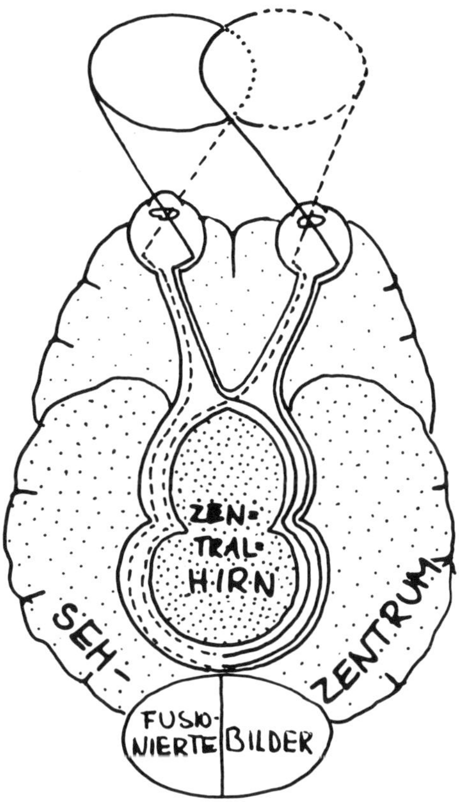

Rechte und linke Gehirnhälfte

Man weiß seit vielen Jahren, daß die Nervenimpulse der Netzhäute Ihrer Augen zum Sehzentrum im Hinterkopf gesendet werden. In neueren Forschungen hat sich ergeben, daß auch andere Teile des Gehirns am Sehprozeß beteiligt sind. Sehen steht in bezug zu den intellektuellen Funktionen, der Koordination des gesamten Körpers, den Gefühlen und der räumlichen Orientierung. Amerikanische Neurologen entdeckten die Stützpunkte dieser ineinandergreifenden Funktionen durch Untersuchungen an geteilten Gehirnen. So kam ein Modell zustande, das die uralten Konzepte der Polarität und der grundlegenden Paradoxien des menschlichen Lebens wiedergab. Hier nun ist eine schematische Darstellung der Teilung der Funktionen zwischen der linken und rechten Hemisphäre des menschlichen Gehirns. Bitte bedenken Sie, daß diese Zeichnungen und Übersichten eine stark vereinfachende Metapher für die vielschichtigen, ineinandergreifenden Vorgänge darstellen, die in Wirklichkeit ablaufen.

Funktionen der linken Gehirnhälfte:	*Funktionen der rechten Gehirnhälfte:*
Kontrolle der rechten Hand	Kontrolle der linken Hand
Hören	Sehen
Zeitgefühl	Raumgefühl
Umgang mit Zahlen	Musikverständnis
Schlußfolgerungen	Initiative
Teilen	Zusammenfügen
Anspannung	Entspannung
Urteilen	Intuition und übersinnliche
und Logik	Wahrnehmung
Introvertiertheit	Extrovertiertheit
Konvergenz	Divergenz
Das Rationale	Das Emotionale
Das Objektive	Das Subjektive
Anstrengung	Auf sich zukommen lassen
Erlernen neuer Dinge	Unbewußte Gewohnheiten
Beschäftigung mit Einzelheiten	Betrachtung des Ganzen
Geschriebene Sprache	Einsichten und Ideen

Einschalten und abschalten

Die obere Zeichnung ist eine Analogie für jemanden, der ständig nachdenkt, angestrengt zu sehen versucht, kurzsichtig ist, unter körperlichem und seelischem Streß steht, zwanghaft ißt, voller Energie und Kraft steckt, aber „verklemmt" ist. (Dieser Mensch könnte mit einer Dominanz der rechten oder linken Gehirnhälfte geboren worden sein.)

Das zweite Bild zeigt eine Person, die zum Einschalten der rechten Gehirnhälfte neigt und häufig „geistig weggetreten" ist.

Solche Menschen werden von ihren Eindrücken in großen Warenhäusern überwältigt und müssen nach Hause gehen. Sie sind großartige Träumernaturen. Ins Detail zu gehen erscheint ihnen schmerzlich. Sie neigen zu Weitsichtigkeit, und ihr Geist schwebt gerne in Raum und Traum.

Es ist möglich, von einer Hemisphäre zur anderen zu pendeln, einmal übertrieben genau und reizbar und ein andermal geistesabwesend zu sein.

Die Frage nach der Dominanz einer Gehirnhälfte taucht oft auf. Wir werden offenkundig mit mehr Neigung zu Kreativität und Musik als zu Mathematik und Analyse oder umgekehrt geboren. Jene rechtsdominanten Träumer in unserer linksdominanten analytischen Zivilisation können ihr Unglücklichsein oft darauf zurückführen, daß sie von den „Hoppla-jetzt-komm-ich"-Wissenschaftlern und Geschäftsleuten nicht ernst genommen werden oder sich in deren Gesellschaft fehl am Platz vorkommen. Das Verständnis unserer Dominanzmuster ist sehr hilfreich. Jedoch ist die Integration der beiden Gehirnhälften im täglichen Leben der wichtigste Faktor, ob sie nun rechtsdominant intuitiv oder linksdominant analytisch sind. Dies macht den sich selbst verwirklichenden und im weitesten Sinn glücklichen, gesunden und kreativen Menschen aus. Integriert sind wir imstande, ein Bild zu sehen und es auch zu beschreiben. Wir wollen den größtmöglichen Energiefluß von einer Gehirnhälfte zur anderen erzielen und eine duale Dominanz schaffen – vollkommenes Funktionieren und Zusammenwirken beider Gehirnhälften.

Die nächste Abbildung zeigt eine Person, die ihr Potential verwirklicht hat. Beide Gehirnhälften sind „eingeschaltet" und ermöglichen es, in allen Lebensbereichen mit Leichtigkeit und Begeisterung zu agieren und zu reagieren.

In den Sehkursen ist diese Person wahrscheinlich weder kurz- noch weitsichtig, könnte aber an Alterssichtigkeit leiden oder unter bestimmten Belastungen stehen. Dieser Mensch ernährt sich wahrscheinlich ausgewogen, ist überdurchschnittlich gesund, lernt rasch und macht Bemerkungen wie: „Ja, ich mache meine Sehspiele jeden Tag. Wenn ich mir etwas vornehme, gibt es für mich keinen Grund, es nicht zu tun." Wir haben es da mit einem „Selbst-Starter" zu tun, einer Person, die unabhängig und aufgeschlossen ist und die neue Ideen aus eigenem Antrieb ergreift und durchführt.

Der ursprüngliche Grund für das Abschalten, für das Verfallen in homolaterale Muster, könnte gewesen sein: Krankheit während der Kindheit, emotionaler Druck, Geburtstrauma, das Bemühen, anderen zu gefallen oder eines jener psychologischen

Spielchen, mit denen wir in unserem Leben bestimmen, unterdrücken oder überleben.

Man hat entdeckt, daß das Abschalten mit der Dauer der Krabbelzeit im Kleinkindalter zusammenhängt. In dieser Zeitspanne (8 bis 10 Monate und darüber hinaus) wird unser Wahrnehmungssystem so gestaltet, daß wir fähig werden, die Mittellinie des Körpers zu überqueren. Das Krabbeln bereitet uns auf das Lesen und Schreiben im späteren Leben vor, bei dem unsere Augen, Hände und Verstand von links nach rechts über die Mittellinie des Papiers gleiten.

Krabbeln führt zu einem unvermittelten Ausbruch von Autonomie. Wir bewegen uns, wir meistern den Raum. Jede Beschränkung dieser kritischen Krabbelzeit, in der wir die rechte Hand in Übereinstimmung mit dem linken Bein (und umgekehrt) bewegen, kann zu „Abschalttendenzen" führen.

Man könnte für Körperbewegung „eingeschaltet" sein, gut Tennisspielen und zwischenmenschliche Beziehungen aufbauen und trotzdem in bezug auf die Augen „abgeschaltet" sein. Jemand anderes könnte mit Überempfindlichkeit gegenüber Nahrungsmitteln geplagt sein, mit der Unfähigkeit, Gefühle auszudrücken, aber beim Sehen integriert erscheinen. Es geht darum, unsere individuellen Schaltmuster zu erkennen und unsere volle Gehirnaktivität wiederherzustellen. Die chronischen „Umschalter" unter uns, die ständig von der einen zur anderen Gehirnhälfte springen, können sich in „Einschalter" verwandeln. Je öfter wir das tun, desto mehr erfahren wir über uns selbst und sind dann imstande, Gesundheit und Glück bei anderen Menschen zu begreifen und zu fördern. Nehmen wir das „Ab- oder Umschalten" als Anlaß zum Lernen und Wachsen.

Erste Schritte zum Einschalten

Der erste Schritt zum Einschalten besteht darin, daß wir unsere Aufmerksamkeit im wahrsten Sinn des Wortes wieder dem Nervensystem zuwenden und krabbeln. Sie können direkt auf dem Boden herumkrabbeln wie ein Baby, wenn Ihnen das Spaß macht. Es gibt aber auch einen Bewegungsablauf, der im Stehen stattfindet – das „Überkreuzgehen". Stellen Sie sich aufrecht hin. Heben Sie gleichzeitig Ihren rechten Arm und das linke Bein. Anschließend gleichzeitig den linken Arm und das rechte Bein. So einfach ist das alles! Bei dieser körperlichen Überkreuzbewegung aktivieren Sie beide Gehirnhälften gleichzeitig. Vielleicht fühlen Sie sich dabei zunächst unbeholfen. Das könnte darauf hinweisen, daß Sie ein „Umschalter" sind und als Kind nicht genügend krabbelten. Auch wenn Sie Sportler sind, könnte Ihre körperliche Leistungsfähigkeit leichter, mit weniger Willenseinsatz und weniger Verletzungen bzw. Unfällen zum Ausdruck kommen, wenn Sie das „Überkreuzgehen“ regelmäßig durchführen.

Machen Sie die Überkreuzbewegung mit Musik. Wenn Sie die Augen dabei nach oben links richten und dort kleine Kreise gegen den Uhrzeigersinn skizzieren, wird Ihre rechte Gehirnhälfte angeregt. Schauen Sie dagegen nach rechts, so wird Ihre linke Gehirnhälfte stimuliert. Schließlich sollte sich Ihr Blick frei in alle Richtungen bewegen, während Sie über Kreuz gehen, krabbeln, tanzen, hüpfen.

Die allgemeine Anleitung für Leute, die sich beim Sehen anstrengen, lautet: Schauen Sie beim Überkreuzgehen dreißig Sekunden nach oben links und zeichnen Sie dann einige Unendlichkeitszeichen (liegende Acht) mit Ihrem Nasenstift. Diese Überkreuzbewegung in der Vorstellung in Verbindung mit den Überkreuzschritten Ihres Körpers bringt Verstand, Augen und Körper gleichermaßen zum Einschalten.

Drei Minuten Überkreuzgehen vor Ihren Spielen zur Verbesserung des Sehvermögens erhöht die Wirksamkeit der jeweiligen Spiele.

Machen Sie Überkreuzbewegungen, wann immer Sie sich „abgeschaltet" fühlen – verärgert, nicht inspiriert, angespannt, unfähig, müde, blockiert, verwirrt, nervös, zerstreut.

Unterschiedliche Gehirne

Bei manchen Menschen sind die homolateralen Verhaltensmuster, das ausschließliche Benutzen einer Gehirnhälfte, so tief verwurzelt, daß sie mehr Hilfe und persönliche Aufmerksamkeit brauchen, um die gewünschten Änderungen zu erzielen. Solche Menschen können durch das Überkreuzgehen allein nicht einschalten. Weitere Informationen zu diesem Bereich finden Sie bei Lehrern, die darin arbeiten (siehe unten). Bei fünf Prozent unserer Bevölkerung liegen außerdem die normalerweise in der rechten Gehirnhälfte untergebrachten Funktionen in der linken Großhirnhälfte und umgekehrt (was wäre die Welt sonst einförmig!). Diese Menschen blicken nach oben rechts, um Vorstellungskraft und räumlichen Rhythmus anzuregen, bzw. nach links, um verbale und mathematische Fähigkeiten zu stimulieren.

Tun Sie Ihr Bestes, um selbst festzustellen, ob Sie beim Blick nach oben links (oder beim Skizzieren im entgegengesetzten Uhrzeigersinn) oder beim Schauen nach oben rechts (beim Skizzieren im Uhrzeigersinn) einschalten, falls Sie nicht gleich einen Lehrer zur Verfügung haben. Wenn Sie vermutlich zum überlasteten, übermäßig konzentrierten und eher mißtrauischen Personenkreis gehören, schwingen Sie Ihre Nasenfeder beim Wandern und Skizzieren und allgemein im Gegenuhrzeigersinn. Wenn Sie im allgemeinen ausgeglichen sind, schwingen Sie ebenfalls gegen den Uhrzeigersinn, um Ihr bereits phantastisches Ich noch wunderbarer zu machen.

Wenn Sie dazu neigen, verträumt zu sein, so lassen Sie Ihre Bewegungen im allgemeinen im Uhrzeigersinn ablaufen. Wenn Ihnen das nicht hilft, ausgeglichener und integrierter zu werden, so probieren Sie die entgegengesetzte Richtung aus. Am besten suchen Sie einen Lehrer für Natürliches Sehen, Edu-Kinestetik, Angewandte Kinesiologie oder Touch for Health. Hinweise dazu im Anhang.

Wenn die folgenden Verhaltensweisen sich einzeln oder insgesamt einstellen, haben Sie einen integrierten „eingeschalteten" Zustand erreicht:

1. Das Sehvermögen wird besser und schärfer.
2. Die Atmung wird lockerer und verlangsamt sich.
3. Ein Gefühl von Harmonie stellt sich ein.
4. Ihr Hals und die Schultern entspannen sich.

5. Die Welt erscheint sanfter und freundlicher.
6. Das Gefühl von Vertrauen in Ihre Fähigkeiten wächst.

Auf andere Art einschalten

Um emotionale Störungen zu klären, berühren Sie Ihre Stirnbeinhöcker. Denken Sie an die Situation, in der Sie sich festgebissen haben, und gehen Sie im Geist alle Möglichkeiten und alle damit verbundenen Ängste durch. Visualisieren Sie alles von A bis Z. Spüren Sie die Last leichter werden, während Ihr großer „Problemlöser" Gehirn sagt: „Alles ist gut und wird glücklich gelöst." Kombinieren Sie das Berühren der Stirn mit der Umwandlung von Bildern in Kapitel 7. Ihre Finger sind wie Magneten. Sie leiten die Gehirnströme von der Basis des Stammhirns, wo Energie in Form von Furcht oder Angst gebunden liegen könnte, nach vorn in die rechte und linke Gehirnhälfte.

Legen Sie Ihre Fingerspitzen sanft auf Ihre Stirn. Ihre Finger stimulieren den Fluß der Lebensenergie durch Ihr kreatives Gehirn, dem sich die intuitiven Lösungen auftun. Diese Inspirationen fließen dann weiter zu Ihrer linken Gehirnhälfte, wo sie auf praktische Weise ausgedrückt werden können. Die *Besorgnis* über die Situation wird aufgelöst, und während sich die Sorgen verringern, entsteht in Ihrer linken Gehirnhälfte der Freiraum, in dem die Situation analysiert, geklärt, gelöst werden kann.

Jetzt bietet sich die Gelegenheit, die unbewußten Widerstände zu entdecken, die Ihre Motivation in bezug auf die Verbesserung Ihrer Sehkraft gedämpft haben könnten. Oft entdekken wir, daß die Schüler in unseren Kursen auf die Aussage „Ich will besser sehen" hin beim Muskeltest schwach werden. Das zeigt, daß der Gedanke, klar zu sehen, sie tatsächlich aus bestimmten verborgenen, emotionalen Gründen „abschaltet". Außerdem klingt ihre Stimme wenig überzeugt und verrät so unterschwellige Unschlüssigkeit.

Der Schüler berührt ein bis zwei Minuten seine Stirnbeinhökker und wiederholt dabei im stillen folgenden Gedanken: „Ich möchte ohne Brille klar sehen" – „Ich bin imstande, ohne Brille klar zu sehen" oder sogar „Ich bin *jetzt* imstande, ohne Brille klar zu sehen". Die Energie fließt in Verbindung mit dem Gedanken an klares Sehen durch die rechte Gehirnhälfte. Diesmal bleiben die Muskeln der betreffenden Person auf den laut ausgesprochenen Satz: „Ich will meine Sehkraft verbessern" stark. Die Klangfarbe der Stimme während dieser Aussage wird deutlich kräftiger und „klingt wahr".

Wenn Menschen aus irgendeinem Grund verspannt oder ängstlich sind, können Sie plötzlich abschalten. Bestimmte Umgebungen, Aufgaben oder Situationen können zum Auslöser werden. Achten Sie auf Faktoren in Ihrem Leben, die Sie möglicherweise abschalten und deretwegen Sie sich weniger gut fühlen, als eigentlich der Fall sein könnte. Zum Beispiel:

1. Sichtbare Umgebungen, etwa billige Kunststoffteppiche in Warenhäusern, Leuchtstoffröhren, Bilder von lebensfeindlichen Situationen, „negative" Umgebungen, sogar Tapeten mit senkrechten Streifenmustern, dem visuellen Symbol für Homolateralität.

EINE ‚EIN-GESCHALTETE' UMGEBUNG

2. Emotionale Wechselbeziehungen, etwa Menschen, die auf Sie zornig sind, Sie ablehnen, anzweifeln. Unpersönliche, lieblose, aufdringliche, strenge Menschen und solche, die nicht auf Sie ansprechen.
3. Ihre Ernährungsweise: Zucker oder Weizen könnten Sie abschalten; Essen, wenn Sie müde sind; Essen in gesellschaftlichem Rahmen.
4. Persönliches oder Berufliches, etwa wenn Sie über sich selbst reden, anderen gegenüber Ihre Existenz rechtfertigen, sich mündlich oder auf andere Weise verteidigen, eine für den weiteren Verlauf Ihres Lebens ausschlaggebende Prüfung ablegen oder sich einer Augenuntersuchung unterziehen müssen.

Wenn Sie ausgeglichen, integriert und in sich zentriert sind, wird Sie keiner dieser Punkte aus der Bahn werfen, zumindest nicht für längere Zeit. Wenn Sie leicht beeinflußbar sind, kann jeder dieser Gründe Sie auf homolaterales Funktionieren umschalten. Um schnell und wirksam wieder ins Gleichgewicht zu kommen, empfehle ich folgendes:

Gedankenausgleich

Bewegen Sie Ihren Körper: Überkreuzgehen, Tanzen, Spazierengehen, Laufen, Umarmen. Setzen Sie sichtbare Symbole ein: Szenen aus der Natur, lächelnde Gesichter, den Buchstaben X, fließende Muster, Blumen, gefällige Farben. Benutzen Sie Massage, Gedankenmuster, die Ihr ganzes Gehirn einschalten, und wandeln Sie Ihre Emotionen um.

Das Muskeltesten hat ergeben, daß der Gebrauch bestimmter Wörter und Sätze, gesprochen oder gedacht, den ständigen Energiefluß durch die beiden Gehirnhälften beeinflußt. Wenn Sie beispielsweise „Ich kann nicht sehen" sagen, so schließt die Wortkombination „kann nicht" die Möglichkeit aus, daß aus den unbekannten Fähigkeiten Ihrer rechten Gehirnhälfte etwas Neues in ihr Leben tritt.

Wenn Sie sagen: „Ich bin bis jetzt noch nicht in der Lage zu sehen", wird damit angedeutet, daß sich das in Zukunft ja ändern kann.

Ersetzen Sie: „Ich kann das Schild dort auf der Straße nicht lesen" oder „Ich kann in einem schwach beleuchteten Restaurant nicht lesen", durch „Ich bin bis jetzt noch nicht in der Lage" und „Ich bin imstande".

Wir wirken diese Sätze auf Sie:

„Meine Augen sind schwach." „Meine Augen sind schlecht (schrecklich)." Fühlen Sie sich nicht insgesamt schwach bei dieser Formulierung?

Manchmal sagen Mütter zu mir: „Sein linkes Auge ist sehr schlecht", während das von ihnen beschriebene Kind in Hörweite ist.

„Meine Augen sind hoffnungslos." „Sie können nichts für mich tun." (Natürlich nicht, nur Sie selbst sind dazu imstande.)

Woher stammen solche Aussagen? Sie sind imstande, unsere Fähigkeit zum Verändern durch Selbstheilung abzuschalten.

Um die Gehirnintegration zu stärken, sagen wir: „Meine Augen sind bereit, sich zu verändern." „Meine Augen sind willig." „Wir (Elternteil und Kind) sind bereit, etwas in dieser Situation zu unternehmen." „Meine Augen reagieren gut darauf." „Ich spreche darauf an." „Packen wir es an, und sehen wir, was passiert."

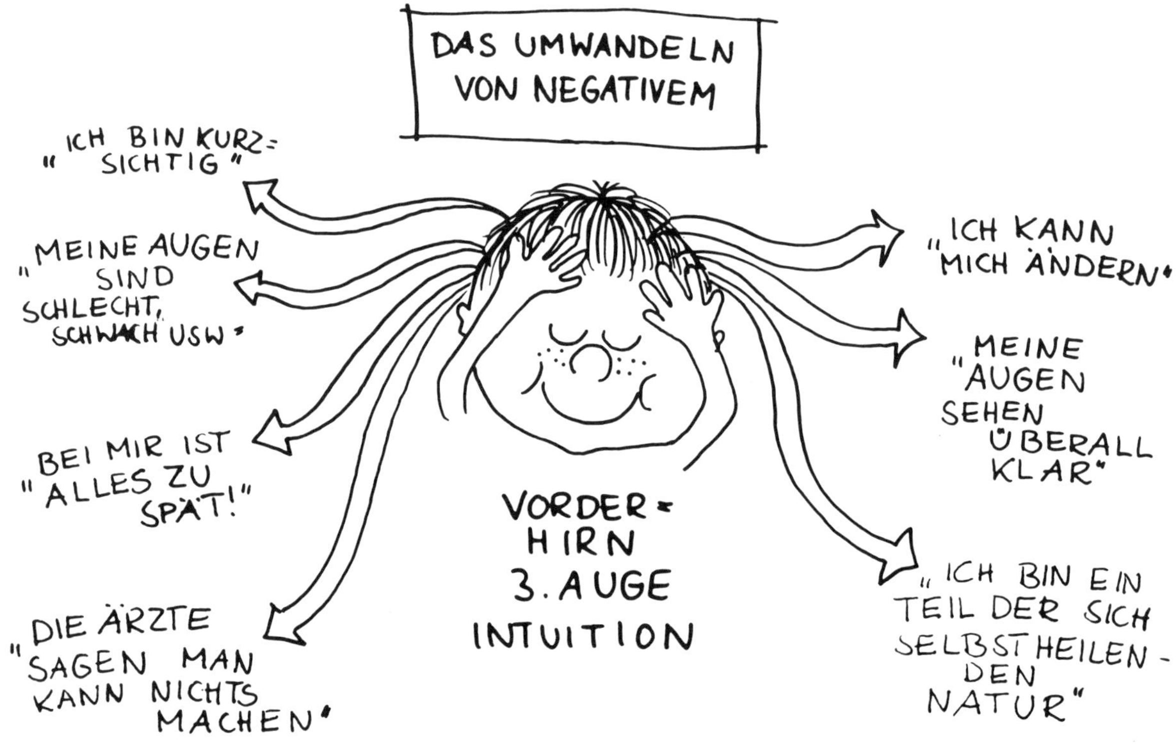

Kapitel 13

Schmelzende Blicke

Der Geschmack der Fusion

Bedecken Sie Ihr linkes Auge einige Augenblicke mit Ihrer linken Hand. Sie erleben jetzt die sichtbare Welt, wie sie von Ihrem rechten Auge geschaffen wird. Drehen Sie sachte Ihren Kopf und achten Sie darauf, wie die Dinge aus der Sicht dieses Auges aussehen – die Beschaffenheit, die Tönungen, das Gefühl. Lassen Sie uns diese Welt die „Erdbeerwelt“ nennen.

Bedecken Sie jetzt Ihr rechtes Auge mit Ihrer rechten Hand, so daß nur der von Ihrem linken Auge erfaßte Anblick sich offenbart. Er kommt jetzt aus einem etwas anderen Blickwinkel. Die Farben mögen unterschiedlich getönt sein, und Ihr innerer Gedankenfluß mag eine andere Nuance aufweisen. Nennen wir die Perspektive des linken Auges die „Bananenwelt“.

DIE ANSICHT DES LINKEN AUGES IST DIE „BANANENWELT“

Lassen Sie nun beide Augen unbedeckt und verrühren Sie die „Erdbeer“- mit der „Bananwelt“ in Ihrer geistigen Küche. Schweifen Sie dann mit Ihrer Nase durch diese doppelt schmackhafte Atmosphäre. Wenn die Energie und Botschaften aus beiden Augen miteinander verschmelzen, erhalten Sie mehr Tiefenschärfe und mehr Farbe – eine Wirkung, die man mit nur einem Auge nicht erfahren kann. Das Ganze ist mehr als die Summe seiner Teile. Die Natur hat uns zu unserer Freude diese geschmackvolle Fähigkeit aufgetischt. Im Idealfall mischen sich die „Erdbeer“- und die „Bananenwelt“ gleichzeitig und gleichmäßig.

DIE ANSICHT DES RECHTEN AUGES IST DIE „ERDBEERENWELT“

Anatomisch gesprochen fließen die Botschaften aus Ihren beiden Augen durch die Sehnerven zum Sehzentrum in Ihrem Hinterkopf. Die Hälfte der Nervenfasern aus jedem Auge kreuzen sich im optischen Chiasmus (Chiasma fasciculorum opticorum).

Dadurch erhält das rechte Sehzentrum die Informationen vom linken Gesichtsfeld beider Augen. Das linke Sehzentrum empfängt die Botschaften vom rechten Gesichtsfeld beider Augen. Unser Gehirn sammelt dann die eingespeisten Daten vom linken Gesichtsfeld und verschmilzt oder fusioniert sie mit denen aus dem rechten Gesichtsfeld. In unserem Buch bezeichnen wir diese Verknüpfungen zweier getrennter Datenbereiche als „Fusion“. Fusion I heißt in der Fachsprache „simultanes Sehen“. Mehr darüber im Abschnitt „Das Tor“.

MIXEN SIE BEIDE WELTEN

Die Botschaften setzen ihre Reise durch das Gehirn auf dem Weg ins Sehzentrum bis zum Genikularkörper fort, einer

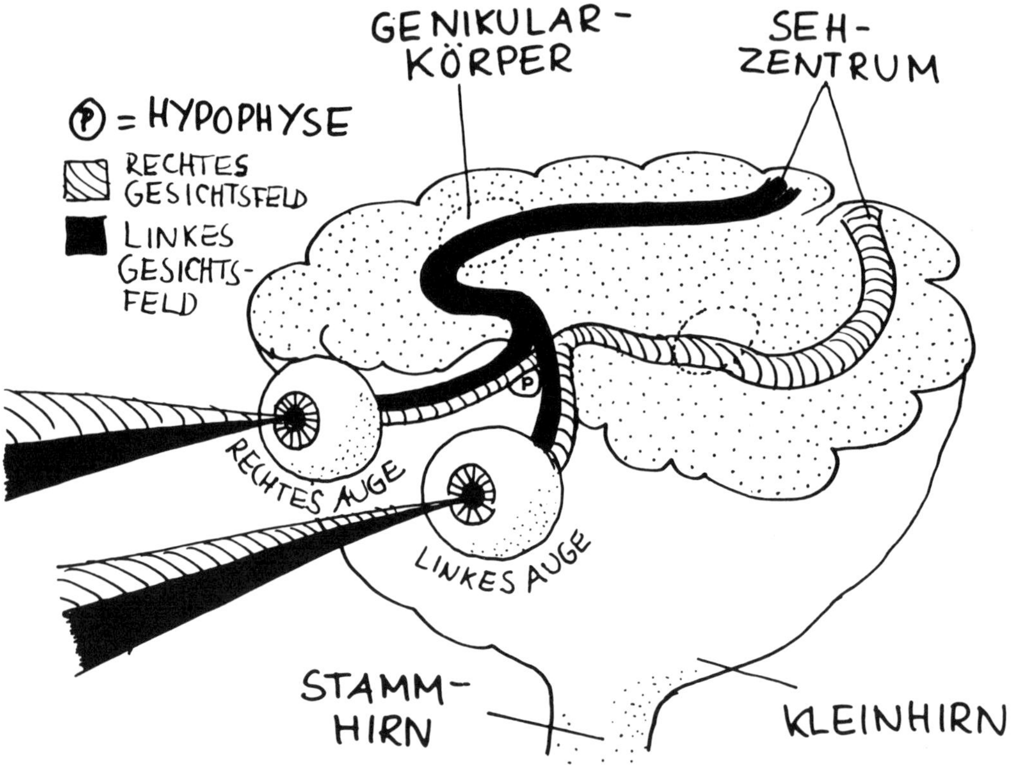

Schaltstation im Mittelhirn. Der Genikularkörper benachrichtigt andere Teile des Gehirns, damit die Augenmuskelbewegungen auf jene Daten abgestimmt werden, die durch Ihr Stammhirn fließen.

Dieses „primitive Gehirn", wie es genannt wird, ist verantwortlich für die Organisation und Kommunikation aller grundlegenden Regelfunktionen im Körper einschließlich Atmung, Pulsschlag und Reaktionsvermögen.

Hier sitzen auch die Zentren, die die Reflexe der Ziliarmuskeln, die die Akkommodation und Augenbewegungen steuern, beeinflussen. Das Mittelhirn steht außerdem mit dem Kleinhirn (Cerebellum) in Verbindung, der Zentrale und Empfangsstation für Wünsche aus dem Bewußtsein. Das Kleinhirn bewertet die von den Augen eingespeisten Informationen, die Daten von den Ohren und dem ganzen Organismus und schafft Gleichgewicht und Harmonie. Es beeinflußt außerdem das autonome Nervensystem.

Das Zusammenkommen

Was ist da in Ihrem Hinterkopf, das aus getrennten Nervenimpulsen ein stereoskopisches Bild schafft, ein Vorgang, der sich gewaltig vom Übereinanderlegen zweier fotografischer Platten unterscheidet? Was überspringt den Graben zwischen den beiden Seiten Ihrer rechten und linken Sehzentren und verschmilzt die „Erdbeer"- und „Bananenwelten"? Niemand weiß genau, wie die Fusion vor sich geht. Sie ist komplex, ganzheitlich und bedingt von vielen physischen und nichtphysischen Faktoren. Es ist die Vielheit, die zur Ganzheit wird. Das Verschmelzen verschiedener Elemente zu einer Einheit. Das ist nichts Mathematisches, auch kein Gebräu aus linken und rechten Augenimpulsen. Meiner Meinung nach ist die Fusion der Beitrag einer unserer höheren nichtkörperlichen Schwingungen, der kreativen Imagination.

Ich sage das, weil in zahllosen Fällen nichtvorhandener Fusion diese ganz einfach dadurch zustande kam, daß die Schüler sich vorstellten, was sie sehen wollten, und schon vorhandene Fusion allein durch Vorstellen ausgeglichen und gestärkt werden konnte. Wir werden diese Kraft bald einsetzen.

Streß jeder Art kann Ihre bemerkenswerten Fusionsfähigkeiten stören. Lassen Sie uns Schritt für Schritt weitergehen, um sie zu stärken und/oder wiederherzustellen.

Das Gefühl der Fusion

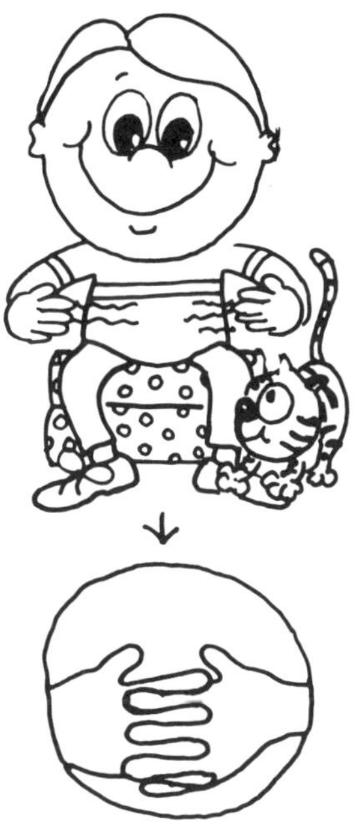

Setzen Sie sich mit beiden Füßen fest aufgestellt bequem in einen Sessel oder im Schneidersitz direkt auf den Boden. Halten Sie Ihre Hände in Brusthöhe etwa 60 cm voneinander entfernt mit einander zugekehrten Handflächen. Atmen Sie zur Entspannung mehrmals tief durch. Fühlen Sie, wie die Energie von Ihren Handflächen ausstrahlt. Bringen Sie jetzt Ihre Hände langsam und behutsam zusammen, bis die Finger sich ineinander verflechten. Halten Sie Ihre Hände eine Weile gefaltet. Lassen Sie Ihren Geist die subtilen Empfindungen empfangen und absorbieren, die aus der Zusammengehörigkeit der vereinigten Hände und dem Verschmelzen der Energie entstehen. Genau dies ereignet sich in Ihrem Gehirn, wenn die verschiedenen Botschaften aus Ihren beiden Augen verschmelzen. Bitten Sie darum, daß dieses Vereinigungsgefühl in Ihrem Hinterkopf entsteht, und machen Sie weiter mit den folgenden *Fusionsspielen.*

Das Tor – Fusion I

Halten Sie einen Zeigefinger 10 bis 12 cm entfernt senkrecht vor Ihre Nase. Skizzieren Sie mit Ihrem Nasenstift etwas in größerer Entfernung.

Während Ihre Aufmerksamkeit in die Ferne gerichtet ist,

nehmen Sie vielleicht zwei Finger wahr. Sie sehen das „Tor“. Ihr Gehirn/Geist fusioniert den Gegenstand Ihrer Aufmerksamkeit in der Distanz und nicht den Finger vor Ihrer Nase. Dieses „Fingertor“ zeigt Ihnen das Bild, welches jedes einzelne Auge für sich aufnimmt. Der Finger rechts von Ihrer Nase ist die „Bananenwelt“-Ansicht (des linken Auges). Das Bild des Fingers links von Ihrer Nase ist die „Erdbeerwelt“-Ansicht (des rechten Auges). Da sich die Fasern im optischen Chiasmus überkreuzen, ist das Objekt, auf das Sie Ihre Aufmerksamkeit richten und das Sie in der Ferne umwandern, fusioniert, ungeteilt und nuklear.

Ich möchte auch darauf hinweisen, daß das „Tor“ verschwindet, sobald Sie Ihre Aufmerksamkeit auf den Finger lenken. Augenblicklich und automatisch verschmelzen die beiden Finger zu einem. Sie haben den Finger fusioniert. Die Dinge in der Entfernung erscheinen jetzt doppelt und verschwommen. An jedem Punkt, auf den Sie Ihre bewußte Aufmerksamkeit richten, findet inmitten Ihres saccadischen Reigens eine Fusion statt. Bemerkenswert! Stellt sich die Fusion von allein ein, dann funktioniert Ihr visuelles Wahrnehmungssystem ohne Erschöpfung, Schmerzen oder Störung und effektiver. Auch das Lernen fällt Ihnen leichter, wenn Ihre Augen entspannt und koordiniert sind. Bei in die Ferne gerichteter Aufmerksamkeit wünschen wir uns, daß zwei Zeigefinger vor unserer Nase auftauchen. Das

bedeutet, daß Sie bewußten Zugang zu den Botschaften aus Ihren beiden Augen haben. Wenn Sie beide Finger gleich sehen, gehen Sie unverzüglich zum Perlenspiel über. Bitte achten Sie darauf, daß das Licht von beiden Seiten gleichmäßig auf Ihren Finger fällt. Andernfalls könnten die Pfostenfinger Ihres Tors ungleich erscheinen, obwohl sie es in Wirklichkeit gar nicht sind.

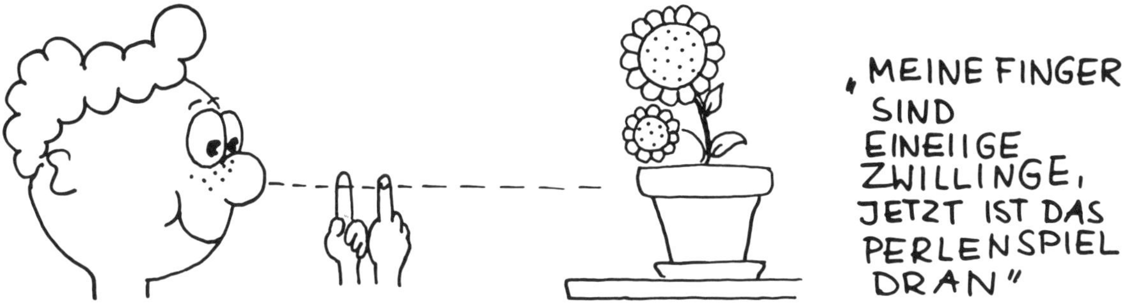

Der Heiligenschein

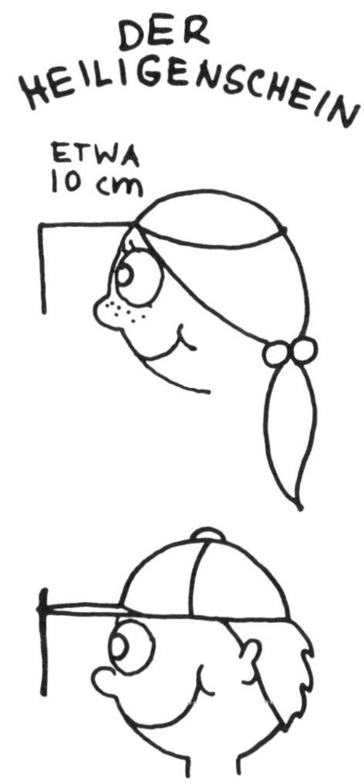

Wenn Sie Ihre unbewußten automatischen Fusionsgewohnheiten auf Ebene 1 stärken wollen, während Sie sehen lernen, basteln Sie sich am besten einen Heiligenschein. Er ersetzt den Finger und gönnt Ihrem Arm Ruhe.

Besorgen Sie sich leicht bieg- und formbaren Draht mit Plastikbeschichtung für ihren Heiligenschein. Eine Schildmütze mit einem daran angebrachten Stab tut es auch. (Siehe Zeichnung). Verzieren Sie diese Mütze, wenn Sie wollen. Farbiges Plastikband auf dem Nasenstück dürfte Kinder ansprechen, die natürlich ihre eigenen Heiligenscheine bekommen. Der Heiligenschein ist ausgezeichnet beim Vogeltanz (siehe Kapitel 6), weil so Fusion und saccadische Schwingungen kombiniert werden. Er eignet sich auch vortrefflich für die Lesespiele in Kapitel 14.

Wenn das Tor ungleich ist

Falls Sie einen „soliden" Finger haben und einen, der vage oder „gespenstisch" erscheint, weist das auf eine Störung des Energieflusses durch Ihr Sehsystem hin. Gewöhnlich entspricht der Gespensterfinger jenem Auge, das angespannter ist und verschwommener sieht. Das verschwommen sehende Auge ist weder „schwächer" noch „schlechter". Es braucht Entspannung und will „eingeschaltet" werden. Bedenken Sie, daß der rechte

„Torpfosten“ zum linken Auge gehört und umgekehrt, wenn Sie entscheiden, welches Auge abgedeckt werden soll. Bedecken Sie das Auge, welches dem stärkeren Torpfosten entspricht mit einer Augenklappe. Machen Sie einige Spiele aus dem Abschnitt „Was tun mit der Augenklappe?“. (Seite 175)

Nach dem Entfernen der Augenklappe unternehmen Sie beim Palmieren eine Fantasiereise zu einer griechischen Insel, wo antike Ruinen auf grünen Hügeln vor einem heißen blauen Himmel träumen. Stellen Sie sich ungefähr sechs Meter vor zwei verwitterte weiße Säulen. Visualisieren Sie die Festigkeit der Marmorsäulen, eine links, die andere rechts. Skizzieren Sie die Säulen nacheinander mit Ihrem Nasenstift. Dann stellen Sie

sich die beiden Säulen gleichzeitig vor, während Ihr Nasenstift die Olivenbäume in einiger Entfernung zwischen den Säulen zeichnet. Die Säulen sind Gefährten, balancieren einander aus und umrahmen die klassische Landschaft zwischen sich. Öffnen Sie Ihre Augen beim Weitermachen.

Verwenden Sie einen bunten Stift oder Schreiber für das Tor. Schließen Sie Ihre Augen und *stellen* Sie sich *vor,* daß Ihre beiden Stifte Torpfosten von gleicher Stärke sind. Frischen Sie mit Ihrem Nasenpinsel die Farbe auf jedem Torpfosten auf. Malen Sie weiter und visualisieren Sie weiter, bis beide Torpfosten identisch geworden sind.

Murmeln Sie dabei: „Meine Torpfosten sind identische Zwillinge" vor sich hin. Während Sie diese Vorstellung aufrechterhalten, *öffnen* Sie nun Ihre Augen. Wahrscheinlich stellen Sie fest, daß die beiden Seiten des Tors sich jetzt mehr gleichen. Tun Sie dies, bis Ihre beiden Torseiten ausgewogen sind.

Wenn Sie kein Tor sehen

Wenn Sie keine zwei Stifte oder Torpfosten wahrnehmen, ist die eine oder andere Seite Ihres Gehirns vielleicht abgeschaltet oder „eingeschlafen" (wie bei Amblyopie oder beim Schielen) und will aufgeweckt werden. In diesem Fall wenden Sie sich dem Abschnitt über die Augenklappe in diesem Kapitel zu, nachdem Sie die Überkreuzbewegungsspiele (siehe Kapitel 12) gemacht haben. Anschließend nehmen Sie sich wieder diese Buchseite vor.

Das Tor läßt sich möglicherweise herbeischmeicheln. Schließen Sie Ihre Augen und visualisieren Sie zwei Bleistifte. Erinnern Sie sich an das Bild des Tors und öffnen Sie Ihre Augen. Die beiden Bleistifte könnten einen Augenblick lang zusammen aufgetaucht sein. Machen Sie das mehrmals, immer locker und lässig. Manchmal läßt sich die zweite Seite des Tors mit einer Kerze oder Taschenlampe in einem verdunkelten Raum leichter hervorrufen.

Immer noch kein Tor? Dann lassen Sie uns einen „Fantastischen Fusionspfleger" anfertigen.

Besorgen Sie ein Stück steifen Pappkarton, etwa 15 cm breit und 25 cm lang. Im Idealfall ist die eine Seite des Kartons rot und die andere grün, oder eine Seite ist blau und die andere orange, oder gelb und violett – jeweils Komplementärfarben. Es dürfte genügen, zwei Seiten unterschiedlichen Farbenpapiers zusammenzukleben. Oder malen Sie den Karton farbig an. Im Notfall geht es auch mit einfachem weißem Papier, und Sie machen weiter wie folgt:

Kleben Sie auf die eine Seite des Kartons das Bild einer leuchtenden Blume oder eines Tieres – irgend etwas, das Ihnen gefällt, nur soll es von der Grundfarbe dieser Kartonseite abstechen. Die andere Seite bleibt frei.

Halten Sie den Karton ganz dicht vor Ihre Nase bzw. vor Ihr Gesicht, so daß Ihr rechtes Auge nur die rechte Seite des Kartons sieht und Ihr linkes Auge nur die linke. Halten Sie den Vogel oder die Blume vor das Auge, das geweckt werden will.

Bedecken Sie Ihr rechtes Auge mit Ihrer Hand. Erleben, absorbieren und memorieren Sie die Seite des Kartons, die Sie mit diesem Auge sehen.

Bedecken Sie Ihr linkes Auge mit Ihrer Hand. Erleben, absorbieren und memorieren Sie die Seite des Kartons, die Sie mit diesem Auge sehen.

Stellen Sie sich jetzt bei geschlossenen Augen die Ansicht Ihres linken Auges rechts von Ihrer Nase vor. Stellen Sie sich die Ansicht des rechten Auges links von Ihrer Nase vor. Jetzt vergegenwärtigen Sie sich beide Seiten gleichzeitig. Ich gebe zu, es ist ein bißchen trickreich.

Öffnen Sie beide Augen und rufen Sie „hurra", falls beide Seiten des Kartons gleichzeitig erscheinen – sei es auch nur für den Bruchteil einer Sekunde. Wiederholen Sie diese Aktivität, bis Sie eine solide und dauerhafte Erfahrung des Simultansehens erreichen.

Augen auf Wanderschaft

Augen, die nach außen oder innen drehen, entstehen meistens als Folge einer chronischen Verkrampfung in den großen äußeren Muskeln ums Auge. Krampfende Muskeln zerren ständig in die eine oder andere Richtung und verhindern dadurch, daß die Augen sich gleichstellen.

Wir können vermuten, daß die bessere Zusammenarbeit zwischen Gehirn und Körper, die sich aus den Überkreuzbewegungen und den anderen Techniken zum Einschalten aus Kapitel 12 ergibt, sich heilsam auf die Nerven auswirkt, die diese angespannten Muskeln kontrollieren. Manchmal werden durch chirurgische Eingriffe an solchen wandernden Augen die Muskeln gekürzt. Der Effekt ist im allgemeinen nur kosmetisch und die Operation oft erfolglos. Gewöhnlich gibt es keine Garantie dafür, daß diese chirurgische Invasion das Sehvermögen wieder herstellt, auch wenn später Brillengläser und/oder orthoptische Sehübungen eingesetzt werden. Falls eine Operation stattgefunden hat, mag es hilfreich sein, die entsprechende Person (Kind oder Erwachsener) zu der unbewußten Erinnerung an die Operation zurück- und durch sie hindurchzuführen, damit die seelische Wunde dieser Erfahrung geheilt wird.

Alle Entspannungsspiele in diesem Buch helfen Ihnen, verkrampfte Augenmuskeln zu lockern. Dies betrifft auch jene Muskeln, die beim Schielen nach innen (Esophorie) sowie beim Abdrehen der Augen nach außen (Exophorie) eine Rolle spielen. Einige wenige Menschen schielen abwechselnd mit beiden Augen. Diese Situation mag die Hilfe eines ausgebildeten Lehrers erfordern. Falls Ihnen aber kein Lehrer zur Verfügung steht, entspannen Sie sich mit Hilfe der allgemeinen Aktivitäten aus dem Grundkurs und führen Sie dann jedes Spiel aus dem vorherigen Abschnitt „Wenn Sie kein Tor sehen" durch.

Allen wandernden Augen kann weiter durch einige spezielle Richtungsspiele geholfen werden. Wir wollen erreichen, daß schließlich beide Augen gleichzeitig um den gleichen Punkt schwingen.

Der Posaunenzug für wandernde Augen

Machen Sie sich ein Paddel aus starkem Karton. Weil die Augen stets von Bewegung und Farbe angezogen werden, bewegen wir das Paddel wie ein Posaunist und locken damit das

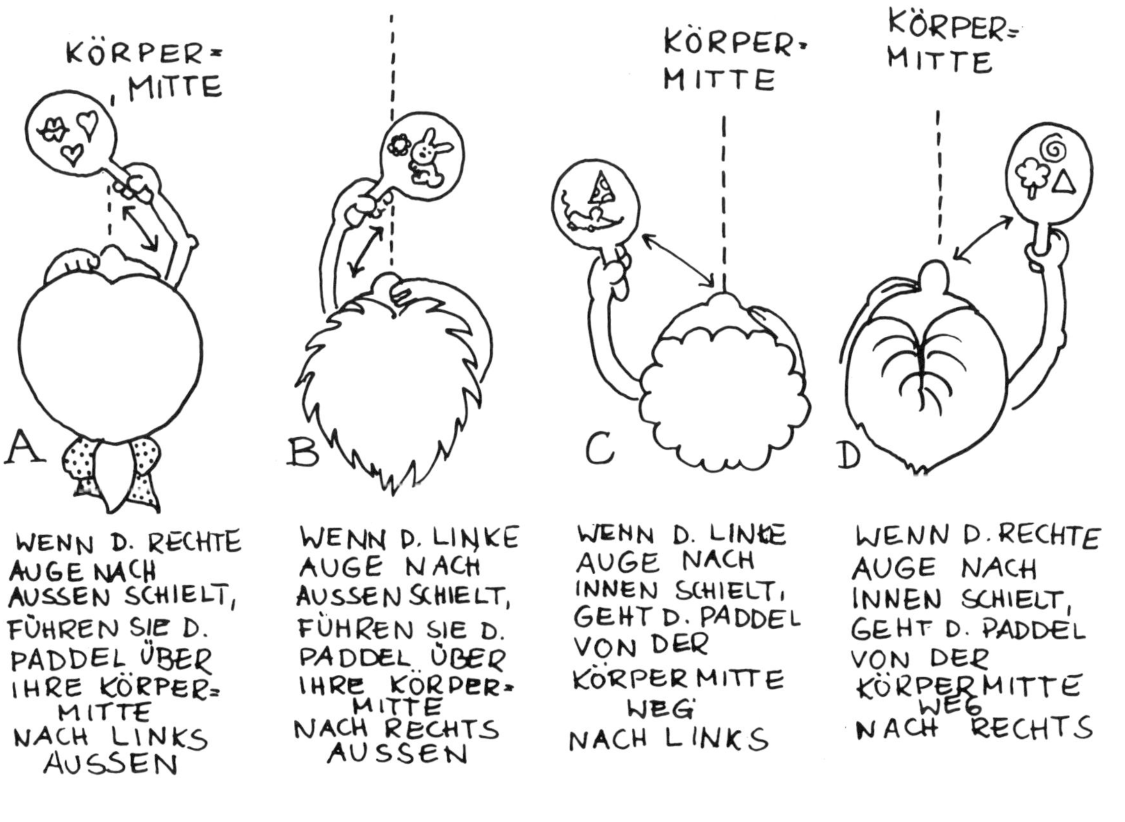

wandernde Auge in die gewünschte Richtung. Wir wollen die verkrampften Muskeln entspannen und für einen ungehinderten Fluß von nervlicher Unterstützung sorgen. Dekorieren Sie Ihr Paddel mit bunten Aufklebern oder Bildchen, die das Auge anziehen. (Aufkleber gibt es in Spielwarengeschäften und Papierwarenläden).

Für ein auswärts wanderndes Auge bedecken Sie das andere Auge und halten das Paddel vor sich. Führen Sie das Paddel von sich weg und wieder auf sich zu, als spielten Sie Posaune. Überqueren Sie dabei die Mittellinie Ihres Körpers. Das Bild wird dabei größer und kleiner. Summen Sie im Rhythmus des Paddelns. Der Summton vibriert in Ihren Knochen und aktiviert die rechte Gehirnhälfte. Das Auge folgt dem Paddel auf seinem Weg über die Körpermitte und läßt sich von ihm in Richtung Nase locken. Vielleicht posaunen Sie auch gerne mit Musik.

Ein einwärts drehendes Auge wird durch das bewegliche Paddel nach auswärts geleitet. Während Sie das andere Auge mit der Handfläche abdecken, „posaunen“ Sie das Paddel von der Nase nach außen, weg von der Mittellinie Ihres Körpers. Wiederum regt Summen und leises Singen das Sehsystem an, während das Auge leichter nach außen gleitet.

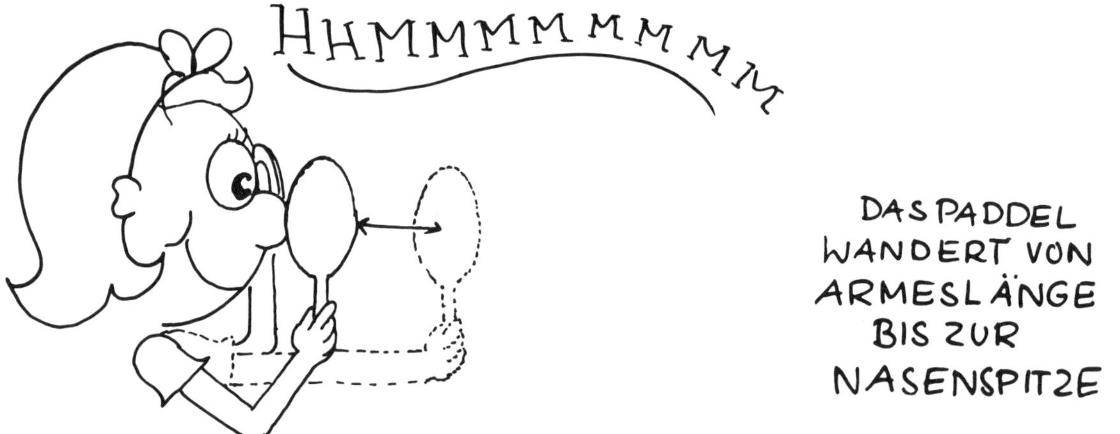

Wenn Sie die erste Stufe der Fusion – das Tor – erreicht haben, können Sie Ihre Augen/Geist-Koordination und Ihre Fusionsflexibilität weiterführen und sich freuen auf:

Der Schmetterling auf der Perle – Fusion II

Nehmen Sie ein etwa zwei Meter langes Stück Schnur. Kleben oder binden Sie ein Ende der Schnur in Augenhöhe an ein Fenster oder einen Stuhl. Setzen Sie sich in etwa zwei Meter Entfernung bequem hin und halten Sie das andere Ende der Schnur in Ihrer Hand, etwa 15 cm vom Kinn entfernt, damit Sie Kopf und

Nase leicht bewegen können. Fädeln Sie eine Holz- oder Glasperle auf Ihre Schnur und schieben Sie sie ungefähr 30 cm von Ihrer Hand weg. (Eine Büroklammer, ein Ring oder eine Schleife aus buntem Garn tun's auch.)

Nachdem Sie jetzt alle Vorbereitungen mit Ihrer Schnur und Perle abgeschlossen haben, schließen Sie Ihre Augen und stellen sich vor, daß Ihr Hausschmetterling durchs Zimmer segelt. (Es darf auch Mathilda, die Stubenfliege, Max, der Marienkäfer oder etwas Exotischeres sein.) Geben Sie dem Tierchen Farbe und Namen. Lassen Sie es summen. Dieser Schmetterling läßt Sie locker bleiben, während Sie eine genaue flexible Fusion entwickeln. Folgen Sie ihm mit Ihrer Nasenfeder. Er führt Ihre Nase in einer fröhlichen Verfolgungsjagd durch das ganze Zimmer, schwebt, segelt behende, vollführt Loopings und Sturzflüge mit der größten Leichtigkeit. Dieses Tierchen läßt sich gerne bewundern, und wenn es Lust zum Ausruhen hat, wird es anmutig auf Ihrer Perle landen.

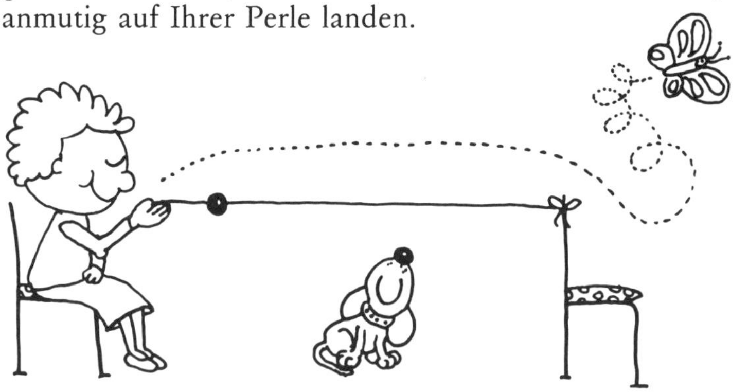

Ziehen Sie mit Ihrer Nasenfeder einen kleinen Kreis gegen den Uhrzeigersinn um das Insekt auf der Perle. Öffnen Sie Ihre Augen und visualisieren Sie es dabei weiterhin. Bemerken Sie, daß sich Ihre Schnur verdoppelt, sobald Ihre Aufmerksamkeit auf Schmetterling und Perle gerichtet ist? Zwei Schnüre begegnen und kreuzen einander jetzt, irgendwo in der Gegend Ihrer Perle. Aha! Ihr Tor hat sich in ein riesiges X verwandelt. Sie nutzen die Botschaften aus beiden Augen gleichzeitig und Ihr Geist und die Augen sind vereint. Wenn Ihr X sich an oder bei der Perle kreuzt, gehen Sie von hier aus weiter zum Abschnitt „Flexibel mit Fusion". Wenn Ihr Schnurkreuz beträchtlich vor oder hinter der Perle liegt, gehen Sie je nachdem zu den Abschnitten „Am Fluß" oder „Die kostbare Muschel" über.

Falls Sie sich irgendwann beim „Perlenspiel" verspannen, anstrengen oder starren, so atmen Sie einfach tief ein, gähnen herzhaft und folgen wieder Ihrem Insekt auf seinem Flug durch den Raum.

Flexibel mit Fusion

Schieben Sie Ihre Perle zu einem anderen Punkt auf der Schnur, während Sie der Luftakrobatik Ihres Insekts folgen. Lassen Sie es wieder auf der Perle landen. Es sitzt und putzt sich einen Augenblick. Dann fliegt es wieder davon, während Sie die Perle heimlich weiterschieben. Tun Sie das, bis Sie mit Ihrer Fähigkeit zufrieden sind, schnell und mühelos ein X zu sehen, ganz gleich, wo Ihr Tierchen landet.

Jetzt hat Ihr kleiner Flugkünstler eine Ruhepause auf der Perle verdient, während Sie selbst alle Bewegungen ausführen. Schieben Sie die Perle mit zwei Fingern näher heran und weiter weg. Ihr lächelndes Insekt erhält sich Ihre Aufmerksamkeit, während es auf der Perle rastet und spazierengefahren wird. Ihr X „zoomt" mit Ihrer Perle näher und ferner. Dieses Fusionsspiel erhält Ihren Akkommodationsmuskel geschmeidig und paßt die Form Ihrer Linse dem Sehen im Fern- und Nahbereich an. Erinnern Sie sich der bereits gelernten Entspannungstechniken, um eventuell sich einschleichende Anstrengungen loszuwerden. Wenn Sie mit diesem Spiel eine flinke, agile und freie Bewegung erzielt haben, brauchen Sie es danach nur noch gelegentlich einzusetzen.

Am Fluß

Wenn sich Ihre Schnur vor Ihrer Perle kreuzt, wollen sich Ihre Augen nach außen entspannen. Sie konvergieren zu sehr. Legen Sie Ihre Schnur beiseite, palmieren Sie und stellen Sie sich vor, Sie stehen an der Quelle eines Flusses, der in seinem weiteren Verlauf immer breiter wird. Folgen Sie dem einen Flußufer immer weiter nach rechts und dann dem anderen immer mehr nach links. (Siehe Zeichnung)

Nehmen Sie Ihre Hände von den Augen und ergreifen Sie

Ihre Schnur. Kehren Sie zur Perle zurück, während Sie die Empfindung und Bilder des sich verbreiternden Flusses im Hinterkopf behalten. Vielleicht ist Ihr X jetzt in der Perle oder näher bei ihr.

Es wäre hilfreich, sich jetzt mit etwas „Posaunen", wie in Abbildung C + D, Seite 169 im Abschnitt „Posaunenzug für wandernde Augen" zu befassen, um Ihre Fähigkeit zur Divergenz zu stärken und Ihre Augen zu veranlassen, sich Ihrer Aufmerksamkeit an der Perle beizugesellen.

Die kostbare Muschel

Wenn sich Ihre Schnur jenseits Ihrer Perle kreuzt, wollen Ihre Augen sich nach innen entspannen. Sie divergieren zu sehr. Legen Sie Ihre Schnur beiseite, palmieren Sie und stellen Sie sich vor, Sie stehen am Meeresstrand. Sie halten eine winzige, schöngeformte Muschel in Ihrer Hand. Schauen Sie sie näher an und bewundern Sie eine Weile ihre Schönheit. Nun öffnen Sie Ihre Augen und fahren mit dem Perlenspiel fort.

Ihr X mag näher zu Ihrer Perle gerückt sein. Glückwunsch! Das „Posaunen" wie in Abb. A + B, Seite 169 wird Ihnen weiterhelfen, Ihre Augen nach innen zu lenken und sich bei der Perle zu Ihrer Aufmerksamkeit zu gesellen.

Fusion im Fernbereich

Manchmal schließen Menschen mit verschwommener Sehkraft im Fernbereich ihre Fusion kurz. Es ist möglich, eine ausgeglichene Fusion im Nahbereich zu haben, während sie in der Entfernung schwankt. Für solche Menschen ist es sinnvoll, wenn sie das eine Ende Ihrer Schnur an einem Fenster befestigen. Setzen

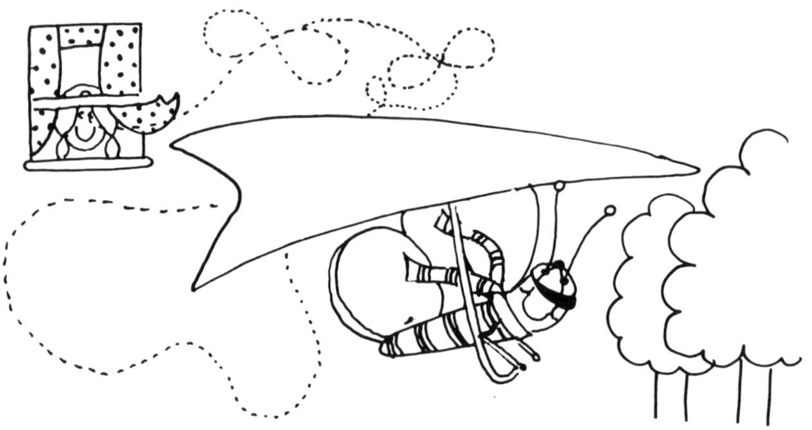

Sie Ihr Insekt in diesem Fall auf einen Drachensegler. Das Insekt (im Trikot seiner Mannschaft) nimmt Anlauf auf der Schnur, bekommt Aufwind und segelt zum Fenster hinaus. Folgen Sie ihm wohlgemut mit Ihrer Nase wie ein treues Hündchen. Da draußen fliegt Ihr Held, dreht Achterfiguren und Pirouetten, bis er endlich heiter auf einem abgelegenen Ast landet, wo Sie ihn zufrieden mit Ihrer Nase in kleinen Kreisen umrunden, während Sie sich bestätigen, daß Ihre Augen in dieser Entfernung völlig ausgeglichen sind und Ihre Fusion vollkommen ist. Tun Sie das, so oft Sie wollen, bis Sie völlig entspannt sind und sich in der Ferne „gut beeinander" fühlen.

Beim Spiel mit Insekt und Perle sitzen Sie entspannt und aufrecht. Entspannt, nicht krumm! Gähnen Sie viel und lächeln Sie.

Erkundungen mit der Augenklappe

Manchmal haben wir uns dazu entschlossen, uns visuell der Umwelt anzupassen, indem wir Abweichungen in unseren Augen entwickeln. Ein Auge mag klar sehen in der Ferne, das andere klar in der Nähe. Manchmal entsteht aus dieser Diskrepanz die Amblyopie, bei der das Gehirn, das Informationen vom Auge empfängt, „abschaltet", obwohl das betreffende Auge organisch vollkommen gesund ist. Manchmal werden die Botschaften der Netzhaut noch genutzt, und die Menschen verwenden beide Augen abwechselnd. Das Chaos, das solche Störungen in unserem Nervensystem auslöst, wird gewöhnlich unterdrückt und verarbeitet. Es ist jedoch durchaus möglich und weitaus besser, das Gehirn durch „Einschalten" zu reaktivieren und somit den Augen Gelegenheit zur Fusion zu geben. Schlagen Sie im Kapitel 12 „die Überkreuzbewegungen" nach, und dann wäre es gut, die Augenklappe aufzusetzen und mit entspannenden Spielen das Gehirn „aufzuwecken". Anschließend

kehren Sie zum vorherigen Abschnitt zurück und lassen das „Tor" entstehen. Für alle, die ihr Sehvermögen in jedem Auge getrennt aufpolieren wollen, ist das Piratenspiel ratsam. Augenklappen bekommt man in Apotheken und Fachgeschäften für Gesundheitsbedarf. Sollte die Benutzung einer Augenklappe einmal Streß verursachen, so führt das genau zum Gegenteil von dem, was Sie erreichen wollen. Tragen Sie die Klappe jeweils nur kurze Zeit, im allgemeinen nur bei Ihren Sehspielen.

Was tun mit der Augenklappe?

Setzen Sie Ihre Augenklappe auf für:

5 Minuten Sonnen. Ja, beide Augen sind dabei geschlossen.
5 Minuten Umwandern mit dem Zauberstift. Öffnen Sie Ihre Augen und machen Sie:
5 Minuten Nah-fern-Schwünge
5 Minuten Vogelschwung
5 Minuten Palmieren ohne Klappe mit Bildern von Symmetrie und Gleichgewicht.

Mit der Augenklappe erleben Sie die unterschiedlichen Persönlichkeiten jedes einzelnen Auges und Ihres Ichs. Erkunden und betrachten Sie die Welten, die Ihre Augen erschaffen.

Schlendern Sie eine Weile durch den Garten mit der Augenklappe. Beschnuppern und begutachten Sie dabei Blumen und Blätter. Schweifen Sie, schwingen Sie und erkunden Sie die Formen und Farben Ihres Reiches. Es könnte ein unerforschtes Gebiet sein, in dem Sie verborgene Schätze entdecken.

Gähnen, gähnen, gähnen Sie!

Wenn ein Auge sich mit der physischen Welt schwerer tut als das andere, schenken Sie ihm Beachtung. Sprechen Sie mit ihm und finden Sie heraus, an welchen subtilen Widerständen es kleben könnte. Malen und skizzieren Sie mit der Augenklappe. Mit welchem Auge funktionieren Sie meistens? Die Leute fragen mich manchmal, ob das „dominante Auge" abgedeckt werden soll! Ja, es gibt ein dominantes Auge, wie es eine dominante rechte oder linke Hand gibt. Es handelt sich dabei um jenes Auge, das Sie beim Schauen durch ein Fernrohr oder einen Kamerabildsucher benutzen. Es kann, muß aber nicht das schärfer sehende Auge sein. Die Frage der Dominanz verblaßt jedoch, wenn wir der Fusion und Integration die größte Bedeutung einräumen.

Nehmen Sie die Augenklappe ab. Sie können Sie jetzt auf das andere Auge setzen und mit dem klareren Auge ein bißchen spielen, wenn Sie Lust dazu haben. Nachdem Sie die Klappe abgelegt haben, erleben Sie mit offenen oder geschlossenen Augen einige Sekunden das „Tor", um die Zusammengehörigkeit Ihrer Augen wieder zu bekräftigen.

Verschmelzende Kreise – Fusion III

Wenn Sie das Tor haben, so bedeutet dies, daß Ihre Augen simultan funktionieren. Wenn Ihr X sich an der Perle kreuzt (dem Punkt Ihrer Aufmerksamkeit), dann ist Ihre Augen/Geist-Koordination gut. Darüber hinaus gibt es weitere Verfeinerungen für die Fusion, welche die Fähigkeit einschließen, zwei leicht unterschiedliche Bilder in eines zu verschmelzen. Denken Sie daran, auch wenn es die Augenmuskeln sind, welche die Augen in die gewünschte Richtung zum Erfassen korrespondierender Daten dirigieren, so ist es immer noch der Geist, der die eintreffenden Bilder zu einem zusammenhängenden Ganzen zusammenschweißt. Der Einfluß der Geisteshaltung wird beim Spiel mit dem ersten Kreispaar deutlich.

Halten Sie die vierte Farbtafel etwa 30 cm von sich weg. Lassen Sie den Punkt Ihrer Aufmerksamkeit über die Buchseite hinausgehen oder davor verharren. (Es geht leichter, wenn Sie dazu einen Finger 15 cm vor oder hinter der Buchseite hochhalten).

Bald werden Sie drei Kreise sehen, wobei der mittlere eine Mischung von Orange und Blau ist. Wenn Sie das Wort „Blau" murmeln, sehen Sie mehr von der blauen Wellenlänge, die vom Papier reflektiert wird. Wenn Sie „Orange" flüstern, nehmen Sie mehr von der Orangefarbe wahr. Farbe gibt es nur in Ihrem Geist. Sie existiert nur, wenn Sie sie erschaffen und gleichzeitig wahrnehmen.

Beim zweiten Paar werden Sie entdecken, daß das Verschmelzen dieser Kreise zu einer dreidimensionalen Wirkung führt. Die beiden leicht verschiedenen Kreise ergeben dank der Integrationsfähigkeit Ihres Gehirns diese wundervolle Illusion der Tiefe.

Viele von uns werden auf dem Pfad der Technologie zu einem Sessel geführt, der vor einem Computer-Terminal steht. Die Belastung der menschlichen Augen und des Gehirns bei der Verarbeitung des Ausstoßes der elektronischen Datenbanken werden durch gute Bezahlung wettgemacht. Der Preis ist oft eine zersetzende Wirkung auf unsere Ausdauer und Lebenskraft und unsere geistige und körperliche Gesundheit. Ein Augenarzt aus Adelaide (Südaustralien) sagte kürzlich: „Nichts hätte als Verbindungsstück zwischen Mensch und Maschine schlechter konstruiert werden können als die zur Zeit benutzten Datensichtschirme." Ein spezielles Ergebnis des stundenlangen Sitzens dicht vor den Bildschirmen und Computerausdrucken ist die Erschöpfung der Fusionsreserven. Dies ist die Fähigkeit, unter allen Umständen mühelos Fusion zu erhalten. Einige Menschen haben davon reichlich und sind imstande, in ihrem neuen Bürojob (visuell) relativ glücklich zu funktionieren. Andere besitzen nicht so viele Fusionsreserven und fühlen sich erbärmlich in ihrem Beruf. Bankkassierer zum Beispiel, die nie zuvor Probleme mit ihren Augen hatten, stellen fest, daß ihre Augen müde, gereizt und verschwommen werden, nachdem ihre altgewohnten Stapel gedruckter Listen durch stationäre Datenschirme ersetzt wurden. Wenn Sie sich in einer derartigen Zwickmühle befinden, sollten Sie die grundlegenden Entspannungsaktivitäten aus diesem Buch während des Tages regelmäßig durchführen und mit den „Rosenbüschen" auf Farbtafel 4 spielen.

Beginnen Sie oben, verschmelzen Sie die beiden Rosenbüsche wie Sie es mit den vorhergehenden Kreisen getan haben. Dann gehen Sie nach unten und verschmelzen Sie jedes Paar Rosenbüsche nacheinander. Wenn Sie das untere Paar erreichen, haben Sie Ihre konvergierende Fusionsfähigkeit wesentlich verstärkt – eine wichtige Voraussetzung für viel Arbeit im Nahbereich.

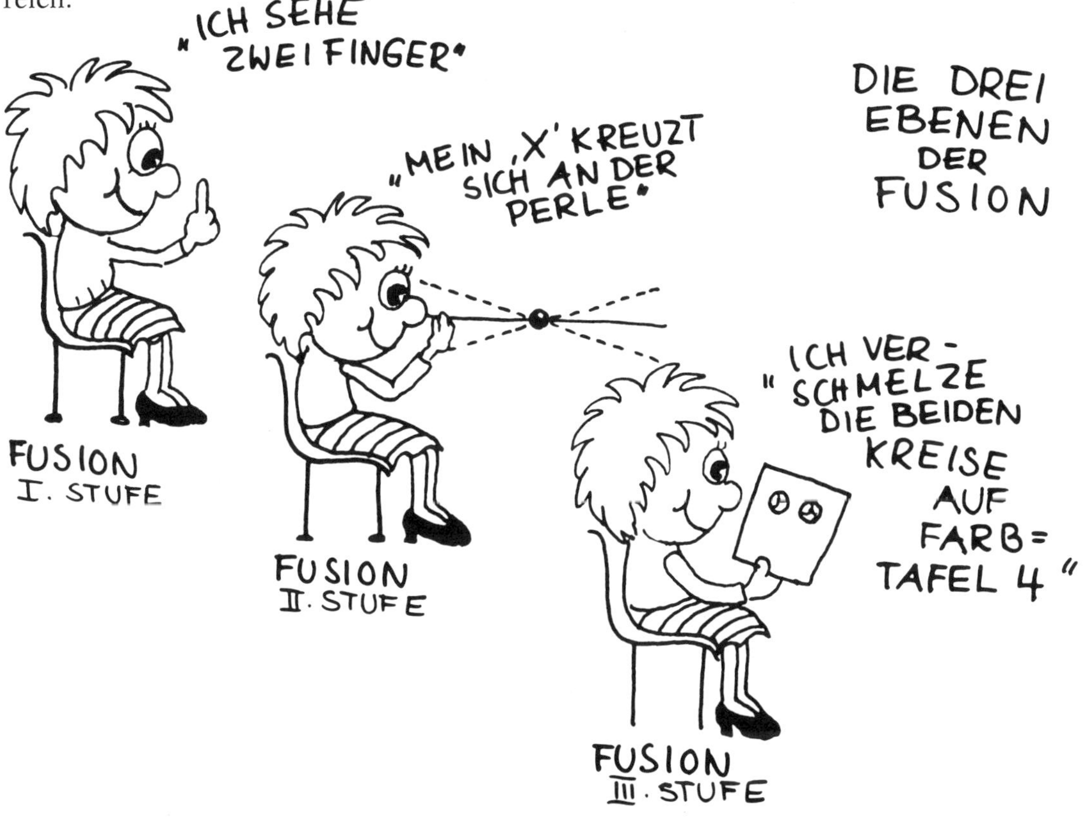

Kapitel 14

Nah und fern mühelos lesen

Agonie oder Ekstase?

Die meisten unter uns lernten im Alter von vier bis acht Jahren lesen. Einige von uns waren mit sechs oder sieben Jahren bereit und fähig zum Stillsitzen und zur Konzentration der linken Gehirnhälfte, die zum Erwerb der neuen Fähigkeiten zur Interpretation symbolischer Sprache nötig sind. Andere nicht.

Paul Dennison, Doktor der Erziehungswissenschaften, äußerte sich zu den traditionellen Erziehungsmethoden wie folgt: „Die Amerikaner scheinen unbeirrbar daran zu glauben, daß Materialien und Computer die Probleme des Analphabetentums lösen können. Millionen Dollar an Steuergeldern sind in neue Lesesysteme, für Maschinen und Computertechnologien investiert worden, während man die ‚Maschine Mensch', für die alle diese Mittel bestimmt waren, unbeachtet ließ. Die amerikanischen Erzieher neigen dazu, *das Kind den Arbeitsmaterialien anzupassen.* Sie komplizieren das Problem statt zu begreifen, wie Menschen besser und erfolgreicher lernen können."

Wenn der Schuh paßt, können wir Ihn auch in anderen Ländern überziehen. Diejenigen unter uns, die mit glänzenden Augen und voller Eifer ihren ersten Schultag antraten, gerieten vielleicht bald in einige heute noch ungelöste emotionale Sandbänke, in denen wir unsere unschuldigen Hoffnungen zerbrochen und unerfüllt zurückließen. Wenn ich heute bei Seminaren und Kursen zum Thema Lesen komme, so bitte ich die Erwachsenen aufzustehen und *laut vorzulesen.* Die Überbleibsel früherer Schulerfahrungen flackern in Form von Widerstreben und Unbeholfenheit auf, und die Druckbuchstaben verschwimmen plötzlich vor den Augen. Alle sehen sich plötzlich in die Zeit der Zöpfchen und Ringelsöckchen zurückversetzt. Erinnerungen an bestimmte böse Erfahrungen, Erniedrigungen und Hänseleien durch Lehrer und Klassenkameraden stoßen auf.

Einer meiner nettesten und am schnellsten reagierenden Schüler, anfangs stark kurzsichtig und 37 Jahre alt, stöhnte: „Meine Eltern glaubten bis zu meinem zwölften Lebensjahr tatsächlich, ich sei geistig behindert. Dann lernte ich Klavierspielen. Zum ersten Mal fühlte ich mich glücklich. Anschließend brachte ich mir selber das Lesen bei." Eine optimistische, temperamentvolle Frau von sechsundfünfzig Jahren, die zwanzig Jahre eine Privatschule leitete, sagte: „Alle meine Familienangehörigen lernten früh lesen, nur ich nicht. Niemand wußte, daß meine ältere Schwester mir jeden Abend vor dem Schlafengehen laut und dramatisch vorlas. Mir kam dabei nie der Gedanke, daß ich ebenfalls das Lesen erlernen sollte. Also war ich das Schwarze Schaf in unserer Familienchronik, als man mich einschulte."

Wir helfen diese alten Narben auflösen, indem wir unsere Stirnbeinhöcker berühren und sagen: „Ich bin ein wundervoller Leser" oder „Ich bin ein umwerfender, unterhaltsamer und großartiger Leser" und „Ich lese gern, und ich lese mir selber und meinen Freunden gern laut vor". Anschließend wird über Kreuz maschiert, am besten einige Minuten lang. (Siehe Kapitel 12, „Sehen mit dem ganzen Gehirn").

Die Veränderung in Haltung und Darstellung der einzelnen ist eindrucksvoll und für alle sichtbar. Erwachsene mit verschiedenen Arten von Lesebrillen sehen jetzt ohne Brillen scharf und haben große Freude beim lauten Vorlesen von Geschichten. Oft kommt ihre lange unterdrückte Freude am Lesen, am Theaterspiel und an der Fantasie zum Ausdruck. Ihre Augen und Gemüter strahlen auf, und der Druck erscheint klar.

Lesen ist potentiell eine große Freude. Es kann uns in die Hallen der Gelehrsamkeit und auf die Schauplätze des Selbstausdrucks und der Hochleistung in Schule und Geschäftsleben führen. Zum ungehinderten, vollendeten Lesen wollen unsere Augen beweglich sein, gut fusionieren und leicht akkommodieren (im Nahbereich scharf sehen). Ein Gehirn, das vollständig „eingeschaltet" ist, sowie eine positive Haltung sind die wichtigsten Bestandteile zum Umwandeln unserer Leseerfahrung. Zu diesem Zweck nehmen wir den „großen weißen Glanz" in unser Repertoire auf – einen Lesestil, der mit der Physiologie des Sehens in Einklang steht und Ihnen die Brillen fürs gedruckte Wort erspart.

Alterssichtigkeit – muß das sein?

Man sagt so im allgemeinen: „Sie sind jetzt 45? Hmm??? Werden Ihre Arme allmählich zu kurz? Ach, ja – wir haben alle schon bessere Tage erlebt. Zeit, sich eine modische, schicke Lesebrille zuzulegen ..." Es ist alles ein Teil des natürlichen Alterungsprozesses. Die Linse des Auges wird mit zunehmendem Alter steifer. Als einziges Heilmittel werden Brillengläser angeboten – und die meisten Menschen erliegen. Wir werden von der allgemein vorherrschenden Meinung beeinflußt. Einem Schüler,

dem ein befreundeter Augenarzt gesagt hatte, er würde mit 42 Jahren eine Lesebrille benötigen, verschwammen schlagartig am Morgen seines zweiundvierzigsten Geburtstages die Buchstaben. Wir glauben, keine Wahl zu haben. Man gibt uns zum Thema „Wie erhält der Mensch die Flexibilität seiner Akkommodiation" keine Broschüre im umsatzträchtigen Optikergeschäft. Zahlreiche Menschen wehren sich hartnäckig gegen die Brille, und ihre Stirn wird schließlich vom Augenkneifen oder weil sie unnötigerweise ihre Freude am Lesen opfern, ganz zerfurcht. So ergeht es den meisten – Ausnahmen sind Schüler der Natürlich-besser-sehen-Methode und diejenigen, die das Altern als kulturell programmiert erkennen und ablehnen. Gewiß ergeben sich organische Veränderungen, wenn die Zahl unserer Lebensjahre steigt. Aber viele Menschen erhalten sich ihre körperliche und geistige Beweglichkeit durch Training und Ernährung. Sie haben immer eine Wahl. Entweder rutschen Sie im allgemeinen Trend mit ab, lassen die Muskeln erschlaffen, nehmen eine verschlechterte Gesundheit hin und werden zum Stubenhocker, oder aber es geht Ihnen besser, je älter Sie werden. Sie könnten sogar aktiver werden, eifriger lernen, weiser werden und voller Selbstachtung. Sie könnten mehr nach außen gehen, Ihre Erfahrung nutzen, gesünder werden und Ihre Beziehung zum Leben verfeinern.

Es ist genauso möglich, Ihren Augen die Lesebrille zu ersparen wie Sie Ihren Knochen die Krücken ersparen können. Erwägen Sie folgende Faktoren, wenn Sie Ihre Lesesehkraft erhalten oder zurückgewinnen wollen:

1. *Die fortgesetzte Flexibilität Ihrer Linse:* Die Linse im Auge verändert ihre Form, um zu akkommodieren und mit Ihrem Geist zu kooperieren, und ermöglicht so klares Sehen im Nah- und Fernbereich. Richtet sich Ihre Aufmerksamkeit auf den Nahbereich, wird die Krümmung Ihrer Linse steiler. Liegt Ihre Aufmerksamkeit im Fernbereich, so flacht sich die Linse ab. Bitte beachten Sie die Tatsache, daß Ihre Linse niemals stillhält. In gesundem und lebendigem Zustand pulsiert und verändert sie sich ständig. Dies erfolgt durch die Verbindung mit dem Ziliarmuskel, der vom Hypothalamus (dem emotionalen Zentrum im Gehirn) gesteuert wird.
2. *Der Gebrauch von Lesebrillen:* Der Gebrauch von Lesebrillen (Vergrößerungsgläsern) behindert die Arbeit von Ziliarmuskel und Linse: das Anspannen und Entspannen, das die Linsenkrümmung verändert. Diese Lesebrillen lassen Gedrucktes größer erscheinen und machen so eine Veränderung der Linsenkrümmung über-

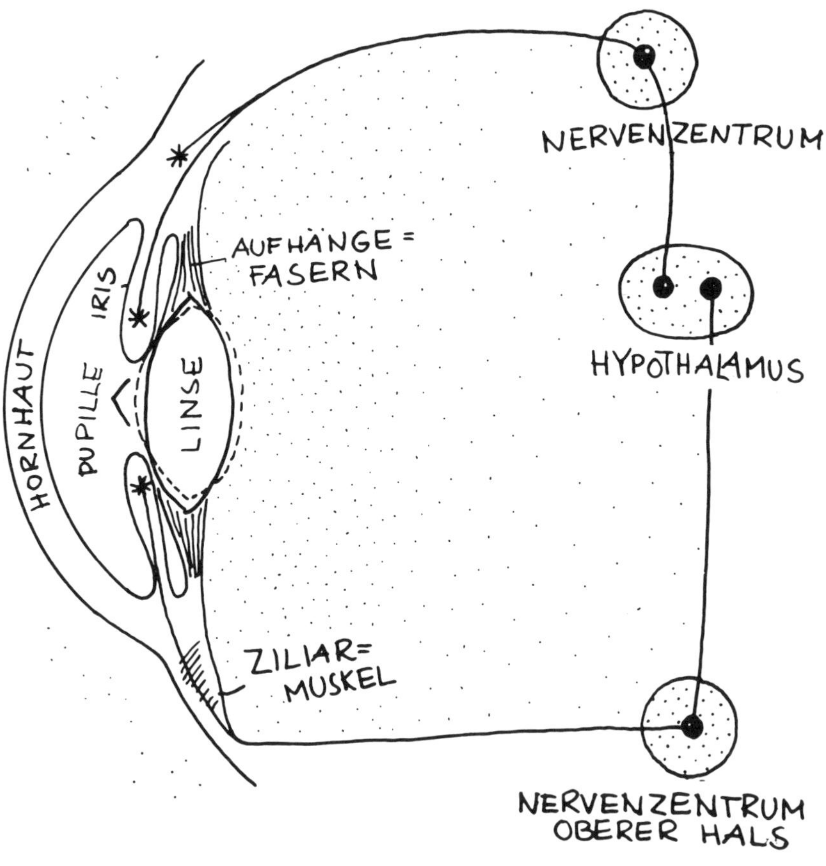

flüssig. Hinter Brillengläsern üben Ihre Augen ihre Akkomodationsfähigkeit nicht mehr aus. Deshalb ist das Annehmen einer Lesebrille stets eine Falle. Sobald Sie eine Lesebrille benutzen, werden Muskeln und Linse immer träger und weniger leistungsfähig. Also verschreibt man Ihnen beim nächsten Augenarztbesuch stärkere Gläser. Sogar Leute, die sich ihr ganzes Leben lang einer hervorragenden Sehschärfe erfreuten, verlieren nach dem Griff zur Lesebrille bald ihre gute Fernsicht.

Nah-fern-Schwung im peruanischen Hochland

Das Erhalten und Wiederherstellen der Flexibilität Ihrer Linsen und Akkommodationsmuskeln liegt im Bereich Ihrer Fähigkeiten. Der Nah-fern-Schwung und das Posaunen helfen dabei.

In Kapitel 6 lernten Sie einige Vorzüge des Nah-fern-Schwungs und seine Anwendung beim Autofahren und zur

Ausdehnung des Sehfeldes kennen. Jetzt können Sie eine Form des Nah-fern-Schwungs speziell zur Stärkung Ihrer Akkommodationsfähigkeiten und Erhaltung ihrer Linsenflexibilität praktizieren. Setzen Sie sich in einen Sessel, schließen Sie Ihre Augen und stellen Sie sich vor:

Sie rasten am Abhang eines grünen Hügels in den Bergen Perus. Sie atmen die Luft des Hochgebirges. Kristallklare, reine Luft. Malen Sie den durchsichtigen, blauen Himmel über sich mit Ihrem dicksten Malpinsel. Wiesen breiten sich um Sie aus, übersät mit kleinen gelben Blumen. Gleiten Sie mit Ihrem Malpinsel über das Gras. Die glänzenden Blumen und Grashalme kitzeln Ihren Geist, und Ihre Augen entspannen und schwingen frei. Die Sonne wärmt Ihre Schultern. Stellen Sie sich die Hochebenen vor, die sich weit bis zum Horizont erstrecken. Das Land ist flach und bietet Ihnen eine interessante Ansicht, in die Sie mit Ihrem Pinsel skizzieren. Formationen aus uralten verwitterten Felsblöcken liegen auf dieser Ebene. Die gewaltigen Steinquader wurden ohne Mörtel zusammengefügt. Sie entdekken niedrige Mauern und Straßen und folgen ihnen mit Ihrer Nase. In der Ferne, weit hinter dem Flachland, liegen Berge. Fahren Sie die violetten Bergkuppen nach. Atmen Sie diese Weite ein. Direkt vor Ihnen strahlt die Sonne eine Reihe flacher Felsen an, die sich in gerader Linie bis zum Horizont erstrekken. Folgen Sie der Felsenreihe weit in die Ferne. Hat Ihre Nase den am weitesten entfernten Punkt erreicht, so zeichnen Sie einen Kreis im entgegengesetzten Uhrzeigersinn. Jetzt atmen Sie alle Luft aus Ihren Lungen, atmen kräftig wieder ein und lassen Ihre Nase und Aufmerksamkeit auf der felsengepflasterten Straße zurückgleiten, bis Ihr Kinn Ihre Brust berührt. Ihre Nase beschreibt einen Kreis mitten auf Ihrem Bauch. Atmen Sie nochmals tief aus und ein. Gleiten Sie wie zuvor wieder hinaus in die Ferne. Bewegen Sie sich langsam und gründlich. Die Entfernung besteht nur in Ihrem Kopf. Sie können sich die Entfernung vorstellen, ebenso die Nähe. Gewöhnen Sie sich an dieses Nah- und Fern-Schwingen und genießen und aktivieren Sie es. Ihre physischen Augen freuen sich.

Posaunenzug

Besorgen Sie sich ein Paddel. Sie finden Paddel als Schläger für Kinderspiele in Spielzeugläden oder Sportgeschäften. Sie können sich auch eines aus steifem Karton zurechtschneiden. Streichen Sie es einfarbig, am besten in einer dunklen Farbe, schwarz oder blau, damit die farbigen Bildchen, die Sie darauf kleben, gut davon abstechen.

Schmücken Sie Ihr Paddel mit Abziehbildern, farbigen Punkten oder Aufklebern (Ihre Enkelkinder stiften vielleicht einen Beitrag dazu aus ihrer Sammlung). Ausschnitte aus Zeitschriften, auch ein bis zwei Druckzeilen (lassen Sie den weißen Untergrund dabei stehen), sind gleichfalls nützlich. Seien Sie bei diesem kleinen Vorhaben kreativ.

Ihr Paddel sollte in Ihre Tasche oder Handtasche passen. Sie könnten auch mehrere Paddel in unterschiedlichen Größen anfertigen, weil der Wunsch zu „Posaunen" oft in den eigenartigsten Situationen auftaucht.

Bedecken Sie Ihr linkes Auge mit Ihrer linken Hand. Nehmen Sie Ihr Paddel in die rechte Hand und führen Sie es vor Ihrem rechten, offenen Auge vor und zurück, nah und fern, von Ihrer Nasenspitze bis zu voller Armlänge. Beginnen Sie mit dieser gleitenden Bewegung zunächst langsam und werden Sie dann schneller (es kräftig sowohl Ihre Bizeps- und Trizepsmuskeln als auch Ihre Ziliarmuskeln). Im Rhythmus Ihrer Bewegung dazu summen, tönen oder laut posaunen ist gut. So etwas kann erstaunlich unterhaltsam sein, vor allem, wenn Kinder im Haus sind. Posaunen Sie etwa zwei bis drei Minuten, bewegen Sie dabei das Paddel immer der Nase nach: geradeaus oder leicht nach innen. Wenn eines Ihrer Augen oder beide wandern, lesen Sie über den Posaunenzug für Augen auf Wanderschaft in Kapitel 13 nach.

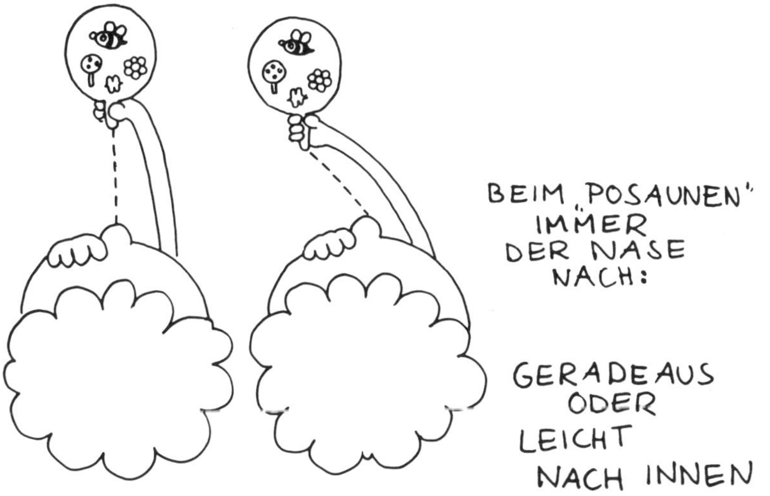

Dann posaunt die andere Seite. Bedecken Sie Ihr rechtes Auge mit Ihrer rechten Hand, und paddeln Sie vor Ihrem linken Auge.

Das Posaunenspiel wird so oft wie möglich für jeweils kurze Zeit betrieben. Es wärmt Sie fürs Lesen auf. Praktizieren Sie es einige Sekunden vor der Lektüre Ihrer Morgenzeitung oder vor der abendlichen Lesestunde. Spielen Sie Posaune, um die Akkommodationskräfte anzuregen, bevor Sie „den großen weißen Glanz“ kennenlernen, Ihren neuen Lesestil, der jetzt folgt.

Die Vorzüge des Posaunenspiels sind nicht auf Menschen mit Lesebrillen und Altersweitsichtigkeit beschränkt. Posaunen nützen auch kurzsichtigen, weitsichtigen und astigmatischen Personen. Bei den Kurzsichtigen aktiviert das Posaunen die Netzhautnerven, weckt die Sehzellen im Gehirn und versorgt das ganze Sehsystem mit Energie. Bei Weitsichtigen und Astigmatikern führt es zu Beweglichkeit beim Sehen im Nahbereich.

Der große weiße Glanz

Weißes Papier reflektiert praktisch alles darauf fallende Licht, während schwarze Farbe fast alles Licht schluckt. Weil unser Sehapparat durch Licht aktiviert wird, sehen und erkennen wir die Formen schwarzen Drucks, indem wir die weißen Flächen rings um die Druckbuchstaben wahrnehmen.

Das Lesen ist eine Situation, bei der wir alte Annahmen revidieren müssen. In der Schule wurde uns beigebracht, „den Buchstaben anzuschauen“ und „das Wort anzuschauen“. Das schien uns beim Lesenlernen zu helfen, solange das Schauen auf den buchstäblich unsichtbaren schwarzen Druck uns nicht davon abhielt, den weißen Raum um die Buchstaben wahrzunehmen (selbst wenn dieser Aspekt des Lesens nie erwähnt wurde). Wenn wir unsere Lesesehstärke wiederherstellen oder entspannen wollen, bemühen wir uns nicht mehr, das Schwarze zu sehen, sondern stellen uns intensiv auf das umgebende Weiß ein.

Das gleiche Konzept trifft auf Sehprobentafeln in der Entfernung zu. Der Kampf um das Erkennen nicht sehbarer schwarzer Buchstaben führt zu weiteren Verspannungen und zu fortgesetztem verschwommenem Sehen. Die Antwort auf verschwommenes Sehen beim Betrachten von Papier in jeder beliebigen Entfernung besteht darin, daß man mit dem „großen weißen Glanz“ eng vertraut wird.

Suchen Sie sich ein Stück weißes Papier ohne Aufdruck oder Beschriftung. Ein Fetzen genügt oder die Rückseite einer Visitenkarte oder eine weiße Seite in einem Buch. Halten Sie das Papier in bequemer Entfernung vor sich (18 bis 44 cm genügen). Sehen Sie, wie es reflektiert und wie intensiv die weiße Farbe ist? Schließen Sie jetzt Ihre Augen und lockern Sie Ihre Arme. Malen Sie mit Ihrem Nasenpinsel ein weißes Ei. Dieses Ei ruht in der Morgensonne auf einem frisch gewaschenen und gestärkten weißen Spitzendeckchen.

Das weiße Deckchen liegt auf einem weiß lackierten, runden Tisch. Die Sonne scheint auch auf eine Milchglasvase mit einem Strauß Margeriten. *Stellen* Sie sich *vor,* daß Sie mit dem Finger das leuchtende Weiß eines Blütenblatts berühren. Eine weiße Suppenschüssel voll frischen Schnees erscheint. Dann beklopfen Sie das glänzend weiße Ei, betasten das Spitzengewebe, streichen über den weißen Glanz des Tisches und kosten den kühlen, sauberen, weißen Schnee. Weiß füllt Ihren Kopf und Ihre Vorstellung. Strahlendes, klares, sonnenbeschienenes Weiß. Während Sie dieses Weiß genießen, öffnen sich Ihre Augen und schweifen noch einmal über Ihr weißes Papier, das Sie wieder aufgenommen haben.

Ist es jetzt weißer als vorher? Diese Steigerung Ihrer Aufnahmebereitschaft für Weißtöne beruht auf Ihrer Vorstellung des Weißen. Dies erlaubt Ihnen: entspannt zu sehen, sich gut auf Weiß einzustellen und die saccadischen Bewegungen zum bequemen Lesen anzukurbeln.

AUGENBEWEGUNGEN BEIM LESEN (NACH YARBUS)

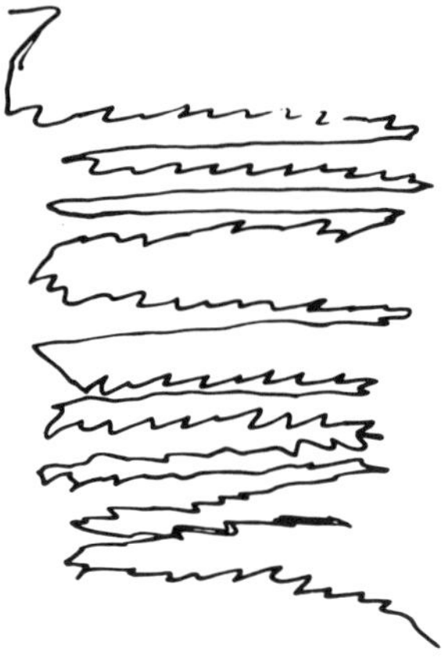

Die Augen und das gedruckte Wort

Lesen bedeutet Augen und Verstand über Sprachsymbole hinweg führen und einen Sinn darin finden. Dazu gehören die linke und rechte Gehirnhälfte sowie eine entspannte, dynamische Sehweise. Unsere linke Gehirnhälfte befaßt sich mit dem Klang und der Logik der Worte, während die rechte den Überblick über das ganze Gesichtsfeld behält und für Rhythmus und dramatischen Ausdruck zuständig ist.

Die Augen selbst umtanzen die Worte, greifen die Formen auf und melden sie den beiden Gehirnhälften und dem Sehzentrum. Die Zeichnung gibt Augenbewegungen beim Lesen wieder. Im Rahmen einer fließenden Bewegung von einer Seite zur anderen hüpfen die Augen in den kleinsten und schnellsten Saccaden um einzelne Buchstaben. Alfred Yarbus, ein Forscher auf dem Gebiet der Augenbewegungen, stellte fest, daß beim Lesen von Gedichten längere „Fixierungen" (der Name für nukleares Sehen in der Fachsprache) stattfinden, während die Gedanken bei einer besonderen Idee oder einem Bild verweilen. Yarbus schließt daraus, daß das Lesen eines gedruckten Textes völlig von der Fovea centralis gesteuert wird. Längere „Fixierungen" weisen darauf hin, daß das Auge, um zu kooperieren, sich um ein bestimmtes Wort herum bewegt, während der Geist ein dazu passendes Bild herbeischafft. Kein Wunder, daß das laute Vorlesen von Gedichten sich als besonders wirkungsvolles Mittel zur Stimulierung des gesamten Gehirns erwiesen hat. „Linkshirnworte" verbinden sich mit „Rechtshirnbildern".

Andererseits haben Untersuchungen ergeben, daß die Augen von Lesern, die beim lauten Lesen unbeholfen sind und ins Stolpern geraten, *zu* lange an einem bestimmten Wort kleben, so daß man fast von einem „optischen Stottern" sprechen kann. Die Augen verweilen außerdem bei Worten, die gerade ausgesprochen wurden, statt der Stimme vorauszueilen, wie es üblich ist, wenn der Leser mit Schwung, Leichtigkeit und Freude vorträgt. E. A. Taylor, der Forschungen über einen talentierten Leser durchführte, stellte fest, daß der betreffende junge Mann pro Minute 220 bis 600 Worte lesen und vollständig erfassen konnte, wobei er jeweils einige Worte oder einen ganzen Satz mit nur einer kurzen saccadischen Fixierung ergriff. Daraus läßt sich schließen, daß seine linke und rechte Gehirnhälfte phänomenal integriert waren und daß er beim Sehen mit der Fovea ungewöhnlich beweglich war.

Der weiße Walzer: Übergleiten zu mühelosem Lesen

Tauchen Sie den Zauberpinsel an Ihrer Nasenspitze in einen riesigen Eimer der weißesten Farbe, die Sie sich vorstellen können. Beginnen Sie an der Oberkante einer weißen Karte mit schwarzen Buchstaben (z. B. die Lesetafel am Schluß dieses Buches). Klatschen Sie mit kräftigen Pinselstrichen eine dicke Schicht weißer Farbe auf die Karte, bis sie im denkbar weißesten Superweiß strahlt.

Tragen Sie viel weiße Farbe längs der Kanten der Karte auf. Dort erkennen Sie vielleicht einen schmalen, weißen Streifen.

Das ist der erste Hinweis auf die Existenz des weißen Glanzes. Falls Sie den weißen Streifen an der Kante nicht vorfinden, dann *tun Sie einfach so, als ob* er vorhanden wäre und fahren fort. Er mag später ganz spontan auftauchen, wenn Sie jetzt die „Als-ob-Tür“ öffnen.

Malen Sie einen weißen Kreis im Gegenuhrzeigersinn um einen der größten Buchstaben. Bemerken Sie einen weißen Glorienschein, eine Aura, einen weißen Lichthof um diesen Buchstaben? Das ist der große weiße Glanz. Der weiße Glanz erscheint zuerst längs der Kanten des Papiers und dann an den Umrissen der Buchstaben. Wir nehmen die schwarzen Buchstaben durch das weiße Licht wahr, das die Form um sie herum bildet. Die Druckerschwärze der Buchstaben schickt unseren Augen keine Information. Schwarz absorbiert alles Licht. Wenn Sie also angestrengt versuchen, den schwarzen Buchstaben zu sehen, begehen Sie einen verbreiteten Irrtum. Wer versucht, Schwarz zu sehen, setzt sein Gehirn unter Druck, das protestiert: „Ich bekomme doch gar keine Informationen von dieser Druckerschwärze! Warum besteht der Chef darauf, daß ich aus einer Sache, die ich nicht fassen kann, einen Sinn heraushole?

Der weiße Untergrund ist der Schlüssel zum entspannten Lesen und zum Entdecken der Fähigkeit, Buchstaben in jeder beliebigen Entfernung und Größe klar zu sehen. Der Dreiertakt beim weißen Walzer lautet:

1. Malen Sie weiß um den Buchstaben.
2. Schließen Sie Ihre Augen und malen Sie weiß um den Buchstaben. Steigern Sie die Intensität der weißen Farbe.
3. Öffnen Sie Ihre Augen und malen Sie weiß um den Buchstaben.

Nach dem Öffnen Ihrer Augen mag das Weiß heller und sauberer als zuvor erscheinen. Wenn das Weiß weißer wird, muß das Schwarz schwärzer werden. Das Ergebnis ist ein stärkerer Kontrast zwischen Druckerschwärze und Papier. Die Buchstaben werden klarer. Tanzen Sie im Dreierschritt um die größeren Buchstaben weiter. Lassen Sie sich Zeit. Ruhen Sie sich oft durch Palmieren, Sonnen, Strecken und Gähnen aus. Walzen Sie mit dem Malerpinsel im Dreiertakt zu den kleineren Buchstaben.

Der große weiße Glanz ist rings um die großen und kleinen Buchstaben auf Ihrer Karte zu Hause. Größe bedeutet deshalb keinen Unterschied. Sie sind imstande, kleine Buchstaben in der Nähe und große Buchstaben in der Ferne scharf zu sehen.

Glänzend lesen

Nachdem Sie sich auf die weißen Flächen um die Buchstaben und Worte eingestimmt und Ihre Akkommodationsfähigkeit mit dem Paddel auf Schwung gebracht haben, ist es an der Zeit, den „weißen Glanz“ in den Leseprozeß aufzunehmen. Nehmen Sie

einen leichten und angenehmen Lesestoff her. Sonnen Sie ein paar Minuten, palmieren Sie ein bißchen und posaunen Sie ein wenig. Ihre Hand ist immer in Reichweite, falls das für Ihr Paddel gerade nicht zutrifft. Setzen Sie sich bequem zum Lesen hin. Das Licht soll von hinten, von oben oder von der Seite einfallen (von der linken Seite, falls Sie Rechtshänder sind, und von der rechten Seite, falls Sie Linkshänder sind). Die beste Beleuchtung im Zimmer wäre eine Glühbirne von mindestens 100 Watt, die ihr Papier direkt anstrahlt. Sie können sich auch nach draußen ins volle Sonnenlicht setzen. Wenn Sie noch Probleme mit direkt einstrahlendem Sonnenlicht haben, setzen Sie sich in den Schatten.

Beginnen Sie, mit Ihrem Nasenpinsel weiße Farbe von links nach rechts auf die Druckzeilen in Ihrem Buch zu streichen.

STELLEN SIE SICH
DEN WEISSEN STREIFEN VOR

Blinzeln Sie locker und leicht dabei. Stellen Sie sich beim Malen vor, daß das Weiß lebendig ist und sich in Ihrem Hinterkopf wohl fühlt. Ihr Gehirn ist mit den Formen der Buchstaben und Worte vertraut. Es erfaßt automatisch den Sinn dieser Figuren, die Sie schon so oft gesehen haben. Jetzt ist es Zeit, sich beim Lesen an den Gebrauch des „weißen Streifens" zu gewöhnen. Der „weiße Streifen" ist ein Abkömmling des „großen weißen Glanzes", mit dem Sie den „weißen Walzer" tanzen. Der Glanz verwandelt sich von einem Kreis um die Buchstaben in einen weißen Streifen, den Sie quer durch die Druckzeilen malen. Es ist ganz in Ordnung die schwarzen Druckbuchstaben zu übermalen, sie setzen sich ganz von allein wieder durch.

Nehmen Sie nun die Lesekarte am Schluß dieses Buches zur Hand und streichen Sie mit Ihrem weißen Nasenpinsel weiße Farbe quer durch die größten Druckzeilen. Übermalen Sie die gleiche Zeile mehrmals und lassen Sie dabei den „weißen Streifen" oder die Spur des „weißen Glanzes" zum Vorschein kommen. Gehen Sie fortwährend locker atmend, blinzelnd und malend allmählich zu den immer kleiner werdenden Druckzeilen über. Wenn Sie am Ende jedes Abschnitts ausruhen, Ihre Augen schließen und etwas Weiß um das letzte Wort pinseln, stellen Sie fest, daß Ihre Augen zu genau dem Wort zurückkehren, das Sie in Ihrer Vorstellung mit einer weißen Aura erfrischt haben.

Es tauchen oft Fragen zu den Techniken des Schnellesens auf. Jene Art von Schnellesen, die eine Subvokalisierung ausmerzt, ist am ehesten mit den Spielen zur Verbesserung des Sehvermögens in diesem Buch vereinbar. Subvokalisieren bedeutet, daß Sie jedes Wort beim Lesen stumm formulieren. Dadurch wird das Lesen beträchtlich verlangsamt. Über etwas reden dauert viel länger als etwas sehen. Der „weiße Glanz" dämpft die Angewohnheit des Subvokalisierens, weil das verbale Gehirn mit dem inneren rhythmischen Gedanken „weiß – weiß – weiß" beschäftigt ist. Nach einiger Zeit verblaßt auch dieser Gedanke und Sie sind imstande, mit Hilfe des weißen Streifens lang und ausdauernd zu lesen.

Der weiße Glanz auf Sehprobentafeln

Wenn Sie Buchstaben auf weißes Papier drucken und sie in einiger Entfernung aufhängen, so verwandeln sie sich in Sehprobentafeln. Der „große weiße Glanz" liebt Augenprüftafeln. Durch den „weißen Walzer" verwandeln sich Prüftafeln von Feinden in Verbündete. Walzen Sie den weißen Dreierschritt vor

allen (improvisierten oder offiziellen) Testtafeln. Ein Bild mit viel Weiß: verschneite Berge, weiße Blumen, ein weißes Segelschiff oder irgend etwas Weißes in der Nähe unterstützen Ihre Vorstellungskraft und erhalten Ihr Weiß glänzend. Verteilen Sie weiße Dinge im Zimmer oder Garten: ein Taschentuch, Watteböllchen oder weiße Textilien. Spielen und erfinden Sie Ihr eigenes Weiß-in-Weiß-Spiel, und wandern Sie von einer weißen Fläche zur anderen. Schweifen Sie über das Weiß der Augenprüftafel mit der gleichen Lässigkeit, mit der Sie andere weiße Objekte umwandern. Umkreisen Sie dann die Buchstaben auf der Augenprüftafel einen nach dem anderen. Der Dreierschritt beim weißen Walzer läßt die Buchstaben glockenklar auf Sie zukommen. Wenn Sie mit dem Weißton Ihres Papiers zufrieden sind, verringern oder erweitern Sie allmählich den Abstand der Karte zu Ihrer Nase, damit Ihr Sehen flexibel bleibt: 2 bis 4 cm, wenn Sie die Karte in Ihrer Hand halten, 30 oder 60 cm, wenn Karte oder Tafel entfernt sind. Stellt sich der „weiße Glanz“ in einer bestimmten Entfernung mühelos ein, verändern Sie den Abstand erneut.

Lesehaltung und Ausdauer

Um den größtmöglichen Fluß visueller Energie durch Ihren Körper zu erhalten und um beide Gehirnhälften eingeschaltet zu lassen, ist es wesentlich, die Energiebahnen in Ihrem Körper offenzuhalten. Lesen im Sitzen ist besser als Lesen im Liegen.

Das letztere kann den Hals verkrampfen und den Energiefluß vom Rückenmark in die Sehzentren beeinträchtigen. Wenn Sie gern im Bett lesen, bauen Sie sich Rückenlehnen aus Kissen und Polstern, damit Sie aufrecht sitzen. Ein Kissen auf Ihrem Schoß bringt das Buch in die richtige Lesehöhe für entspannte Augen bei lockerem Hals. Auf diese Weise haben Hals und Kopf genügend Bewegungsfreiheit zum flotten Malen mit dem weißen Nasenpinsel.

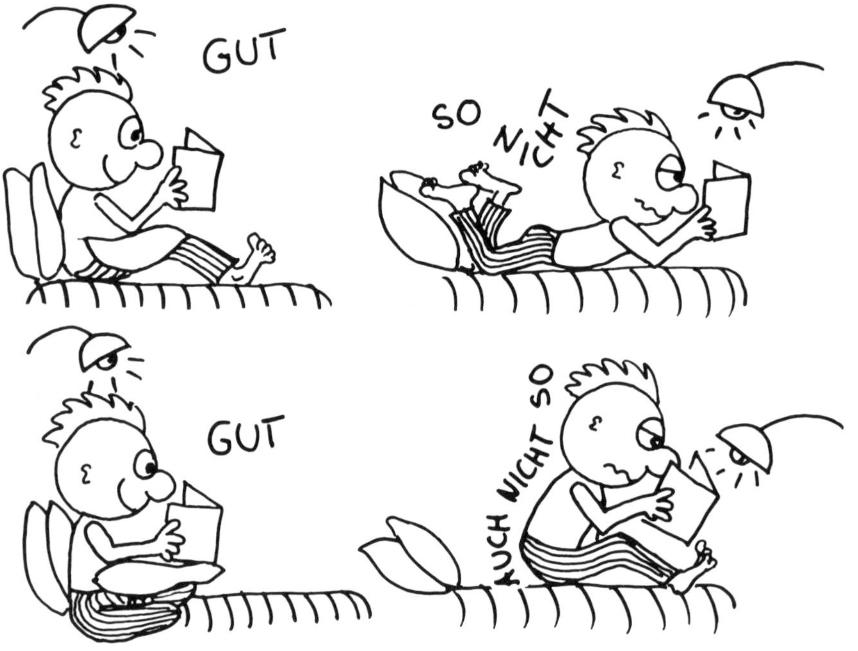

Ein Kissen oder Polster auf Ihren Schoß beim Lesen verhindert müde Arme, eine steife Kopfhaltung und das Übereinanderschlagen der Beine, alles Gründe zum Abschalten eines Teils Ihres Gehirns. Eine bequeme, aufrechte Haltung beim Lesen unterbindet außerdem die Gewohnheit, ein Auge abzudecken oder den Kopf zu neigen, wie das geschieht, wenn Sie auf der Seite liegen und lesen. Diese Angewohnheit hängt oft mit einem Ungleichgewicht beider Augen zusammen oder könnte es fördern.

Pausen zum Palmieren nutzen sowohl dem Lernen als auch dem Aufklären von Gedrucktem. Wenn Sie lesen, um Lernstoff aufzunehmen, legen Sie am Ende jedes Kapitels 10 Minuten Pause zum Visualisieren und Spielen mit dem Inhalt des Kapitels ein. Die Umwandlung der verbalen Energie des Lesens in Bilder gibt Ihrem Erinnerungsvermögen großen Aufschwung. Fragen Sie sich: „Was ist die Hauptaussage dieses Abschnitts oder dieser Seite?“ Und sagen Sie sich dann: „Ich werde diese

Überlegung in eine bildliche Vorstellung verwandeln". Die heute überall so beliebten Kurse zur Stärkung des Gedächtnisses beruhen auf den Techniken der Visualisation. Um sich an Tatsachen zu erinnern, verwandeln Sie sie in Bilder – je humorvoller, desto besser (denn guter Humor ist in Ihren Erinnerungsbanken sehr beliebt). Zeichnen und malen Sie die bildlichen Vorstellungen beim Palmieren.

Nehmen Sie den „weißen Glanz" überallhin mit. Lassen Sie ihn auf Telefonbüchern, in schummerigen Restaurants und auf Datensichtschirmen erscheinen. Ist der Untergrund Ihres Lesestoffs farbig, stellen Sie sich diese Farbe vor.

Der Glanz sei mit Ihnen.
Der Glanz begleite Sie.
Der Glanz erwärme Ihr Herz.
Möge das große Weiß Sie auch bei Nacht begeistern.
PS: Lassen Sie den Glanz kommen, wenn er kommt. Bis dahin *tun Sie so als ob.*

Weißes Palmieren

Wenn Sie sich auf die weiße Fläche einer Lesekarte, zum Spiel mit Augenprüftafeln oder zum entspannten Lesen noch besser einstellen wollen, ist es hilfreich, sich eine weiße Geschichte vorzustellen wie zum Beispiel:

„Es war einmal eine kleine weiße Maus namens Weißchen. *Gähn.* Weißchen hatte einen langen weißen Schwanz und ein weiches weißes Fell, *Gähn,* kleine runde Ohren, eine weiße Nase und liebte es zu *gähnen.* Jedesmal, wenn Weißchen *gähnte,* fiel weißes Zeug vom Himmel. Allerdings war das weiße Zeug kein Schnee, sondern Baumwolle, denn Weißchen lebte in den Baumwollfedern. *Gähn.* Jedes Jahr zu Ostern, wenn die Baumwolle blühte, gab Weißchen eine Party. *Gähn.* Zu dieser Party lud er alle weißen Tiere in die Baumwollfelder ein. Riesige weiße Wattebäusche leuchteten im Sonnenschein. *Gähn.* Weißchen besaß 4000 Morgen Baumwollfelder und war ganz groß in der Agrarwirtschaft. Er bemalte seine Traktoren immer weiß, ebenso die Pflückmaschinen. Bevor aber seine Maschinen auf die Plantage rollten, veranstaltete er seine wilde weiße Party. *Gähn.* Er lud die weißen Leghornhühner ein. Unter ihnen hatte er 50 enge Freunde. Und sie putzten sich immer fein heraus für Weißchens Partys in den Baumwollfeldern. Hier kommen sie! 50 Hühner. *Gähn.* 50 weiße Hühner. Jedes Huhn trägt ein weites Spitzenkleidchen, ein winziges weißes Hütchen und dazu eine kleine weiße Schürze aus frischem Organza mit Lochstikkerei an den Kanten. Reines Weiß. Eventuelle Flecken an der

Aufmachung wurden sofort ausgewaschen, gebleicht, gestärkt, ausgewrungen, gebügelt. *Gähn.* Sobald die Hühner auf der Party ankamen, überreichten sie ihre Geschenke, jeweils ein wundervolles weißes Ei. Vollkommen weiße Eier. 50 dieser Eier glänzen und leuchten jetzt im Sonnenschein, und alle Hühner lächeln. Weißchen ist so glücklich, daß er *gähnt* und *gähnt.* Die Baumwollpflanzen blühen auf, und die Baumwolle rieselt langsam auf die verschlafenen Partygäste nieder.

Das nächste Tier, das Weißchen zu seiner Party einlud, war das große weiße Krokodil. Haben Sie jemals ein Albinokrokodil gesehen? Es gibt nur eins. In der ganzen Welt gibt es nur eins, und es lebt in Australien bei Darwin. Es mußte den ganzen Weg über den Pazifik, vorbei an der Südspitze Afrikas (die Eingeborenen dachten, es sei ein Segelschiff) schwimmen *Gähn,* dann entlang der Küste von Argentinien und Brasilien, durch die türkisfarbenen Lagunengewässer der Karibik und dann das Mississippidelta hinauf. Jetzt watschelt es über die Baumwollfelder zu Weißchens Party. Das weißeste Krokodil, das man jemals gesehen hat. Es gesellt sich zu den 50 Leghornhühnern und lächelt. Da ist auch ein weißer Schwan mit einem Funkgerät, der immer zu Weißchens Partys kommt. Dieser Schwan fliegt von den nördlichen Schneefeldern Kanadas herbei. Schauen Sie, wie er startet und sich aus dem Schnee erhebt! Haben Sie schon einmal so etwas Wunderschönes gesehen? Ein weißer Schwan, der im weißen Schnee aufsteigt? Die Veränderung in Ihrer Atmung zeigt Ihnen an, wann er sich in die Lüfte erhoben hat. Er glänzt im Sonnenschein, während er über Minnesota, über Tennesee südwärts zieht auf die 4000 Morgen weißer Baumwolle zu. Sanft landet er in einem Teich aus weißer Milch, den Weißchen für ihn vorbereitet hat. Wuuuuuuuuuuuuschschschsch ... in die Milch! Das weiße Krokodil schwimmt im entgegengesetzten Uhrzeigersinn in der weißen Flüssigkeit. *Gäääääbhhhnnn*

Wenn Ihr Kopf jetzt ganz voller Weiß ist, nehmen Sie langsam Ihre Hände von den Augen und blinzeln sanft. Lassen Sie das Weiß aus Ihrer Vorstellung auf Ihr Buch oder Ihre Augenprüftafel überfließen.

Mit Weiß im Sinn wird Ihre Umgebung sauber und klar. Beachten Sie, daß die schwarzen Buchstaben sich wie von selbst vom Weiß abheben. Sie fühlen sich geehrt, dieser eindrucksvollen Weißheit anzugehören.

Kapitel 15

Kinder und Sehenlernen

Die Fröhlichkeit und Offenheit junger Augen ist immer eine Freude und eine Inspiration. Kinderaugen spiegeln freimütig das Wunder und die Schönheit der Welt. Es ist das Thema dieses Kapitels, die natürliche Empfänglichkeit der beginnenden und wachsenden Sehkraft zu hegen und zu pflegen.

„GEBEN SIE DEM KLEINEN EINE MÖHRE"

Während des ersten Lebensjahres außerhalb des Mutterleibes findet eine Explosion an Wachstum und Entwicklung statt. Lallende Brustkinder werden zu beweglichen, wahrnehmenden, sich stimmlich äußernden Persönlichkeiten. Unschuldige Augen haben die Welt gründlich und unabhängig voneinander kennengelernt und sich dann zusammengefunden, während die Gehirnhälften sich überkreuzende Koordinationspfade für binäres Sehen im Nah- und Fernbereich anlegten. Das Einjährige nimmt das Hündchen auf der Straße und das Fusselchen an Ihrem Ärmel wahr.

Sogar am Ende des ersten erstaunlichen Lebensjahres ist das Sehvermögen eines Kindes keineswegs ein „Endprodukt". Körperliche, geistige und gefühlsbezogene Verhaltensmuster werden noch jahrelang erforscht und in Zusammenhang gebracht, bevor das Sehen zu der verläßlichen, scharfsichtigen, ausdrucksvollen Gabe wird, zu der es von Natur aus bestimmt ist.

Drängt man Kinder vorzeitig zum Laufen, zum Essen mit Bestecken (ein Zeichen von erstarrter Dominanz, das bei Kindern erst nach dem dritten Lebensjahr auftreten sollte) sowie zu anderen verfrühten Verhaltensweisen, so kann sich genau das Gegenteil des von den Eltern gewünschten Verhaltens einstellen. Dies alles kann zu einem Mangel an Integration und schulischer Leistung führen, wenn das Kind älter ist. Erscheinungen wie Legasthenie, Schielen, Stottern und mangelhafte Körperkoordination lassen sich auf Störungen im normalen Verlauf der Ausbildung von Gehirnbahnen zurückführen. Im Alter von 16 Wochen bis zu 6 Monaten weisen unsere Kinder von Natur aus homolaterales Verhalten von Körper, Augen und Ohren auf. Im Alter von 6 Monaten bis zu einem Jahr tritt als Folge des Krabbelns das Mittelhirn (die Brücke zwischen rechter und linker Gehirnhälfte) in Aktion. Laufgestelle, Laufställchen, enge Kleidung, ja sogar Schuhe und verfrühtes Drängen zum Laufenlernen werden zu potentiellen Funktionsstörungen in diesem kriti-

schen Entwicklungsstadium für die Ausbildung der „Überkreuzbahnen". Im Alter von 3 bis 5 Jahren wird im Verlauf des weiteren Aufbaus von Körper, Geist und Augen die Dominanz der rechten oder linken Hand erkennbar, und die kulturelle Anpassung verzeichnet schnelle Fortschritte.

Es gibt keinen Grund zur Verzweiflung, auch falls Sie Ihrem Kind bereits ein Laufgestell zugemutet haben, mit ihm über den Flur gewackelt sind oder wenn Krankheit oder Verletzungen die Entwicklung Ihres Babys verlangsamt haben. Die Koordination des Systems läßt sich jederzeit auch im nachhinein wieder ausgleichen – z. B. durch Überkreuzkrabbeln und -bewegen (Kapitel 12) und Ihre beständige, fürsorgliche Liebe.

Kinder entwickeln sich mit etwas positiver, wissender und liebevoller Unterstützung von Eltern und Lehrern immer von selbst in Richtung auf Gesundheit und Gleichgewicht. In unseren Zentren für Natürliches besseres Sehen haben wir festgestellt, daß Eltern das Sehvermögen ihres Kindes positiv beeinflussen können, sobald sie ihre eigenen Ängste umgewandelt haben und zu einem Verständnis der Faktoren gelangt sind, die das visuelle Ausdrucksvermögen ihres Kindes beeinträchtigen können. Dann lernen diese Eltern Spiele, mit denen sie die Sehkraft ihrer Kinder unterstützen und fördern können.

Einflüsse in früher Kindheit

In Elternhaus und Schule weiß man auffällig wenig über die Sehkraft von Kindern. Wenn etwas schiefgeht, so sind die Eltern vollkommen auf die Ansichten jenes Fachmanns angewiesen, zu dem sie ihr Kind bringen. Deshalb ist es angebracht, daß Eltern sich so viel Auskunft und so gründliche Information wie möglich von den Fachärzten einholen. Es gibt eine Menge älterer und neuerer Forschungsergebnisse über die Entwicklung des Sehvermögens, die allerdings meist nur den Experten zugänglich sind. Tatsächlich ist die Arbeit einiger früher Forscher im Bereich des kindlichen Sehens und der Entwicklung der Wahrnehmung immer noch äußerst wertvoll. In den vierziger Jahren führte Dr. med. Arnold Gesell eine zehnjährige Studie über das kindliche Sehvermögen an der Yale Klinik für Entwicklungsforschung an Kindern durch. Darrel Boyd Harmon analysierte mehrere Jahre die kritischen Auswirkungen der schulischen Umgebung auf die Sehkraft von Kindern und ihr allgemeines Wohlbefinden. Wir werden sowohl Gesells als auch Harmons Entdeckungen benutzen, um Wege zur bestmöglichen häuslichen Unterstützung der Sehkraft von Kindern zu finden.

Lange Zeit glaubte man, Neugeborene sähen nur wenig oder gar nicht. Deshalb wurden die frühen visuellen Erfahrungen als belanglos und ohne Einfluß auf die Entwicklung des Sehens abgetan. Die grelle und intensive Beleuchtung in den Entbindungsstationen der Kliniken konnte demzufolge das neugeborene Kind in keiner Weise beeinflussen. Grellweiße Babystationen für Neugeborene, die ja sowieso fast immer schliefen, hielt man für optimal hygienisch. Ätzendes Silbernitrat wurde routinemäßig in Babyaugen getropft und als harmlos angesehen.

Glücklicherweise führt das wachsende Interesse an sanften Geburtsmethoden und vorgeburtlicher Aufklärung von Eltern allmählich dazu, daß weniger Sehstörungen als Folge von groben Gebärpraktiken und gleichgültiger Behandlung der Neugeborenen zu verzeichnen sind. Chiropraktiker und Osteopathen haben Methoden entwickelt, die den schlimmen Auswirkungen von Zangengeburten bzw. frühen Unfällen entgegenwirken. Das Wiedereinrichten der Knochen an Hals und Schädel sowie das Einrichten der Wirbelsäule haben große Verbesserungen beim kindlichen Astigmatismus sowie beim Fehlen visueller Koordination bewirkt.

Jetzt erfahren wir, daß Babys bei der Geburt viel feinfühliger sehen und wahrnehmen, als man je zuvor für möglich gehalten hätte. 1982 trafen sich in New York zahlreiche Forscher aus den Bereichen kognitive Psychologie, Gehirnentwicklung, Sehvermögen, Hörvermögen, Anthropologie sowie Kinderärzte zu einer Konferenz, um darüber zu diskutieren, was die Kleinkinder dieser Welt tatsächlich mit eigenen Augen sehen. Einige Psychologen entwickelten Verfahren, um die Säuglinge direkt zu befragen. Babys sind demzufolge imstande, am Tag der Geburt eine geometrische Form nachzuverfolgen. Bereits eine Stunde nach ihrer Geburt ahmen einige Neugeborene Bewegungen der Gesichtszüge nach, die so schwierig wie das Herausstrecken der Zunge sind! Schauen wir weiter, so sind diese erstaunlichen Kinder schon im Alter von drei Monaten imstande, unterschiedliche Farben zu erkennen. Die anpassungsfähigen visuellen Fähigkeiten konzentrieren und drücken viel Energie im Reifeprozeß der kommenden Jahre aus. Arnold Gesell berichtet uns in seinem Buch *Vision, Its Development in Infant and Child* unter anderem: „In den ersten zehn Lebensjahren werden die Komponenten des gesamten Seh- und Bewegungssystems endlos organisiert und umorganisiert und nicht nur den kulturellen Anforderungen angepaßt, sondern noch viel mehr auf die Strukturveränderungen innerhalb des kindlichen Organismus abgestimmt. Die allgemeine Körperhaltung, das Liegen, Krabbeln, Stehen, Sitzen, Hocken, Strampeln, Springen werden allesamt begleitet von einer zunehmend verfeinerten Auge-Hand-Koordination, die über unsere Muskulatur vermittelt wird."

Amblyopie

Amblyopie bedeutet eingeschränkte Sehkraft ohne erkennbare Ursache (etwa Brechungsfehler). Laut Merkblatt der California Optometric Association ist Amblyopie „weitverbreitet". Manchmal folgt Amblyopie dem Schielen. Nach einer vorherrschenden Theorie sieht das Baby oder Kind doppelt, wenn sich ein Schielauge entwickelt hat. Um diese Situation zu bewältigen, „unterdrückt" die Natur über das Gehirn auf psychologische Weise das Sehen des abweichenden Auges, und es entsteht Amblyopie. Die Ursache dieses Zustandes ist den Ärzten ein Rätsel. Man vermutet in Fachkreisen, daß „das Problem in einer Entwicklungsstörung irgendwo am Sehnerv oder im Sehzentrum zu suchen ist." Entwicklungs-Optometriker empfehlen frühzeitiges Aufsuchen eines Sehtherapeuten (sie selbst), damit eine Augenklappe, Sehübungen oder Brillen verschrieben werden können.

In seinem Buch *Ophthalmology Made Ridiculously Simple* erläutert der Verfasser, daß die Amblyopie ein winziger Defekt in den Nervenbahnen zwischen Auge und Hirn ist, der von der Nichtbenutzung eines Auges in früher Kindheit herrührt, „gewöhnlich im Alter unter sieben Jahren". Die Prognose lautet, daß das Kind eine nicht wiedergutzumachende Schwächung der Sehkraft im fraglichen Auge erleidet, falls nicht beizeiten eine Brille verschrieben wird. Nach dieser Theorie hilft das Tragen einer Brille zur Korrektur der fehlerhaften Sehweise nach dem Alter von sieben Jahren bei Amblyopie nicht mehr. Weicht das Auge des Kindes in einer Richtung ab, so empfehlen Mediziner häufig einen chirurgischen Eingriff aus rein kosmetischen Gründen. Nach der Operation hat das Kind jedoch nicht unbedingt ein beidäugiges Sehvermögen erlangt. Sehtherapeuten bestehen andererseits darauf, daß ein chirurgischer Eingriff gewöhnlich unnötig sei.

Wandert ein Auge Ihres Kindes ab und suchen Sie dann einen Augenarzt auf, so kann er/sie dazu sagen: „Wir müssen sofort operieren, oder das abschweifende Auge entwickelt Amblyopie." Bei solchen Operationen gibt es keine Garantie, daß dieses Auge wieder funktionstüchtig wird, obwohl es manchmal vorkommt, wenn sich eine Sehtherapie anschließt. Die Sehtherapeuten haben jedoch den Eltern von Kindern bis zu einem Lebensjahr wenig anzubieten, weil sich ihre Praxisausstattung auf Geräte, Augenklappen, Brillen und Übungen beschränkt, die vom Rezipienten einen reiferen Geisteszustand erfordern. Manchmal müssen Kinder sich mehreren Operationen unterziehen, und ihre sich noch entwickelnden Körper werden wiederholt den Giften von Narkosemitteln und dem Trauma der Chirurgie ausgesetzt. An den Augenmuskeln entsteht Narbengewebe, und gewöhnlich müssen immer noch Brillen getragen werden. Die wirksame Arbeit, die mit Tausenden von schielenden Säuglingen und Kindern von den Lehrern der Corbett-Bates-Methode in ihren Wohnungen zwischen 1930 und 1950 geleistet wurde, blieb unbeachtet oder wurde von allen professionellen Augenspezialisten geringschätzig abgetan.

Holen Sie sich mehrere Gutachten ein, wenn Sie über eine Operation an einem wandernden Auge Ihres Kindes entscheiden müssen. Ein Augenarzt erteilte einer Mutter diesen Rüffel: „Hören Sie auf mit dem Getue. Lassen Sie das Kind jetzt gleich operieren, oder Ihr Baby wird durch Ihre Schuld blind!"– Das Baby war drei Monate alt. Daraufhin stellte die Mutter ihren Säugling einem anderen Augenspezialisten vor, und der kommentierte: „Dieses Kind braucht nicht operiert zu werden. Bei Säuglingen in diesem Alter ist es ganz normal, wenn ihre Augen wandern." Mir ist bewußt, woher die erste Meinung stammt. Untersuchungen haben ergeben, daß Säuglinge im Alter von rund 4 Monaten plötzlich eine Wahrnehmung der räumlichen Tiefe haben, ein Anzeichen von Fusion, und daß sich dieser Zustand im Alter von fünf Monaten zu stabilisieren scheint. Ich habe aber auch Erwachsene erlebt, die über Jahre hinweg keine ausreichende Fusion hatten, diese aber mit einem Sehprogramm selbst erlangten.

Meine Antwort auf Anfragen Ratsuchender zu diesem Thema besteht darin, daß ich Ihnen empfehle, sich ein persönliches Urteil zu bilden, gestützt auf Ihr Wissen, Ihre Motivation etwas zu tun, was man zu Hause ausführen kann, und auf die Abwägung der Ansichten von mindestens zwei verschiedenen Ärzten. Es ist besonders wichtig, den augenblicklichen geistigen und emotionalen Streß abzubauen, damit Sie imstande sind, eine klare Entscheidung zu fällen. Wenn das Kind so stark verschwommen sieht, daß nur eine Brille sofortige Linderung der Beschwerden ermöglicht, dann sollte das Kind diese Brille tragen. Beginnen Sie zugleich mit der Integration der Aktivitäten zur Stärkung des Sehvermögens auf natürliche Weise, während Ihr Augenarzt die Fortschritte des Kindes regelmäßig überprüft. Angst ist die Hauptursache dafür, daß nervöse Eltern ihren Kindern eine Brille aufzwingen. Diese Angst wird noch verstärkt durch herablassende Ärzte, besorgte Lehrer und die Befürchtung, daß das Kind akademisch nicht mithalten kann. Interessanterweise zieht Angst genau das an, wovor sie sich fürchtet. Bauen Sie Ihre Angst ab, indem Sie die emotionalen Reflexpunkte auf Ihrer Stirn (Seite 157) berühren. Stellen Sie viele Fragen, und vertrauen Sie den eigenen Entscheidungen.

Natürlich sehen unsere Kleinen klar

Eltern, die mit der Frage, was sie zu Hause tun könnten, um die Sehkraft ihrer Kinder zu verstärken, zu mir kommen, befinden sich meistens in einem Dauerzustand extremer „ausgeschalteter" Anspannung. Vor allem die Mütter fühlen sich unzulänglich. Man hat sie in der Arztpraxis eingeschüchtert und nun fühlen sie sich schuldig, weil ihr Kind nicht in Ordnung ist. Es ist wichtig, diese Gefühle zu klären, damit die häusliche Atmosphäre sich günstig auf eine Veränderung oder Erhaltung des Sehens auswirken kann. Behalten Sie die folgenden Gedanken im Kopf und Herzen:

1. Kinder reagieren auf Liebe (Eltern auch!!!).
2. Liebe ist die stärkste Heilkraft und das großartigste Mittel zur Entspannung. Sie finden die richtige Information für sich und das Sehen Ihres Kindes, wenn Ihr Denken entspannt ist.
3. Alle Schwierigkeiten, die in Ihnen oder in Ihrem Kind entstehen, gereichen für Sie beide am Ende zum Vorteil und Nutzen, auch wenn es im Augenblick gar nicht so ausschauen mag.

4. Das Sehsystem neigt dazu, sich von allein in Ordnung zu bringen, wenn ihm eine natürliche und unterstützende Umgebung geboten wird.
5. Das Sehvermögen ist eine angeborene Funktion, die wächst, sich entwickelt und an Veränderungen im Körper und der äußeren Umgebung anpaßt.
6. Lehren Sie Ihr Kind das Sehen in der gleichen Weise, wie Sie ihm das Sprechen beibringen. Es wird am besten durch Spielen gefördert. Winzige Portionen hier und da im Lauf des Tages, eingestreut in die Rhythmen Ihres fürsorglichen Umgangs miteinander und Ihrer liebevollen Wechselbeziehung.
7. Sehgewohnheiten werden wie Gangart und Sprechweise nachgeahmt. Wenn Sie als Elternteil Ihre Sehgewohnheiten verbessern, wird auch Ihr Kind es tun, ohne daß Sie darüber ein Wort verlieren müssen. Manchmal bringen uns Mütter mit dicken Brillengläsern, heruntergezogenen Mundwinkeln und verspannten Schultern ihre Kinder und sagen: „Oh nein, ich will keinen Kurs mitmachen. Dafür ist es bei mir zu spät. Ich will bloß nicht, daß mein Sohn (meine Tochter) eine Brille tragen muß." Mama möchte nicht teilnehmen, sondern lieber die Rolle der Zuchtmeisterin spielen. „Hast du schon deine Augenübungen gemacht?" wird es durch das Haus schallen. Kein Spaß, kein gemeinsames Erleben, keine Kommunikation. Wenn jedoch Papa, Mama, Oma und Opa oder Freunde spielen, machen die Kinder gern mit, genau so wie beim Sprechen, beim Hantieren mit Kochtöpfen und Pfannen und beim Werken mit Hammer und Säge usw.
8. Begegnen Sie den Kindern in ihrer eigenen Welt. Das ist in der Praxis eine Herausforderung, aber durchaus möglich, wenn Sie sich einfach vorstellen, selbst wieder Kind zu sein. Legen Sie Ihre Erwachsenenwürde ab und setzen Sie sich während der Sehspiele auf den Boden zu den Kleinen. Auch Sie werden dadurch entspannt und mit Energie aufgeladen, wieder jung.
9. Nutzen Sie die folgenden Ideen und Aktivitäten ganz zwanglos. Variationen zu den Themen erwachsen aus der Freude, die Sie mit Ihren Kindern teilen.

Spiele für den ersten Lebensmonat

Nehmen Sie das Baby aus seinem Körbchen und halten Sie es an Ihre Brust, damit es den Herzschlag der Mutter vernehmen kann. Legen Sie das Baby auf Ihren Bauch, während Sie ausruhen. Wichtig sind jetzt vor allem Wärme, Zufriedenheit und Licht.

Vermitteln Sie dem Kind die rhythmischen Erfahrungen, die es bereits im Mutterleib erlebte: summen, trällern, wiegen. Ein Lächeln und freundliche Gesichter, die sich zum Schmusen herabbeugen, eignen sich wunderbar, um die Sehkraft zu stimulieren und um Liebe und Wärme zu geben. Bringen Sie große, leuchtend farbige Dinge in die Nähe des Säuglings, um sein visuelles Interesse zu befriedigen. Beim Stillen wird das Baby automatisch jeweils auf die andere Seite gehalten. Jedes Auge wird dann abwechselnd stimuliert. Auch Flaschenbabys wollen das erleben. Später wird ein Auge dominant, doch wir wollen das andere Auge, das mit dem „Anführer-Auge" im Alter von zwei bis vier Monaten fusionieren will, nicht vernachlässigen.

Spiele für die Monate eins bis vier

Um die saccadische Bewegung und die Fähigkeit zum Folgen mit dem Blick zu fördern, sind Handspiele zu empfehlen, etwas Schnipsen mit den Fingern, das Formen von Handfiguren oder Backe-Backe-Kuchen. Singen Sie bei diesem Spiel:

Backe-Backe-Kuchen
der Bäcker hat gerufen
wer will guten Kuchen backen
der muß haben sieben Sachen

Eier und Schmalz
Zucker und Salz
Milch und Mehl
Safran macht den Kuchen gel.
Schieb, schieb
in den Ofen hinein!

Lassen Sie leuchtend farbige Wolleknäuel oder weiche Wuscheltiere vor Ihrem Baby kreisen und baumeln. Machen Sie den Tanz des jungen Adlers:

Halten Sie das Baby mit dem Rücken an Ihren Bauch. Schaukeln Sie das Kind sanft von Seite zu Seite oder drehen Sie sich sachte um Ihre eigene Achse, so daß die Welt behutsam an Ihnen und dem Kind vorbeigleitet. Falls Sie eine Brille tragen, legen Sie sie beiseite. Sie und das Kind sind im gleichen Boot. Tanzen Sie den „Tanz des jungen Adlers" zu Musik vor einem Spiegel oder in angenehmer Umgebung im Freien (ohne zu laute Geräusche, bitte). Summen, singen, trällern, lallen Sie oder machen Sie zusammen mit dem Kind ulkige Geräusche. Dieses Spiel beginnt mit den Kleinsten und kann gespielt werden, bis sie zu schwer zum Tragen geworden sind. Manchmal schläft das Kind durch die beruhigende Bewegung ein. Das Wiegespiel könnte zu einer Ihrer liebsten Gewohnheiten werden. Wird das Kind älter und unruhig, setzen Sie es ab. Sehspiele sollen niemals als restriktiv oder unangenehm empfunden werden.

Spiele für die Monate vier bis acht

Bieten Sie weiterhin optisch reizvolle Dinge an, die man über den Fußboden rollen lassen kann, während sich die Wahrnehmungsfähigkeit für Entfernungen vergrößert. Alte Kinderlieder eignen sich wunderbar zum Spielen mit Fingern und Zehen oder zum Krabbeln zärtlich kitzelnder Finger über die kleinen Körper:

Kommt ein Vogel geflogen:

Kommt ein Vogel geflogen,
setzt sich nieder auf mein'n Fuß.
Hat ein Zettelchen im Schnabel
von der Mutter ein'n Gruß.

Lieber Vogel flieg weiter.
Nimm ein'n Gruß mit und ein'n Kuß.
Schau, ich kann dich nicht begleiten,
weil ich hier bleiben muß.

Summm, summ, summ:
Summm, summ, summ
Bienchen summ herum
übers Feld und durch die Heide
ei, ich tu dir nichts zuleide
immer rundherum
summ, summ, summ, summ, summ.

Wenn sich ein Auge nach innen oder außen bzw. nach oben oder unten dreht, bedecken Sie beim Singen kurz mit Ihrer Hand das andere Auge des Kindes. Ihre Finger kitzeln die Haut und lenken das Auge so in die von Ihnen gewünschte Richtung. Dies ist die Zeit der „konzertierten Aktion" von Augen, Nase und Mund. Geben Sie dem Kind Dinge, die es in den Mund nehmen darf. Dadurch erreichen Sie eine totale Konzentration der Aufmerksamkeit mit den Augen, dem Körper und dem Blick. Manchmal ergreift in dieser Zeit das Baby den Gegenstand und steckt ihn direkt in den Mund. Gesell betrachtete das In-den-Mund-Nehmen als einen Weg zum räumlichen Wahrnehmen. Machen Sie sich nichts daraus, wenn die Aufmerksamkeit des Kindes plötzlich erlischt. Das soll so sein. Organisches Wachstum bedeutet wechselweises Zusammenfügen und Auflösen. Auf diese Weise können neue Informationen durch Nerven, Augen und Bewegungsabläufe aufgenommen werden. Die Augen schwanken noch stark in ihrer Brechkraft. Ein Kind von siebeneinhalb Monaten wurde mit dem Retinoskopieverfahren untersucht (objektive Überprüfung des Auges), während es auf dem Schoß der Mutter saß. Die Forscher schwenkten eine Rassel im Abstand von rund viereinhalb Metern vor dem Kind. Während das Auge des Kindes das Spielzeug suchte, zeigte sich im Augenspiegel die für die Weitsichtigkeit typische mitläufige („plus") Reaktion. Als seine Aufmerksamkeit nach dem Erkennen der Rassel nachließ, wiesen die Augen die typisch kurzsichtige gegenläufige („minus") Reaktion auf. Dieses Plus und Minus, diese Fluktuation von Geben und Nehmen beim Sehvermögen des Kindes wird sich in den folgenden Jahren fortsetzen. Es entspricht den Vorgängen des „Hineinnehmens" und „Herausgebens". Aufnehmen, Identifikation, das Erfassen von Vorstellungen/Formen im Raum wechselt ab mit Projektion nach außen, dem Zeigen und der eigenen Ausdehnung in die Umwelt.

Das Palmieren kann zur lebenslangen Gewohnheit für alle werden, auch für Ihr Kleinkind. Wenn Sie damit anfangen, die Augen des Kindes jeweils kurzfristig mit Ihren Händen abzudecken, wird das Kind dieses Palmieren als einen natürlichen

Vorgang akzeptieren. Dies führt später zu Guck-guck-Spielen, bei denen das Kind seine eigenen Augen bedeckt. Verwenden Sie Fingerpuppen (oder einen Löffel), um eine Richtung zu betonen, falls ein Auge ermutigt werden soll, sich nach außen oder innen zu drehen. Schließlich lauscht man auch gern den Gute-Nacht-Geschichten, wenn alle dabei Palmieren. Spielen Sie weiterhin „Backe-backe-Kuchen“ mit den Händen oder Füßen. Posaunen Sie Spielsachen kurz auf das Baby zu und von ihm weg, ehe Sie sie ihm in die Hände geben. Zu den anregenden Spielsachen könnten babysichere, kaubare Stofftiere, Glokkenspiele, Rasseln und weiche Bälle gehören. Die Gute-Nacht-Zeit ist eine fröhliche Zeit mit endlosen geselligen Variationen von Schauen, Berühren, Greifen, Strampeln und Schmusen.

Spiele für die Monate acht bis zwölf

Spielen Sie mit Dingen, die sich hoch werfen lassen, um die Biegsamkeit von Oberkörper und Hals zu fördern. Unterstützen Sie das Krabbeln und Kriechen durch Tunnels aus Kissen und Stühlen. Dies hilft bei der Koordinierung der oberen und unteren Gehirnregionen. Lassen Sie die Kinder erst dann laufen, wenn *sie* selber dazu bereit sind. Das Verfolgen von Dingen mit den Augen wird angeregt, wenn das Kind zuschaut, wie die Größeren Fangen spielen oder Bälle rollen. Benutzen Sie sich wiederholende Kindergartenspiele, um das visuelle Gedächtnis zu stimulieren, etwa: „Wo ist das Schwesterchen? Wo ist der Papa?“ Kleine Finger wollen erforschen und die Küche bietet ein Schatzhaus von „Nistkästchen“ aus Plastik. Beachten Sie,

wie Ihr Baby blinzelt, wenn es mit Löffeln auf Töpfe klopft oder etwas anderes zum Trommeln verwendet. Halten Sie eine Küchenschublade mit „Erforschbarem“ bereit.

Spiele, die kleine Finger dazu ermutigen, bestimmte Dinge in anderen Dingen zu finden, etwa einen Korken in einer Tasse oder einen Apfel unter einem Handtuch, sind faszinierend. Spielen Sie ein Spiel, bei dem Sie auf etwas hindeuten, während das Baby in diese Richtung krabbelt, um es zu berühren. Kitzeln und Verstecken unter den Bettdecken ruft viel Gelächter hervor. Werden Sie selber kinetisch! Tanzen Sie bei den Schwüngen. Verbringen Sie gemeinsam Zeit vor dem Spiegel. Schwingen Sie in bestimmte Richtungen. Ein Blick nach außen und zurück über die Schulter in den Spiegel hilft ein nach innen drehendes Auge nach außen zu richten. Singen Sie Blinzellieder, in denen Sie anstelle der üblichen Ausdrücke das Wort „blinzeln“ einsetzen. Wenn Sie „blinzeln“ singen, so blinzeln alle Anwesenden mit den Augen.

Eine angemessene Lichtmenge ist für die Gesundheit und die Sehkraftentwicklung des Kindes erforderlich. Säuglinge brauchen ultraviolettes Licht auf ihrer Haut, um Vitamin D aufzubauen und zur Anregung der Hypophyse. Nehmen Sie das Baby im Tragetuch, Rückengestell oder Kinderwagen mit hinaus, gehen Sie auf Schatzsuche im grünen Gras und sorgen Sie so für reichlich Sonnenschein und Frischluft. Sonnen Sie sich und die Kinder werden mitmachen. Schließlich kann auch ein Kind von zwölf Monaten schon seine Augen schließen und nachahmend die Sonne umkreisen.

Spiele für Ein- bis Vierjährige

Fahren Sie mit den Leib und Seele integrierenden Krabbelaktionen fort. Diese Überkreuzbewegungen können auf dem Rükken liegend mit viel Gekitzel und Geschmuse stattfinden oder gehen jetzt in eine Tanzform mit Hüpfen und Hopsen zu lebhafter Musik über. Kombinieren Sie die Überkreuzbewegungen mit vielen Spielen, bei denen einer etwas vormacht und alle anderen ihn nachahmen. Kompliziertere Spielsachen zum Ziehen und Schubsen und auf die man klettern darf, tauchen auf. Halten Sie für die Drei- und Vierjährigen eine persönliche Kiste mit Knöpfen, Stoffetzen, Steinen und allerlei glänzendem Krimskrams bereit, damit die kindlichen Finger etwas zum Fühlen und die Augen gleichzeitig etwas zum „Anfassen" bekommen.

Einfache Klangerzeuger wie Gongs, Triangeln, Trommeln, Tamburine usw. können zum Spielen dienen. Verbergen Sie sich hinter einem Stuhl und geben Sie einen Piepton oder ein Pochen von sich, um auf eine Ortung durch Geräusche eine visuelle Entdeckung folgen zu lassen.

Zum Palmieren betrachten Sie abwechselnd einen einfachen Gegenstand, dann bedecken Sie die Augen mit den Handflächen und stellen sich das Ding im Kopf einige Sekunden lang vor. *„Schau!"* ist das Wort der Stunde. Schauen Sie Spiegel, Gewitterwolken, Küchengeräte an. Ahmen Sie die Geräusche von Dingen nach. Spielen Sie „Was siehst Du?“ und „Was sehe ich?“ Beschaffen Sie große Bauklötze oder bauen Sie Kissentürme. Besorgen Sie Bücher mit Bildern und freien Seiten zum Kritzeln.

Das Schauspielern und das Theaterspiel werden zu aufregenden Mitteln, die die Vorstellungskraft im ganzen Körper ermutigen. Spielen Sie den Bauern mit seinem Schweinchen, den Postboten und das Kind, den Baum und den Vogel. Vertauschen Sie die Rollen. Bitten Sie Ihr Kind, Sie zu massieren oder Ihnen eine Geschichte zu erzählen, während Sie palmieren.

Spielen Sie Fangen. Besorgen Sie Bälle in verschiedenen Größen und unterschiedlichen fröhlichen Farben. Ihr Kind sucht sich einen Ball aus und freundet sich mit ihm an, beschnüffelt ihn und redet mit ihm. Auch Sie wählen einen Ball. Verbinden Sie Ihre Nasen mit Ihren Bällen, so daß Ihre Nasen den Bällen folgen, wohin sie auch immer gehen. Halten Sie den Ball in Ihrer Hand und umkreisen Sie ihn mit Ihrer Nase im entgegengesetzten Uhrzeigersinn. Werfen Sie ihn Ihrer kleinen Spielkameradin zu und atmen Sie dabei laut aus, HaaaaaaaaaaaH! Erreichen die Hände des Kindes den Ball, so umkreist es ihn mit seiner Nase (markiert ihn mit der Nase) und wirft ihn zurück. Tauschen Sie die Bälle aus. Wenn Sie mit einem sehr kleinen Kind spielen, findet das Spiel auf dem Boden statt. Bei einem etwas größeren Kind, das bereits stehen und auffangen kann, beginnen Sie mit dem Spiel in dichtem Abstand zueinander. Klappt es, so vergrößern Sie schrittweise die Entfernung. Der Ball verschwindet in einem Korb oder hinter einem Stuhl oder Busch, um wieder hervorzukommen und durch die Luft zu huschen. Setzen Sie eine Menge spontaner Fantasien ein, gute Laune, Atmung, Gekicher und Balgereien.

Die Vierjährigen sind schon zu visuellen Ausflügen in die große Welt (der rechten Gehirnhälfte) bereit. Der Himmel, ein See, ein Besuch im Park oder bei Nachbarn sind allesamt eindrucksvoll. Gehen Sie auf Abenteuer aus, kehren Sie dann zurück und palmieren Sie, um Fragen zu besprechen, die durch Ihren Ausflug angeregt worden sind. Zum Beispiel: „Wie schaut der See aus, wie schmeckt und riecht er, wie fühlt er sich an?“

Spiele für Fünf- bis Siebenjährige

Um die eifrige linke Gehirnhälfte des fünfjährigen Kindes zufriedenzustellen, machen Sie Vergleichsspiele: Suchen Sie ein Blatt am Boden, das zu einem Baum paßt oder lassen Sie die Nase eine Farbe in immer größerer Entfernung suchen, die

einer Farbe in der Hand entspricht. Lottospiele mit oder ohne Augenklappe halten die Aufmerksamkeit in Schwung, während der Geist sortiert und klassifiziert. Das Tor aus Kapitel 13 wird zum Zaubertrick. Lassen Sie das Kind beobachten, wie jede Seite des Tors erscheint und verschwindet, während jeweils ein Auge abwechselnd bedeckt wird. Das Kind kann mit dem Tor Posaune spielen, mit ihm schwingen, schaukeln und beobachten, wie dabei die Bäume vorbeigleiten. Beim Palmieren helfen Sie dem Kind, sich eine Reise nach Afrika zu vergegenwärtigen oder auch einen Zoobesuch, um dort die Tiere beim Gähnen zu beobachten. Befahren Sie gemeinsam das weite Meer, und besuchen Sie einen Seeräuber mit Augenklappe.

Bewegungsspiele wie der Vogeltanz und ein mit dem ganzen Körper ausgeführter Nah-fern-Schwung sind gut für das fünfjährige Kind. Sorgen Sie für reichlich Bewegung mit Musikbegleitung: Big-Band-Musik und Rock 'n' Roll der fünfziger Jahre machen den kleinen „Hüpfern“ bestimmt Spaß. Führen Sie Überkreuzbewegungen in Rückenlage, beim Stehen und Gehen im Zimmer durch. Verwandeln Sie sich in ein Tier. Lassen Sie das Kind einen Vierbeiner wählen und lassen Sie dieses Tier durch das Zimmer krabbeln. Wenn möglich, beschaffen Sie sich ein Mini-Trampolin. Das Kind skizziert und visualisiert, während es gleichzeitig die Schwerelosigkeit auf dem Trampolin erlebt. Passen Sie das alte Hüpfspiel der Kinder über Quadrate und Rechtecke der Augenklappe an. Um verspannte

Schulter- und Nackenmuskulatur zu lockern, massieren Sie Ihr Kind sanft. Lassen Sie altkluge Naseweise auf dem Boden herumrollen, Purzelbäume schlagen und wie die Bremer Stadtmusikanten krähen, miauen, bellen und brüllen, um verkrampfte Körperhaltungen zu lockern.

Bei den Sechsjährigen sind die Fusionspiele, mit Tor und der Perle, am Platz, um die Augen-Hand-Gehirn-Koordination durch die Stadien ihrer fortwährenden geistigen und emotionalen Neuordnungen zu begleiten. Palmieren Sie zu Geschichten, die Farben und den Körper betreffen. Hier sind einige Beispiele: sich in blaue Menschen, Baum-Menschen, gähnende goldene Tiger oder genießerische grüne Schildkröten verwandeln. Führen Sie neue Namen für Farben ein, beispielsweise Apfel, Blut, Tomate, Flieder. Unternehmen Sie Sehausflüge in die Nachbarschaft mit diesen Farben im Sinn und schauen Sie sich nach Beispielen um, die später zum Visualisieren benutzt werden können. Lesen und schreiben Sie gemeinsam Gedichte. Illustrieren Sie Ihre Originalschöpfungen oder die Nacherzählung alter, vertrauter Gedichte. Jetzt ist auch die richtige Zeit für das Erscheinen von Herrn Kritzelkratzel. Er ist ein sehr beliebter Fernsehstar, dessen Nase ein Bleistift ist, mit dem er zweidimensionale Dinge zeichnet, die dann dreidimensional, also „real", brauchbar, sogar eßbar werden.

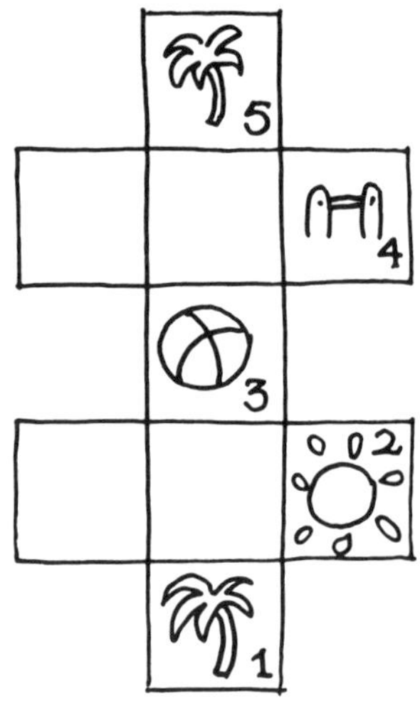

1. HIER PALMIEREN UND BEGINNEN WIR
2. HIER SONNEN WIR UNSERE AUGEN
3. HIER SPIELEN WIR FANGEN
4. HIER SEHEN WIR DAS „TOR"
5. UND HIER PALMIEREN UND BEENDEN WIR DAS SPIEL

Spiele für Acht- bis Zehnjährige

Erzählen Sie eine Menge Witze, veranstalten Sie Puppenspiele (mit Augenklappen) und spielen Sie Brettspiele. Die Nasenfeder fegt über Schach- und Mühlebretter und Monopoly-Spiele. Palmieren Sie und visualisieren Sie Geld, Goldmünzen, Kapitalanlagen. Zählen und rechnen Sie bei geschlossenen Augen. Stellen Sie sich beispielsweise zwei Eichhörnchen vor, die zu zwei anderen Eichhörnchen auf einem gefällten Baumstamm rennen.

Geschichten, die in einem Palmierkreis erzählt werden, machen viel Spaß. Um einen solchen Kreis zu bilden, legen Sie sich in das frische grüne Gras Ihres Wohnzimmers oder in die duftende Heuladung auf Ihrem Bett. Laden Sie noch ein paar Leute dazu ein oder nur sich selbst. Ihre gewölbten Hände vor den Augen schließen das Licht aus. Danken Sie Ihren Händen für deren Wärme und Energie, die jetzt in Ihre Augen und ins Gehirn strömen. Jemand beginnt mit einer Geschichte. Fangen Sie mit einer vertrauten Figur an. Beschreiben Sie diese Person in allen Einzelheiten (Farbe, Größe, Kleidung und Charakter). Schicken Sie diesen Menschen auf Abenteuer aus. In einem kritischen Augenblick geben Sie die Geschichte an jemand anderen

weiter. Die Erzählung muß keinen Sinn ergeben: wichtig ist, daß sie Bildvorstellungen schafft. Verleihen Sie den Figuren Töne, Geschmäcker und ein paar visuelle Überraschungen. Hier ist unser Beispiel von drei Neunjährigen:

Erste Person: Klopf, klopf, klopf ... Ich höre an meiner Tür ein Klopfen. Ich öffne die Tür, und da steht Miss Piggy. Sie trägt ein smaragdgrünes Abendkleid und einen riesigen, blitzenden Diamantring an ihrem kleinen rosa Finger. Ihren Kopf bedeckt ein runder, roter Hut, an dem eine große, gelbe Feder steckt. Sie blinzelt mir mit einem entzückenden blauen Auge zu, ergreift meine Hand und zieht mich in ...

Zweite Person: ... einen kleinen blauen Go-Cart. Wir rasen die Straße hinunter und auf die Wälder zu. Wir holpern, holpern, holpern ... die ganze Strecke, vorbei am Imbißstand und vorbei an zwei großen Giraffen, die auf der Straße entlang schlendern. Jetzt erreichen wir die schattigen Wälder und fahren unseren blauen Go-Cart direkt in einen großen Eichenbaum hinein. In der Eiche sind violette Treppen. Es riecht nach Terpentin. Wir beginnen, die Treppe hinaufzugehen ...

Dritte Person: ... und plötzlich verschwindet die große Eiche. Wir befinden uns mitten in der Luft, und Miss Piggy sagt

„tschüs“ und verschwindet – puff – und wird zu einer riesigen Blumenvase voll kleiner rosa Fingerchen mit Diamantringen. Die Fingerchen singen: „Ringlein, Ringlein, du mußt wandern . . .“. Die Vase verschwindet wieder. Jetzt hänge ich zwischen einer Wolke aus Puffreis und einer Sonne, die aus Schweizer Käse besteht. Ich bin hungrig und schwimme deshalb durch den Himmel auf die Puffreiswolke zu, komme aber nicht vorwärts. Ich beginne zu fallen und lande auf einer Popcornwolke. Ich betrachte meinen Körper und sehe überhaupt nichts, obwohl ich mich noch fühlen kann. Dann erscheint Donald Duck und sagt . . .

Sie können auch Kegelspiele, Krocket- oder Federballspiele organisieren. Machen Sie auf einer Schreibtafel oder auf Papierbogen Zeichenspiele mit „abstrakter Kunst“, wobei Sie mit liegenden Achten, Spiralen und Mandalas (Kapitel 9) beginnen. Stellen Sie gähnende Tiere dar: einen laut brüllenden Löwen, ein verschwommenes Flußpferd, einen antiquierten Aligator, einen abenteuerlichen Affen (Affen trommeln beim Gähnen auf ihre Brustkörbe). Gähnen Sie so laut wie möglich. Stellen Sie fest, wer am besten und lautesten gähnen kann.

Skizzieren Sie mit Ihrem Nasenstift Tiere in den Raum. Verwandeln Sie sich beim Posaunen in ein Musikinstrument oder ahmen Sie Töne von anderen Instrumenten nach. Spielen Sie Orchestermitglieder beim Einstimmen. Setzen Sie eine Augenklappe auf, um als Seeräuber auf Schatzsuche zu gehen, und schreiten Sie während der Suchaktion nur über Kreuz. Spielen Sie viel Ball, fangen Sie Bälle aus unterschiedlichen Entfernungen und werfen Sie sie in Körbe. Stellen Sie den Korb in verschiedenen Positionen auf, damit die Augen sich in alle Richtungen bewegen können.

Spielen Sie „Ich seh' etwas, was du nicht siehst ...", denn das ist ein ausgezeichnetes nukleares Sehspiel. Es ermutigt zum Zusammenspiel zwischen Gehirn und Augen. Dieses Spiel baut darauf auf, daß, was Sie sich denken/bildlich vorstellen, dem entspricht, was Sie sehen. Dadurch wird die visuelle Aufmerksamkeit entwickelt. Alle Anwesenden, außer dem „Großen Bildbeschreiber", schließen die Augen. Der „Bildbeschreiber" sagt: „Ich seh' etwas, was du nicht siehst, und das ist ..." und beschreibt mit allen Farben und Einzelheiten ein wahrnehmbares Ding, ohne es aber zu benennen. Er läßt seine große Beschreibungskraft walten und gibt so viele Hinweise wie irgend möglich, beispielsweise Größe, Temperatur, Beschaffenheit der Oberfläche usw. Während dieser Beschreibung visualisieren die übrigen Mitspieler, die „Federwischer", das Bild, das sich aus den Hinweisen ergibt. Sobald der „Bildbeschreiber" seine Beschreibung abgeschlossen hat, öffnen alle Mitspieler ihre Augen und beginnen, das Zimmer mit langen, flauschigen Federn an ihren Nasenspitzen abzustauben. Die Federwischer warten darauf, daß der gesuchte Gegenstand „hervorspringt" oder „lebendig wird" und rufen dann: „Du meinst ..." – Der erste Federwischer, der den Gegenstand richtig benannt hat, wird bei der nächsten Runde zum „Bildbeschreiber".

Als Antwort auf die oft gestellte Frage: „Und was ist mit dem Fernsehen?" möchte ich hier die folgenden Überlegungen für alle Eltern zur Diskussion stellen: Schlägt das Fernsehprogramm die Kinder in seinen Bann, so daß ihre schöpferischen Energien durch die Massenmedien ausgelöscht werden? Oder werden die Kinder dazu angeregt, ihre eigenen Fernsehprogramme zu gestalten, ihre eigenen Texte und Werbespots zu formulieren? Wird das Sitzen vor dem Kasten durch Radfahren, Baumklettern, Schwimmen oder andere körperliche Aktivitäten ausgeglichen? Starren die Kinder die meiste Zeit auf den Bildschirm, in Bücher oder ins Leere? Wenn Sie erkennen, daß die Energie Ihres Kindes von energieraubenden, überwiegend passiven Gewohnheiten aufgesaugt wird, so ist es wichtig, daß Sie darauf nicht durch Zanken oder Nörgeln reagieren, sondern selber auf eine Weise aktiv werden, die das Kind motiviert und inspiriert. Gehen Sie gemeinsam spazieren, spielen Sie zusammen, sogar der Hausputz kann zu einem Fest werden! Und wie ist es mit Videospielen? Wenn Kinder zu Hause Videospiele betreiben, so wird dadurch die Fähigkeit zur Koordination von Händen und Augen gefördert, während Bewegung, nukleares Sehen und visuelle Flexibilität bewahrt bleiben. Wenn diese Fertigkeiten auf die „große Welt" übertragen werden, sind solche Spiele nützlich.

Gefahrenzone Klassenzimmer

Anfang 1940 begann Darell B. Harmon eine Langzeitstudie, die sich mit viertausend Klassenzimmern und deren Auswirkungen auf die Gesundheit und Entwicklung von hundertsechzigtausend darin sitzenden Kindern befaßte. Zweiundfünfzig Prozent dieser Kinder verließen die Grundschule mit offensichtlich vermeidbaren Problemen, in den Bereichen Sehvermögen, Körperhaltung, Ernährung, Anfälligkeit für Infektionen und Verhaltensweisen. Eine direkte Beziehung zwischen diesen Gesundheitsstörungen und Umweltfaktoren wie behindernden Sitzgelegenheiten und schlechter Beleuchtung wurde festgestellt.

Harmon entdeckte, daß einzelne Schreibpulte mit schrägen Platten zum Lesen und Schreiben den Kindern Bewegungsfreiheit in verschiedenen Richtungen gestatteten (im Gegensatz zu großen, flachen Tischen in starrer Konstruktionsweise, an denen mehrere Kinder zusammensitzen). Der angemessene Winkel für eine ausgeglichene Körperhaltung der Schüler wurde mit 20 Grad Schräglage festgelegt. Diese Neigung erlaubt eine optimale Haltung für das Sehen im Nahbereich, Lungendehnung, ungehinderte Verdauung und aufrechte Wirbelsäulen.

Die Beleuchtung ist gleichermaßen wichtig, um die Kinder vom Klassenzimmer-Streß zu befreien. Ein gleichmäßiger seitlicher Lichteinfall, der die Augen des Kindes nicht blendet, ist unbedingt erforderlich. Darüber hinaus haben wir erfahren, daß, wenn wir uns auf ein bestimmtes Thema konzentrieren wollen, unsere visuelle Aufmerksamkeit nicht von stark kontrastierenden Kanten in der Peripherie unseres Gesichtsfeldes abgelenkt werden darf. Aus diesem Grund wurden dunkelbraune Schreibtischplatten durch naturfarbene Hölzer ersetzt. Die Augen sind dann imstande, saccadisch um die Worte oder Buchstaben auf dem weißen Papier zu wandern, ohne von dem starken Kontrast zwischen dem weißen Papier und der dunkelbraunen Pultplatte abgelenkt zu werden. Die gleiche Überlegung führte zu einer Umstellung der schwarzen, stark kontrastierenden Wandtafeln zugunsten der heute üblichen, gelb-grünen Schulwandtafeln, da sie eine geringere unterschwellige Ablenkung von Schreibaufgaben oder Lehrervortrag hervorrufen. Die gelbgrüne Färbung wird deshalb verwendet, weil das Auge im Ruhezustand den gelb-grünen Anteil des Spektrums ohne unnötige Akkommodation sieht. Im Unterschied zur Kamera ist das menschliche Auge nicht für die Tatsache korrigiert, daß die sieben Spektralfarben unterschiedliche Wellenlängen haben. Deshalb fokussieren sich verschiedene Farben an verschiedenen

Punkten längs der optischen Achse. Harmon sagt: „Das Auge reagiert kurzsichtig auf Wellenlängen, die kürzer als gelb-grün sind, und weitsichtig auf Wellenlängen oder Farben, die länger als gelb-grün sind – *eine Situation, die das Auge aktiv zu bewältigen versucht*“ (Hervorhebung der Autorin). Auge und Geist bemühen sich, die widrigen Auswirkungen ablenkender Farben in Klassenräumen zu verringern und das führt zu einer Erstarrung in Form von kurzsichtiger oder weitsichtiger Anpassung.

Die optischen Täuschungen und scheinbaren Veränderungen der Größe von Objekten in warmen und kalten Farben und bei Veränderungen der Untergrundfarbe wurden von Dr. Samuel Renshaw an der Ohio State University in den Jahren 1948 und 1949 erforscht. Er stellte dabei fest, daß die augenscheinliche Größe von Objekten zwischen 37 und 67 Prozent schwankte. Solche Verschiebungen und Verzerrungen aufgrund von Umgebungsfarben und Beleuchtung können leicht zu einer sich daran anpassenden Veränderung im Auge eines Kindes von mindestens einer halben Dioptrie führen, ein Grad, bei dem die Verschreibung einer Brille für notwendig erachtet wird. Hintergrundfarben sollten mit Grau abgetönt werden, damit sie die Sehkraft fördern, statt sie zu behindern. Lehrmaterialien sollten reine Farbwerte aufweisen und entsprechend „strahlen“, so daß sie sich vom sekundären Hintergrund abheben. Als Ergebnis der Ausstattung von Schulen nach diesen Prinzipien stellte Harmons Arbeitsgruppe fest, daß die Sehschwierigkeiten bei 1764 Kindern in sechs Monaten von 53 Prozent auf 18,6 Prozent sanken und Ernährungsprobleme von 71 auf 37 Prozent. Chronische Ermüdung ging von 21 auf 7 Prozent zurück. Bei der Einrichtung neuer Schulräume hat sich Harmons Einfluß bis zu einem gewissen Grad bemerkbar gemacht. Diese wesentlichen Gedanken in bezug auf Möbel, Körperhaltung, Beleuchtung und Farbwahl könnten ebensogut in Wohnungen und Büros aufgenommen werden.

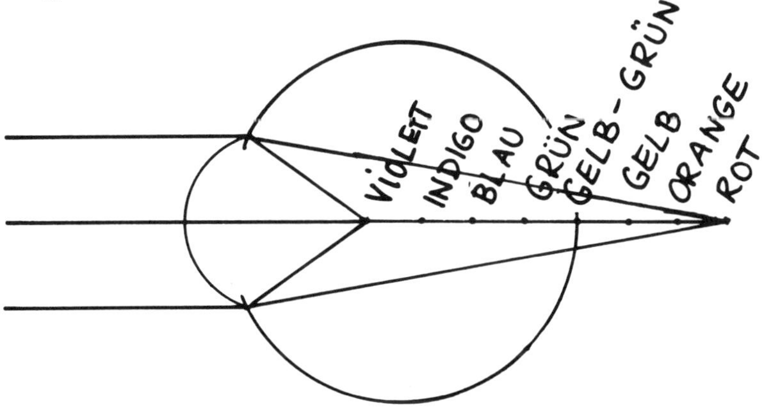

Wenn wir unsere Aufmerksamkeit der Beleuchtung, Schreibtischgestaltung und Ausschmückung in Schulen zuwenden, werden unsere Kinder dann am anderen Ende des Systems mit klarem Blick, inspiriert und bereit, „es mit der Welt aufzunehmen", herauskommen? Möglicherweise nicht, denn diese auf den Kindern lastenden äußeren Einflüsse sind nur ein Teil des Bildes. Raymond Gottlieb, ein Verhaltens-Optometrist, leitet ein bekanntes Institut, das *Eye GYM* in Los Angeles. Dr. Gottlieb demonstrierte freundlicherweise seine ungewöhnlichen neuen Vorstellungen zur Steigerung der kindlichen Sehkraft für die Ausbildungskurse meiner Lehrer für Natürliches Sehen. Gottlieb äußerte sich im *Brain-Mind Bulletin* zu der Verbindung zwischen Schulunterricht und Sehkraft: „Die von den gegenwärtigen Erziehungsmethoden geschaffene Spannung ist ein wesentlicher Grund für die Kurzsichtigkeit (Myopie) und andere Sehstörungen. In der Schule lehrt man uns, Informationen festzuhalten und auszulutschen, um sicher zu sein, daß wir etwas ‚kapiert' haben, statt sie auf uns zukommen zu lassen ..."

Stellen Sie sich einmal vor, wie oft die Kombination von inneren persönlichen und äußeren Umweltfaktoren ein Kind an den Rand des Brilletragens bringen. Allison Fuller, eine Lehrerin für Natürliches Sehen in Pasadena, Kalifornien, erzählte mir, daß ihre Tochter mit 15 Jahren eine Brille bekam, weil sie in der Stunde über Differentialrechnung die Tafel nicht erkennen konnte. „Sie hätte 5 cm davor stehen und die Zahlen trotzdem zum Verschwimmen bringen können. Mathematik war nicht

ihre Stärke. Sie belegte die Mathematikkurse nur, um ihrem Vater zu beweisen, daß sie schlau genug war."

Die Spannung ist umfassend – emotional, geistig und körperlich – und führt zu einem Mangel an Selbstvertrauen (Liebe zu sich selbst). Gottlieb stellt fest: „Unsere Wahrnehmungsfähigkeiten funktionieren am besten, wenn wir wissen, daß wir erfolgreich mit der Umwelt fertig werden können. Erwarten wir jedoch, daß uns diese Umwelt überwältigt, so wird unsere sensorische Integration zersplittern, und unsere Wahrnehmungsbereiche werden zusammenschrumpfen."

Mit anderen Worten: Statt die Begeisterung unserer Kinder dem, was sich gehört und schickt, zu opfern, könnten wir ihre kreativen Äußerungen in liebevollen, „eingeschalteten" Umgebungen wirksamer unterstützen. Dann könnten wir alle frischäugiger und fröhlicher durchs Leben gehen.

Kapitel 16

Sehen Sie selbst!

Inzwischen haben Sie erkannt, wie gut und vorteilhaft es ist, wenn man behutsam, liebe- und respektvoll mit seinen Augen umgeht. Unser kostbarer Sehapparat liefert 80 Prozent des gesamten Inputs des Gehirns. So haben Sie die Gelegenheit, einen größeren Teil Ihres Lebens zu beeinflussen. Die nötige Information liegt in Ihren Händen. Mutter Natur liefert die Materialien: Die Blätter an den Bäumen, die Architektur von Städten und Dörfern, die Gesichter der Menschen regen dazu an, die Erkenntnisse aus diesem Buch in Ihr Leben einzubinden.

Sammeln Sie Bilder und Erinnerungen, wenn Sie Ausflüge oder Ferien machen. Bringen Sie die Blumen aus den Gärten in Ihr Büro. Nehmen Sie den „Nah-fern-Schwung“ (Seite 79) und den „roten Ball“ (Seite 93) mit auf Ihre Reisen. Tragen Sie Ihren Zauberstift, den Malpinsel und die Feder mit sich in Ihrer Tasche. Übertragen Sie zwanglos irgendwelche oder alle Ideen aus diesem Buch auf Ihren eigenen Lebensstil.

Fügen Sie einige hinzu. Lassen Sie andere, die Ihnen nicht behagen, weg. Ihre eigenen Experimente und Ihre persönlichen Variationen zu den inzwischen erlernten Grundsätzen sind für eine dauerhafte Verbesserung des Sehens notwendig. Dieses Vorgehen führt Sie dann seinerseits zu neuen Entdeckungen über Sie selbst.

Wir werden weder das Kind mit dem Bad ausschütten, noch vom Boden abheben, wenn wir unsere Sehkraft auf natürliche Weise verbessern. Wir wünschen uns einen voll integrierten Ausdruck des ganzen Gehirns, eine nützliche Mischung von Entspannung und Leistung. Die folgenden Programmvorschläge sind als Richtlinien für Ihr eigenes Experimentieren gedacht. Zuerst vergewissern wir uns, daß die Grundlagen fortlaufende Themen Ihres Lebens sind – nämlich Bewegung, Vorstellungsvermögen und Sonnen. Dann werden wir die speziellen Punkte wie Fusion und Augenklappen hinzufügen. Unsere abschließenden Integrationsspiele bringen Klarheit auf die Augenprüftafeln. Am Ende dieses Kapitels möchte ich Sie zu einigen Gedanken über Ernährung und Augenleiden anregen.

Sie stellen Ihr eigenes Programm zusammen

Ein genau bestimmter Plan, der ausdrücklich die Aktivitäten, die Zeitdauer und den passenden Termin festsetzt, mag manche Leute ansprechen. Diese Art von detaillierter Ausarbeitung stimmt Menschen mit einer Dominanz der linken Gehirnhälfte zufrieden. Sie mag auch den rechtsdominanten Menschen einen Festpunkt bieten, die ohne eine Liste als Basis dazu neigen, sich in alle möglichen Richtungen zu verzetteln. Wir werden die Strenge des Rasterplans mildern, indem wir eine Reihe von Bildern einsetzen. Ich stelle mir vor, daß diese Übertragung der mündlichen Anweisung in Bildvorstellungen ein annehmbarer

Der Code:

	Umwandern, Skizzieren, ständige Bewegung	Seite 75
	Sonnen	Seite 109
	Palmieren und Visualisieren	Seite 91
	Nah-fern-Schwünge	Seite 79
	Federschwung	Seite 81
	Kern-Sehspiele	Seite 143
	Überkreuzbewegung	Seite 154
	Augenklappe	Seite 174
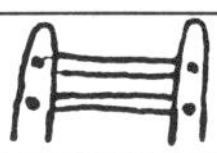	Das Tor	Seite 163
	Das Perlenspiel	Seite 170
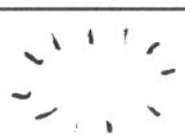	Der große weiße Glanz	Seite 184
	Das Malspiel	Seite 136
	Emotionen umwandeln	Seite 157
	Posaunen	Seite 169
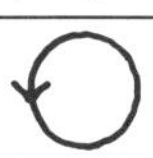	Mandalas	Seite 123

Fügen Sie Ihre eigenen Bilder dazu:

Weg zur Aufnahme der visuellen Themen in Ihr Leben sein wird.

Zwei Gebiete gilt es beim Aufbau eines Programms auf Ihrem Raster zu berücksichtigen. Da wäre zunächst das Etikett, das dem Status Ihres Sehvermögens zugeordnet ist. Sind Sie kurzsichtig, weitsichtig oder altersweitsichtig? (Achten Sie darauf, zwischen den beiden letzten Zuständen zu unterscheiden.) Befragen Sie Ihren Augenarzt, falls Sie sich nicht sicher sind.

Das zweite Gebiet bleibt völlig Ihrer Wahl überlassen. Welche Teile Ihrer selbst oder Ihres Sehvermögens möchten Sie aufputzen? Die entsprechenden Spiele sind Ihrer Antwort gemäß auf Ihrem Raster abrufbar.

Hier ist eine Hinweistabelle für Aktivitäten. Wenn Sie zum Beispiel kurzsichtig sind und außerdem ein Auge abdreht, so entnehmen Sie die dazu passenden Bilder der Aktivitätentafel und übertragen sie in der von Ihnen gewünschten Reihenfolge auf das leere Raster.

Die Aktivitätentafel:

Bei Kurzsichtigkeit								
Bei Weitsichtigkeit								
Bei Astigmatismus								
Bei Altersweitsichtigkeit				FARB= TAFEL 3				
Zur Stärkung der Fusion		FARB= TAFEL 4						
Bei wandernden Augen								
Bei emotionalen Blocks								
Zur Entwicklung von Sehschärfe im Nahbereich				FARB= TAFEL 3				
Zur Entwicklung von Sehschärfe im Fernbereich				FARB= TAFEL 2				
Zur Entwicklung der Vorstellungskraft								
Zum „Einschalten“								
Zur allgemeinen Pflege der Sehkraft								
Bei Amblyopie								
Für müheloses Lesen								

Ein Beispiel: Sie sind kurzsichtig, wollen eine bessere Fusion entwickeln und wissen, daß körperliche Aktivität Ihr Leben bereichert.

							WO	WIE LANGE	WANN
MEIN MARKENZEICHEN:	KURZSICHTIG							10 MIN	NACH D. FRÜHST.
		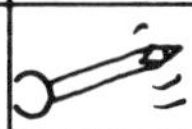						IMMER	→
								WANN IMMER	NACH JEDEM KAPITEL
								30 MAL	WENN ICH Z. BRIEFKASTEN G.
ICH MÖCHTE ENTWICKELN:	FUSION, KLARHEIT	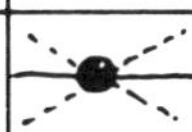						10 MIN	SONNTAGS
								20 MIN	JEDEN SAMSTAG
ZUM SPASS WERDE ICH								BEIM GÄHNEN	VOR D. BETTGEHEN

Dieses leere Raster steht Ihnen zum Ausfüllen mit Hilfe der vorherigen Aktivitätentafel nach Belieben zur Verfügung.

Der Rundplan

Halt – bevor Sie vor dem Gitterwerk die Flucht ergreifen, Sie alle, die vor organisierten und disziplinierten Plänen ausrasten, erwägen Sie bitte eine runde Annäherung. Im tiefsten Herzensgrund wissen wir, daß unser Leben und unser Dasein im Rhythmus von Kreisen und Spiralen pulsieren. Um Ihre räumliche, rechte Gehirnhälfte zu erfreuen, entwerfen Sie selbst ein mandalaartiges Bild, das Ihre Tagesabläufe und die Spiele zur Verbesserung der Sehkraft koordiniert. Setzen Sie sich einen Augenblick lang hin und vergegenwärtigen Sie sich, wie Sie aufwachen, baden, essen, arbeiten. Nun stellen Sie sich die Sehaktivitäten vor, die Sie gern mit diesen täglichen Aktivitäten „kuppeln" möchten. Zeichnen Sie sich (nur keine falsche Bescheidenheit) in Aktion, und fügen Sie dann die Piktogramme hinzu.

Beispiel eines Rundplans: Ich liebe es, morgens im Bett zu palmieren. Ich sonne mich auf dem Weg zu meinem Auto. Ich mache Überkreuzbewegungen, bevor ich mich an meinen Schreibtisch zur Arbeit setze. Nah-fern kann ich im Park während der Mittagspause schwingen. Ich posaune beim Ordnen des Papierkrams vor Arbeitsschluß. Nach dem Abendessen spiele ich mit dem „weißen Glanz" unter meiner neuen Lampe. Wenn ich mich zum Träumen hinlege, palmiere ich wieder.

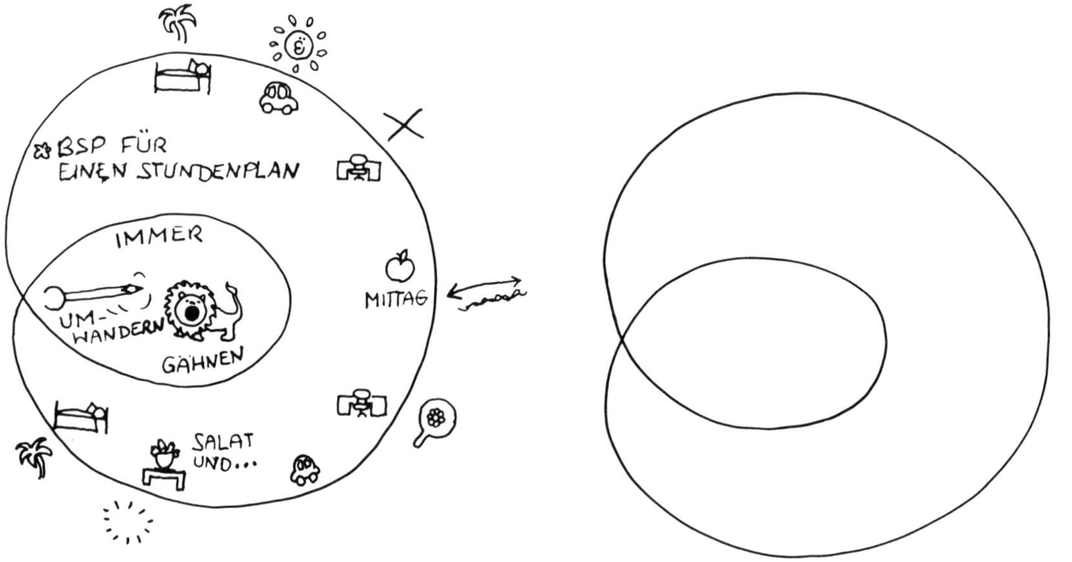

Die Sehprobentafeln werden klar

Stellen Sie sich vor, daß ich an einem sonnigen und milden Tag bei Ihnen bin. Nach dem Mittagessen, bestehend aus Salat und

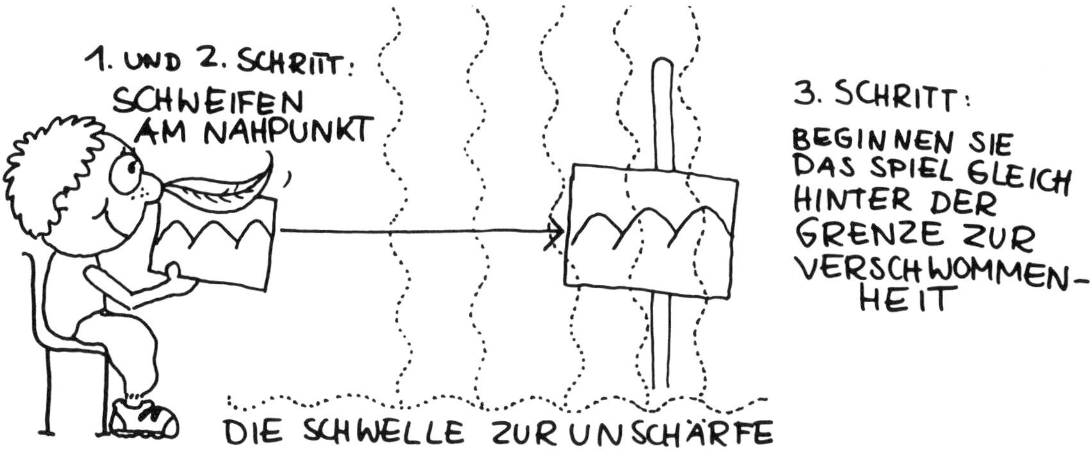

Keimen, setzen wir unsere Nasenstifte auf, skizzieren eine Weile die Landschaft und unterhalten uns mit dem Himmel und dem Geist des Sehens. Wir haben eine Fotografie mitgebracht (vielleicht die Titelseite dieses Buches).

Mit unserem guten Willen und der strahlenden Lebendigkeit aller jener Seher, die uns vorausgingen, unternehmen wir die folgenden Schritte:

1. Halten Sie das Foto dort, wo Sie es am besten sehen. Schweifen Sie in alle Richtungen mit Ihrer Nasenfeder darüber. Fühlen Sie sich aufgeschlossen und frei.
2. Sagen Sie sich, was Ihnen an dem Bild gefällt.
3. Halten Sie das Foto dicht hinter der Schwelle zur Unschärfe am Rand der Verschwommenheit. (Jedoch nicht zu weit im Bereich des verschwommenen Sehens.) Wenn Sie kurzsichtig sind, könnte die Entfernung zum Bild bei 15 cm beginnen und 30 cm enden. Oder Sie könnten mit dem Foto bei 0,5 m anfangen und es dann auf 1,50 m Entfernung plazieren. Weitsichtige Menschen gehen genau umgekehrt vor.

Sie können Ihr Bild mit Klebeband an einer Wand befestigen oder es an einen Stuhlrücken lehnen. Der beste Ort für dieses Spiel ist draußen, wo das direkte Sonnenlicht auf Ihr Bild fällt. Der zweitbeste Ort ist drinnen, wo das Licht durch ein Fenster dringt. Sie können Ihr Bild auch mit einer starken Lampe (150 Watt) anstrahlen.

Entspannen Sie sich mit einem der grundlegenden Sehspiele. Vielleicht möchten Sie fünf bis zehn Minuten palmieren. Sonnen Sie ein wenig oder skizzieren Sie etwas. Sie können alles kombinieren. Wenn Sie sich entspannt fühlen, werden Sie bereit sein, Ihre Entspannung und Sehschärfe in einen neuen Bereich zu übertragen.

1. Skizzieren Sie mit offenen Augen einen großen Hintergrund jenseits des Bildes. Umwandern Sie das Bild an sich, dann skizzieren Sie Formen innerhalb des Bildes.
2. Schließen Sie Ihre Augen und wiederholen Sie diese Reihenfolge. Stellen Sie sich vor, das ganze Bild sei in Ihrem Hinterkopf.
3. Öffnen Sie Ihre Augen, strecken Sie sich und gähnen Sie. Skizzieren Sie die Formen im Bild noch einmal.

Wiederholen Sie die Stufen eins bis drei, so oft Sie mögen, bis die Bilder sich zu verändern beginnen und fluktuieren. Sie können schärfer, größer, farbiger erscheinen. Ihre Augen mögen vom Gähnen tränen. (Wenn Sie bemerken, daß Sie sich beim Sehen anstrengen, rücken Sie das Bild näher, damit es gerade an der Schwelle Ihrer Sehschärfe steht. Nehmen Sie wieder eines der grundlegenden Spiele [Palmieren, Sonnen oder Massage] zu Hilfe, bis Sie wissen, daß Sie entspannt und aufnahmebereit sind.)

Wiederholen Sie nochmals die Stufen eins bis drei.

Jetzt können Sie unter vielen Möglichkeiten auswählen:

1. Machen Sie Nah-fern-Schwünge mit Ihrem Bild. Vielleicht möchten Sie dazu ein Foto in die Hand nehmen, um etwas zum Umwandeln im Nahbereich zu haben.

2. Sie könnten auch zu nuklearen Sehspielen wie in Kapitel 11 übergehen. Umkreisen Sie Farben oder Teile der Natur auf Ihrem Bild.
3. Palmieren und vergegenwärtigen Sie sich den Aufnahmeort des Fotos. Stellen Sie sich vor, wie Sie darin herumspazieren und dabei Farben, Düfte und Einzelheiten bemerken.

Sie können ganz einfach Ihre eigene Augenprüftafel herstellen, indem Sie schwarz auf weiß gedruckte Wörter aus Zeitschriften schneiden und sie auf einen weißen Papierbogen kleben. Sie können aber auch die Tafeln am Schluß dieses Buches benutzen. Jetzt ist nicht die passende Zeit, um Ihre Sehkraft zu testen oder zu messen. Sie werden Ihre Fähigkeit zum Sehen integrieren und sich gleichzeitig entspannen. Eine offizielle Prüftafel zur Messung der Sehschärfe ist dafür nicht notwendig, doch können Sie, falls vorhanden, eine solche Tafel durchaus verwenden.

Stellen Sie Ihre Augenprüftafel und das Foto nebeneinander, damit Sie Ihre Aufmerksamkeit und den Nasenstift vom einen zum anderen schweifen lassen können. Skizzieren Sie beide mit Ihrem Nasenstift.

Vergegenwärtigen Sie sich Weiß mit geschlossenen Augen. Erzählen Sie sich eine weiße Geschichte. Dann öffenen Sie wieder Ihre Augen und schweifen über die Szene. Alles, was weiß ist – egal wie groß oder klein, wie fern oder nah, einschließlich des weißen Leuchtens um die Buchstaben auf den Augenprüftafeln – teilt sich Ihrer Wahrnehmungsfähigkeit mit. Diese natürliche Art des Sehens trägt Sie erfolgreich an den Augenprüftafeln vorbei in die Schönheit des Sehens, solange es Ihnen Spaß macht.

Ernährung und Heilkräuter

Die Augen sind Fenster zu mehr als der Seele. Die Wissenschaft der Iridologie erlaubt uns, körperliche Zustände zu erkennen – mitunter schon lange Zeit, bevor sie sich als organische Erkrankung bemerkbar machen. Vitaminmangel zeigt sich oft durch Sehstörungen. Es ist keine Frage – was wir zu uns nehmen, wird zu unserem physischen Körper, durch den wir leben, genießen und sehen. Erst seit kurzem befassen sich amerikanische Verbände zur Verhinderung bzw. Verbesserung von Sehproblemen gründlich mit den Auswirkungen der Ernährungsweise auf schwere Augenkrankheiten und die weit verbreitete, alarmierende Kurzsichtigkeit.

Die neuesten Erkenntnisse sind in einem Artikel von Stefan Bechtel in der Zeitschrift *Prevention,* Mai 1982, zusammengefaßt. Dabei handelt es sich oft um eine Wiederholung der Ernährungshinweise, die alternativ praktizierende Ärzte seit Jahren vertreten, im neuen Gewand.

Wir haben alle von den Piloten aus dem Zweiten Weltkrieg gehört, die an Nachtblindheit litten und deshalb Karotten (Vitamin A) zu essen bekamen, um ihre Sehkraft bei Nacht wiederherzustellen. Seit kurzem hat ein Augenarzt in Florida damit begonnen, seine Patienten bei Routineuntersuchungen auf deren Sehtüchtigkeit bei Tag und Nacht zu überprüfen. Er stellte fest, daß 26 Prozent unter der Norm für nächtliches Sehen lagen, und schloß daraus, daß möglicherweise eine von vier Personen nachts am Lenkrad eine verminderte Sehfähigkeit hat. Die Chinesen wissen seit Jahrhunderten, daß man die Leber untersucht, wenn Augenprobleme auftauchen, weil die Leber unter anderem Vitamin A aufbaut.

Die Pioniere Henry H. Bieler und Alan Nittler (zwei Ärzte, die ihre Patienten mit Ernährung heilten und deshalb verfolgt wurden) und die heutigen Kräuter und Ernährungsfachleute setzen die Nahrung, die wir zu uns nehmen, zum Heilen und Wiederbeleben des Organismus ein. Die Pflanzen und Kräuter, die Vitamine und Mineralstoffe in organischem Zusammenhang liefern, sind überaus wichtig. So demonstrierten zum Beispiel Studenten am John Hopkins Hospital, daß Zink und Vitamin A *zusammen* vonnöten sind, um die Nachtsicht zu unterstützen. (*Hepatology,* Vol. 1, No. 4/1981). David Knox, ein anderer Arzt des Hopkins Klinikums, sagte: „Es ist außerordentlich wichtig, daß die Menschen genügend grüne und gelbe Gemüsesorten essen, um ihre normale Sehkraft zu erhalten.“ Er berichtete der Zeitschrift *Prevention* außerdem: „Ich habe die Möglichkeit erforscht, daß Folsäure (Vitamin B 12) oder *ein anderes, vielleicht unbekanntes Vitamin* aus grünen und gelben Gemüsesorten erforderlich sein kann, um die normale Sehkraft und Nervenfunktion der Augen zu erhalten." (Hervorhebung der Autorin)

Dr. Ben Lane, einer der Berater für Elmstroms Monographie *Holistic Considerations for the Advancing Optometrist,* wies darauf hin, daß eine Ernährungsweise mit reichlich Zucker und tierischem Eiweiß den Zustand der kurzsichtigen Menschen verschlimmert. Sie entwickeln einen Mangel an Chrom, und das Kalzium in ihrem Organismus wird nicht richtig ausgenutzt (*Documenta Ophthalmologica,* Vol. 28, 1981-1). Chrom ist zur Übertragung von Zucker aus dem Blutstrom in das Zellgewebe nötig. Es fehlt bei raffinierten Nahrungsmitteln. Eine Wechselbeziehung zwischen Ernährungsweise und Sehvermögen zeichnet sich deutlich ab.

Mein Kräuterfachmann in Amerika, Sydney Yudin, verbrachte viele Jahre mit dem Studium der russischen und chinesischen Kräuterheilkunde. Er berichtete mir, daß die Chinesen jedes Jahr im März eine Entschlackungskur mit Heilkräutern durchführen, um sich von unerwünschten Besuchern in ihren Eingeweiden zu befreien und die Vitalität der Leber wieder herzustellen, die im Frühling aktiviert wird.

Die Chinesen haben verschiedene pflanzliche Heilmittel zur Behandlung des Grauen Stars, jener Augenkrankheit, die nach ihrer Auffassung auf ein Zuviel an Phosphor hinweist. Augentrost wird als Augenreiniger geschätzt, und Ringelblumen nimmt man bei Bindehautentzündung. Schöllkraut in Verbindung mit Gartenraute und Kornade sowie Mi-Meng-Hua gelten als Heilmittel für den Grauen Star.

Mi-Meng-Hua ist seit mehreren tausend Jahren in China bekannt. Der deutsche Name lautet Sommerflieder *(Buddleai officinalis Maxim).* Dieses Kraut beseitigt Fieber und stellt die Schärfe der Sehkraft wieder her. Am häufigsten wird Mi-Meng-Hua bei folgenden Leiden verwendet: Ödemartige und schmerzhafte, gerötete Augen, triefende bzw. trübe Augen, Lichtscheu und Grauer Star, der zur Erblindung führt. Das Mittel wird als Absud in gereinigtem Wasser zubereitet, gekocht, gefiltert und eingenommen.

In Australien fragen mich die Leute oft nach der Entstehung des Grauen Stars, wenn ich mit ihnen die Möglichkeit bespreche, in dieser besonders sonnenintensiven Landschaft ohne Sonnenbrillen auszukommen. Sie haben wahrscheinlich von jener in Australien durchgeführten Untersuchung von 10000 Menschen aus allen Regionen des Kontinents gehört, bei der das Vorkom-

AUGENTROST

SCHÖLLKRAUT

RINGEL-BLUME

men des Grauen Stars in Zusammenhang mit den Zonen der durchschnittlichen täglichen Sonneneinstrahlung gebracht wurde. In Gebieten mit stärkerer ultravioletter Strahlung gab es mehr und viele vorzeitige Fälle von Grauem Star, vor allem unter den Ureinwohnern (Aborigines) Australiens. Die Forscher verwiesen dabei auf die chemischen Eigenschaften der Augen, in denen sich Grauer Star unter sonnenintensiven Lebensbedingungen entwickelte. Die Trübung der Linse „wird durch physiologische Mengen von Ascorbinsäure (Vitamin C) und Glutathion (eine Substanz, die Sauerstoff befördert) gehemmt" (*Lancet*, 5.12.1981). In bezug auf Hautkrebs liefert Kimes Buch *Sunshine can save your life* die Einzelheiten über das wissenschaftliche Aufgebot von Daten, die darauf hinweisen, daß ultraviolettes Licht, das in den Organismus dringt, das Entstehen von Hautkrebs *verhindert!* Dr. Kime vermutet, daß das ultraviolette Licht einfach das Umkippen der unausgeglichenen Waagschalen beschleunigt, wenn die Haut mit Fetten überladen ist, so daß die Zellen nicht genügend Sauerstoff aufnehmen können. Ultraviolettes Licht verhindert die Entstehung von Krebs, wenn die Ernährungsfaktoren des Organismus im Gleichgewicht sind und man krankmachende Lebensumstände vermeidet – etwa wiederholte Sonnenbrände, sehr fettreiche Ernährung und Mangel an nährstoffreichen Lebensmitteln. Vielleicht bieten sich die gleichen Erwägungen bei der Betrachtung von ultraviolettem Licht, unzulänglicher Ernährung und dem Vorkommen des Grauen Stars an.

Wir haben schon erwähnt, daß die Leber mit Störungen der Augen in Verbindung steht. Dies kann auch für die Nieren zutreffen. Beide Organe wirken als Filter und Reiniger für die von unserem Mund aufgenommene Nahrung. Nach einer längeren Zeit der Übersättigung des Körpers mit Nahrungsmitteln, die nicht assimiliert werden oder von Natur aus toxisch sind (Koffein, Alkohol, Nikotin, Drogen), kann die Leber überlastet sein. Schlacken beginnen sich in allen Bereichen anzusammeln: in den Eingeweiden, im Blutkreislauf, sogar in den Augen. Alle diese giftigen Anhäufungen können leicht von einem praktizierenden Iridologen in Ihrer Iris entdeckt werden.

Leber und Nieren werden durch eine Umstellung der Ernährung erleichtert und haben Gelegenheit, ihre vitalen Reserven wiederaufzubauen. Manchmal hilft eine Fastenkur unter Aufsicht, und es gibt Heilkräuter, die beide Organe reinigen.

Betrachten Sie alle Seiten der Geschichte: In dem Buch eines vertrauenswürdigen und erfahrenen Arztes las ich, daß die meisten Amerikaner hypoglykämisch sind. In einem Merkblatt über Ernährungsfragen, herausgegeben von einer amerikanischen

Supermarktkette, war dagegen nachzulesen, daß nach Auffassung des verantwortlichen Ernährungsberaters die Hypoglykämie (Blutunterzucker) eine äußerst seltene Krankheit sei. Was die vegetarische Ernährungsweise im Gegensatz zu fleischlicher Kost sowie alle übrigen Ge- und Verbote zum Thema Ernährung anbetrifft, so lassen Sie am besten Ihren Organismus selbst entscheiden. Berücksichtigen Sie im übrigen, daß Sie in verschiedenen Lebensabschnitten vielleicht eine unterschiedliche Ernährungsweise brauchen. Als ich meine Kinder aufzog, war Bielers Diät (hauptsächlich rohe oder gedämpfte Gemüsesorten, Salat, Fisch und Geflügel) für mich genau richtig. Im vergangenen Jahr zeigte mein Organismus jedoch keinerlei Interesse an tierischen Nahrungsmitteln. Ich begann eine Menge Mineralien einzunehmen und bin jetzt glücklich mit frischem und rohem Gemüse – ohne jegliches Verlangen nach Süßigkeiten. Hier spricht ein Mensch zu Ihnen, der als junges Mädchen jeden Tag gegen 16 Uhr nach Heimkehr von der Schule in Schlaf fiel – ein typisches Merkmal von Blutunterzucker.

Essen ist eine wundervolle und belebende Aktivität. Sie sollte mit anderen geteilt und geschätzt werden, uns aber nicht mit „vollem Bauch“ niedersinken lassen oder uns unserer kreativen Energie berauben. Wir wollen deshalb ein paar Vorstellungen über das Essen erörtern, die Ihrem Körper zusagen und Ihre Sehkraft aufpolieren können.

Die lebendige Qualität von frischen und bekömmlichen Nahrungsmitteln läßt sich an ihren intensiven Farben erkennen.

Werden sie zu lange gekocht oder behandelt, nehmen Nährwert und Verdaulichkeit der Nahrung ab und die Farbe geht verloren. Das strahlende Grün von Broccoli und grünen Bohnen verblaßt zu einem faden Olivgrün, und die Vitamine werden durch zu lange Erhitzung zerstört. Wenn Äpfel, Kirschen oder Getreidekörner gemahlen, zerhackt, erhitzt, eingemacht, gezuckert und gebacken werden, büßen auch sie ihre Vitalität ein. Die Illusion der Vitalität bei vorbehandelten Nahrungsmitteln kommt durch *künstliche* Färbung und glänzende kommerzielle Verpackung zustande. Ihr Körper wird jedoch niemals zum Narren gehalten. Die ständige Verwendung von farblosen Nahrungsmitteln kann schließlich zu körperlichen Protesten in Form von Krankheit, chronischer Schwäche und sprunghaften emotionalen und geistigen Verhaltensweisen führen. Sie können indessen Ihre täglichen Eßgewohnheiten genauso ändern wie andere Aspekte Ihres Lebens.

Es kann hilfreich sein, einen alternativ orientierten Ernährungsberater um Rat zu fragen, jemanden, der nicht von einflußreichen Geschäftskreisen ausgebildet worden ist, von der Agrarwirtschaft oder den Regierungsbehörden, die subventionierte landwirtschaftliche Überschüsse mit aufdringlicher Werbung an den Mann bringen wollen. Und schmökern Sie auch in einigen der im Anhang empfohlenen Bücher über Ernährungsfragen.

Jene Menschen, die auf Zucker empfindlich reagieren, hypoglykämisch oder Diabetiker sind, werden durch ihre eigene empfindsame Natur aufgefordert, zu lernen, wie sie ihren Körper angemessen ernähren sollen. Viele Kurzsichtige mit ihrer fast übersinnlichen Empfindsamkeit scheinen leicht durch Zukker, unausgesprochene Gefühle und Gebärden sowie durch feinste Nuancen in ihrer Umwelt aus dem Gleichgewicht zu geraten. Sie werden verkrampft, verwirrt oder geistesabwesend, was wiederum zu Augenbeschwerden führt. Es ist überall bekannt, daß unkontrollierte Diabetes das Augenlicht zerstören kann.

Die grundlegenden Richtlinien lauten:

1. Entfernen Sie farblose, künstlich gefärbte und raffinierte Nahrungsmittel aus Ihrer täglichen Kost. Schikken Sie die Fette, Zucker und Salz dorthin zurück, woher sie kamen.
2. Essen Sie eine farbenfrohe Auswahl von Nahrungsmitteln, roh oder leicht gedünstet. Grüne Salate und frische Gemüsesorten könnten den größten Teil der Mahlzeiten bilden. Ihr Eiweiß kann gegrillt oder gedämpft werden. Vollkornerzeugnisse werden empfohlen. Ler-

nen Sie, wie man Samen, Nüsse und Getreide zum Keimen bringt. Frisches rohes Obst für „zwischendurch" ist gut.

3. Bei Übergewicht, Krankheit oder speziellen Leiden (Grauer Star, Grüner Star usw.), und wenn Sie eine träge Verdauung haben, suchen Sie Rat und Unterstützung zum Entschlacken Ihres ganzen Organismus. Die Augen dienen als Organe der Entgiftung und spiegeln die Gesundheit des ganzen Körpers.
4. Es liegt an Ihnen, ob Sie sich für eine vegetarische oder eine Ernährung mit Fleisch entscheiden. Ihr Körper wird es Sie wissen lassen. Prüfen Sie die Vor- und Nachteile der genannten Ernährungsweisen und entscheiden Sie selbst. Viele Menschen berichten nach einer Umstellung ihrer Ernährungsweise über bemerkenswerte Veränderungen ihrer Sehkraft.
5. Menschen mit einer Dominanz der rechten Gehirnhälfte ernähren sich am besten mit Nahrungsmitteln in kalten Farbtönen (Grün, Blau, Violett). Leute mit einer Dominanz der linken Gehirnhälfte ernähren sich zufrieden und gut, wenn sie Nahrungsmittel in warmen Farben bevorzugen. Bei dieser Gruppe orientiert man sich an den Farben Grün, Gelb, Orange und Rot. Beachten Sie, daß die stärkehaltigen Wurzelgemüse allesamt warme Farben aufweisen (wie etwa Gartenkürbis, Kartoffeln, Rote Beete), und daß sie leichter von den praktisch veranlagten Menschen aufgenommen werden als von den sensiblen Träumern, die am besten mit ihren Salaten, Äpfeln und Beerenfrüchten fahren. Grünes Gemüse eignet sich für alle.

Pathologien

Grüner Star, Grauer Star, Netzhautablösung und Degeneration der Makula sind nur einige der patholischen Befunde, die beim menschlichen Auge vorkommen. Derartige Zustände sind im Verhältnis zur Bevölkerungszahl auf dem Vormarsch. Die jüngsten Erhebungen in den USA zeigen, daß 75 Prozent aller Amerikaner über 65 Jahre an Grauem Star in der einen oder anderen Form leiden, einer der häufigsten Gründe für Erblindung. Millionen Dollar werden in den USA für chirurgische Eingriffe bzw. Linsenübertragungen aufgewendet, ohne daß andere unblutige Heilmethoden erforscht oder anerkannt werden. Die offizielle Stellungnahme der American Food and Drug Administration (F.D.A.) wurde uns in der Publikation *National Health*

Federation Bulletin vom November 1979 mitgeteilt: „Es gibt keine anerkannten Medikamente für die Behandlung von Grauem Star, und es werden auch keine Heilmethoden erforscht. Grauer Star wird in den USA ausschließlich durch chirurgische Eingriffe behandelt.“ Es gibt allerdings in Kalifornien zwei bedeutende Augenärzte, die sich mit der nichtoperativen Behandlung von Grauem Star befassen, und zwar mit Hilfe der Ernährungslehre, wie sie in Europa und im Orient allgemein üblich ist. (Siehe Anhang für zusätzliche Information.)

Die Diagnose eines krankhaften Befundes, der zur Blindheit führen kann, ist erschreckend. Viele Menschen geraten in Panik und Verzweiflung. Grüner Star und Netzhautablösung sind Zustände, die eine sofortige Diagnose und Behandlung durch einen Augenarzt erfordern. Sobald Sie jedoch mit den besten verfügbaren Möglichkeiten, die der Facharzt zur Rettung des gefährdeten Augenlichts anzubieten hat, vertraut sind, ist es ratsam, sich auch über alternative Heilmethoden zu informieren – Ernährung, Entschlackung des Organismus, Homöopathie usw. Wenn Sie mit Sachwissen und Verständnis auf alle Ihr Augenlicht beeinflussenden Faktoren eingehen, können Sie Ihre Entschlüsse ohne Angst fassen.

Vorbeugemaßnahmen bei allen körperlichen Gesundheitsstörungen schließen ein, daß man dem Organismus angemessene Nahrung zuführt, ihn nicht mit schwer verdaulichen Lebensmitteln überlastet und in regelmäßigen Abständen entschlackt. Dazu gehört auch die Reinigung des Geistes von negativen Denkweisen. Lassen Sie Ihren Arzt bei allen pathologischen Zuständen Ihre Verfassung überwachen, während Sie ein natürliches Heilprogramm aktivieren. Mediziner sind Menschen wie wir alle. Suchen Sie sich einen Arzt, mit dem Sie auskommen und der sie unterstützt, selbst wenn das heißt, daß Sie den Arzt wechseln oder etwas weiter fahren müssen.

Auch wenn Sie schon eine Operation hinter sich oder einen krankhaften Zustand und Trübung Ihrer Sehkraft aufzuweisen haben, können Sie mit Hilfe der Entspannungs- und Vorstellungsaktivitäten in diesem Buch sich an Ihrer Sehkraft freuen, sie verbessern und erhalten.

Kapitel 17

Zusammen sehen

Einige Leute haben in der Vergangenheit gefragt: „Wenn diese Methode zur Stärkung der Sehkraft auf natürliche Weise wirklich so gut ist, warum wird sie dann nicht von jedermann praktiziert?“ – „Weshalb habe ich nie zuvor etwas davon gehört?“

Persönliche Verantwortung

Ich wälzte viele Gedanken über das erste Rätsel. Die Bemerkung, daß die Optiker schon längst ihre Geschäfte hätten schließen müssen, wenn die Leute lernen könnten, ohne Brillen scharf zu sehen, war häufig zu hören. Obwohl diesem Gedanken einige Anerkennung gebührt, bin ich doch der Meinung, daß er uns von einem größeren und wichtigeren Gesichtspunkt ablenkt. Ohne Zweifel ist es üblich, daß kommerzielle Interessen verteidigt werden, aber Brillen sind eine Annehmlichkeit und leicht erhältlich. Der Beruf des Optikers ist längst keine Garantie für Wohlstand mehr. Unser Markt ist mit Optikern gesättigt, und sie müssen jetzt mit Discount-Optikerläden konkurrieren. Ich vermute, daß die Verbraucher ihre Vorrechte bzw. ihre potentielle Macht auf diesem Markt immer noch nicht kennen. Macht und Entscheidungsfreiheit werden oft in die Hände von Verkäufern gelegt. Und man macht es uns heute immer leichter, die persönliche Verantwortung für unser Befinden zu umgehen. Der chirurgische Eingriff „Radiale Keratotomie“ ist hierfür ein erstklassiges Beispiel: Das Aufschlitzen der Augenhornhäute, mit dem die Augen von Kurzsichtigen abgeflacht werden, gibt es jetzt zu „vernünftigen“ Preisen. Bernard Freedman, Rechtsanwalt in Los Angeles, kommentierte solche Scheinheilungen 1984. Freedman ist auf medizinische Kunstfehler spezialisiert. Es gibt zahlreiche Auseinandersetzungen und Gerichtsverfahren wegen dieses relativ neuen augenchirurgischen Eingriffs, den man „Radiale Keratotomie“ nennt. Es handelt sich um eine schnelle und einfache Operation, bei der zur Korrektur von Kurzsichtigkeit Einschnitte an der Hornhaut vorgenommen werden. Die Nachfrage nach dieser Methode ist mittlerweile raketenartig in die Höhe geschossen, obwohl die Langzeitergebnisse fragwürdig sind und viele ungünstige Nebenwirkungen auftreten. Jene „Schnellheilungsmethoden“ zur Verbesserung der Sehkraft hängen damit zusammen, daß die Menschen den Ärzten blind vertrauen und davon überzeugt sind, daß alles, was ein Mediziner tut, auch sicher und gut ist. Kurzsichtige Konsumenten werden zur leichten Beute einer

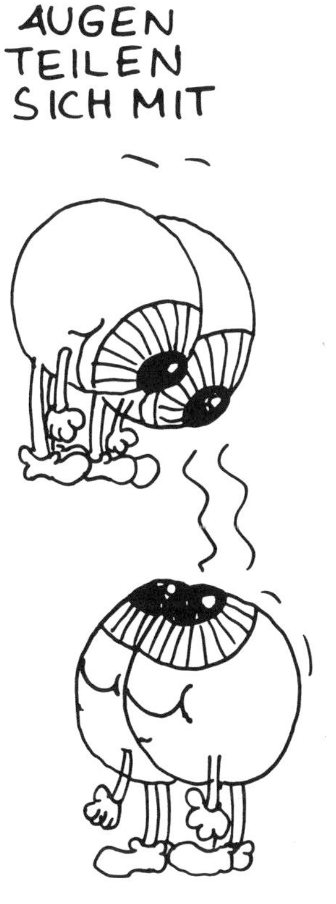

Situation, die ohne Zweifel wenigen Ärzten einen finanziellen Aufwind beschert. Obwohl es keine zuverlässigen Statistiken über die Verbesserung der Sehkraft nach Radialen Keratotomie-Operationen gibt, stehen Unterlagen über nachteilige Folgen zur Verfügung: Lichtempfindlichkeit, doppeltes Sehen, Vernarbung der Hornhaut, Verluste an Epithelzellen und Schmerzen. Hinzu kommen unbekannte Langzeitauswirkungen auf diese traumatisierten und beschädigten Hornhäute.

Und wieder kommen wir auf die Frage der persönlichen Verantwortung zurück. Der Gedanke der Selbstbestimmung und Eigenverantwortlichkeit ist eine große Herausforderung. Die Verantwortung für unsere geistige und körperliche Gesundheit, zu der auch die Sehkraft gehört, zu übernehmen, bildet den Anfang dazu. Ich bin überzeugt, daß im Zuge des Umschwungs von der Hochtechnologie zur reifen, natürlich-harmonischen Lebensweise schließlich auch eine Anerkennung der Selbstheilungskräfte des Sehens folgen wird, wie es bei Herzleiden und anderen Zivilisationskrankheiten bereits eingetreten ist, und die Leute dann sagen: „Das ist genau das, was ich für mich tun will und kann."

Beim Grübeln über die zweite Frage: „Weshalb habe ich nie zuvor etwas davon gehört?" kam die folgende Analyse zustande: Die Lehrer, die Margaret Corbett in Los Angeles ausbildete, durften aus juristischen Gründen weder messen, bewerten noch „beweisen", daß ihre Schüler jemals irgendwelchen Nutzen aus den Sehaktivitäten zogen. Andererseits lehrte man die Augenspezialisten mit schulmedizinischem Hintergrund, die das Sehvermögen ihrer Patienten bewerten, messen und bestimmen durften, daß die Methoden des Dr. Bates nutzlos, verantwortungslos und lächerlich seien. Diese Sackgasse führte zu dem fast vollkommenen Mangel an statistischen Untersuchungen über alternative Methoden zur Stärkung des Sehvermögens, während Millionen Dollar für kosmetische und biosynthetische Maßnahmen, wie Linsenübertragungen und die neuartige „Kur" der Radialen Keratotomie, investiert wurden (und weiter werden).

Im übrigen bin ich der Meinung, daß die einzelnen Augenärzte und Optiker sich der Unterdrückungsmechanismen durch indifferente legale Praktiken, unterstützt durch Berufsverbände zum Schutz ihrer großzügig definierten Arbeitsgenehmigung, nicht bewußt sind.

Margaret Corbett warnte Hunderte von Lehrern, die sie in den vierziger und fünfziger Jahren ausbildete, dringend vor Anzeigenwerbung, Vorträgen oder Veröffentlichungen von Fachartikeln. Manche neigen dazu, sie als paranoid zu bezeichnen.

Ihre Haltung mag verständlicher werden, wenn man weiß, daß Margaret Corbett zweimal wegen unerlaubter Ausübung der Optometrie verhaftet (und gerichtlich freigesprochen) worden war. Lehrer, die ihren Rat in den Wind schlugen, gingen in den fünfziger Jahren nach New York. Ihre lokale Anzeigenwerbung erregte so großen Zorn unter den ortsansässigen Augenspezialisten, daß der US-Bundesstaat New York ein Gesetz verabschiedete, nach dessen Wortlaut das Praktizieren der Methode von Dr. Bates völlig untersagt wurde, falls nicht die ausdrückliche Zustimmung eines Arztes im Einzelfall vorlag. Im Jahr 1961 löste die letzte Gruppe von Lehrern der Methode Corbett-Bates auf Anraten eines Rechtsanwalts ihren Verband auf. Die Lehrer zerstreuten sich, verloren den Kontakt zueinander und wurden nicht mehr beachtet.

Mrs. Corbetts Kämpfe um rechtliche Anerkennung um 1940 bedeuteten keinesfalls das Ende der Unterdrückung der natürlichen Methode für besseres Sehen in Kalifornien. Im Jahr 1974 bekam meine Kollegin in San Francisco, Mrs. Anna Kay, die in aller Stille die Prinzipien der Bates-Methode mehrere Jahrzehnte lang verbreitet hatte, den Besuch von zwei Spitzeln, sogenannten Undercover Agents. Daraufhin schrieb ihr das Büro des Bezirksstaatsanwaltes, daß sie in 16 Punkten gegen bestehende amerikanische Gesetze verstoße. Die Untersuchung kam durch die Veröffentlichung eines Aufsatzes über Fußreflexzonentherapie ins Rollen, den Mrs. Kay für ein Gesundheitsmagazin geschrieben hatte.

Im Jahr 1983, kurz bevor ich nach Australien übersiedelte, erhielt ich einen Brief vom Geschäftsführer des Berufsverbandes für Optometristen in Sacramento, Kalifornien. Eine Empfangsdame, beschäftigt in einer Fachpraxis, hatte ihm eine meiner Broschüren zukommen lassen. Ich solle dem Geschäftsführer, so schrieb er, sofort und genau erläutern, was Unterricht in „Visualisation" bedeute, oder ich müsse unverzüglich mit einer Untersuchung der Angelegenheit durch den zuständigen Bezirksstaatsanwalt rechnen. Mein Antwortschreiben bestand darin, daß ich ihm mein Mitgefühl darüber ausdrückte, daß der US-Bundesstaat Kalifornien sich offenbar kein Lexikon leisten könne. Ich erwähnte dann, daß Mütter ihren Kindern das Visualisieren beibringen, wenn sie Gute-Nacht-Geschichten erzählen, und sogar Tennistrainer Champions aufbauen, indem sie ihnen bestimmte Bildvorstellungen ins Gehirn „malen". Danach hörte ich nichts weiter.

Margaret Corbett, und ich in ihren Fußspuren, haben immer sorgfältig darauf geachtet, weder Terminologie noch Verfahrensweise von Augenärzten zu benützen, um Konflikte zu vermeiden. Ich hatte telefonisch mit dem überarbeiteten Vorgänger des eben erwähnten offiziellen Herrn gesprochen, um sicher zu sein, daß ich nicht in den Fangstricken der bürokratischen Schutzwälle um die professionelle Augenheilkunde hängenbleiben würde. Ich hatte mir die Gesetze über die Ausübung von Optometrie, Ophthalmologie, Medizin und Psychologie im US-Bundesstaat Kalifornien ins Gedächtnis gerufen. Nach 17 Jahren Erfahrungen als Lehrerin für Natürliches Sehen in Los Angeles waren Überprüfungen in bestimmten Zeitabständen voraussehbar geworden. In den Behörden wechselte das Personal von Zeit zu Zeit, und die jeweiligen „Nachfolger" versuchten immer wieder energisch, die Einhaltung von Gesetzen durchzudrücken, die so weit gefaßt waren, daß sie jeden bedrohten, der Begriffe wie „Augen, Sehen, Verbesserung, Training, Klassen" usw. verwendete. Das Programm philosophisch und praktisch dem Bereich des Erziehungswesens zuzuordnen (wo es ja ohnehin hingehört) war die einzige Alternative, wollte man „Natürliches Sehen" nicht zur Religion erklären. Es übersteigt immer noch die Vorstellungskraft mancher Menschen, daß eine Erziehung zu „Natürlichem Sehen" ohne den Einsatz von Instrumenten und optischen Geräten möglich ist. Nun, das ist in Ordnung, auch wenn manche Leute denken, es gäbe nichts anderes als das, was sie selbst erlebten. Der Beamte in Sacramento gab mir den freundlichen Rat, ich solle mir doch eine Lizenz für Sehtherapie besorgen und nur mit den mir von *Optometristen, Augenärzten oder zugelassenen Ärzten und Chirurgen überwiesenen Patienten arbeiten* (Hervorhebung von ihm). Die Mediziner, die als Schüler an meinen Kursen teilnahmen, kamen aber gerade deshalb, weil das von mir vermittelte Wissen nicht im Kollegenkreis geboten werden konnte!

Die Philosophie, Erziehung und Methoden der Lehre des Natürlichen Sehens verlaufen auf einem völlig anderen Weg als die Praktiken der orthodoxen Augenärzte. Geduldige und verantwortungsvolle Personen lehren die Verbesserung der Sehkraft auf natürliche Weise seit eh und je in ihren Wohnungen, in Schulen und Gesundheitszentren und verbreiten dabei die Liebe zum Sehen, statt Kapital aus der Verletzlichkeit des Sehvermögens zu schlagen. Sie praktizieren Humanität ohne Genehmigung. Ich möchte, daß dieser Zustand erhalten bleibt.

Es gibt eine dritte, immer wieder auftauchende Frage, die den Sehschülern gewöhnlich von skeptischen Freunden und Verwandten gestellt wird. Sie lautet: „Wo ist der Beweis? Zeig mir ein paar Zahlen. Wenn es echte Beweise gibt, mache ich auch mit." Sie werden jetzt verstehen, warum fundierte und objektive Beweise selten sind. Erst während der vergangenen zwei bis drei

Jahre haben Augenfachleute mit einem persönlichen Interesse an alternativer Heilkunst damit begonnen, Patienten vor und nach der Teilnahme an Kursen der Methode Bates bzw. für „Natürlich besser sehen“ zu untersuchen. Glücklicherweise konnte ich in all den Jahren immer wieder Fachleute und schließlich auch Augenärzte finden, die zumindest so viel Interesse aufbrachten, daß sie bereit waren, meine Schüler objektiv zu untersuchen. Diese Ärzte müssen viel Nachsicht und Verständnis aufbringen, sonst sind die Schüler nicht zur Rückkehr in die Praxis motiviert, sei es, um ihre Fortschritte objektiv messen oder um die empfohlenen schwächeren Brillengläser verschreiben zu lassen.

Hier sind einige Beweise

Die Daten der folgenden Fortschrittstabelle wurden von dem Augenarzt H. H. Friend 1984 in Australien zusammengestellt. Allen Brillenträgern wird im Kurs empfohlen, einen Augenarzt aufzusuchen und ihre Gläser abschwächen zu lassen. Mr. Friend erklärte sich dazu bereit, Statistiken über die Fortschritte von Schülern innerhalb einer relativ kurzen Zeitspanne anzufertigen.

Diese Schüler bestimmten den Zeitpunkt ihrer Rückkehr in Mr. Friends Praxis selbst, nachdem ihnen geraten worden war, ihre Übergangsgläser zurücksetzen zu lassen, sobald sie bemerkten, daß sie zu stark waren. Manchmal kommen mir Klagen zu Ohren, daß diese Prozedur des wiederholten Reduzierens von Brillen kostspielig werden kann. Mit Hilfe von Discount-Optikern und Augenärzten, die bereit sind, anstelle einer vollen Untersuchung bei wiederholten Besuchern nur jeweils die neue Sehstärke zu messen, und den Leistungen der Krankenkassen wird dieses Argument, den Augen keine Chance zu geben, haltlos.

Zur Erklärung der Tabelle auf den folgenden Seiten das Beispiel Miss C. B.: Miss C. B. begann mit 27 Jahren den Kursus zur Verbesserung ihrer Sehkraft und hatte damals im rechten Auge ein Sehvermögen von 6/X. Die Zahl 6 bezeichnet eine Entfernung von sechs Metern zur Augenprüftafel. Das X bedeutet, daß sie nicht imstande war, irgendwelche Buchstaben darauf zu erkennen. Ihr Brillenrezept (Rx) hatte bislang – 8,50 gelautet, d. h. achteinhalb Dioptrien Minuskorrektur (Kurzsichtigkeit) im rechten Auge, mit einer Korrektur wegen Astigmatismus von zweieinhalb Dioptrien bei einem Winkel von 75 Grad. Für ihr linkes Auge benützte sie ein Glas von – 8,25, d. h. achteinviertel Dioptrien für Kurzsichtigkeit und einer Astigmatismuskorrektur von zweieinviertel Dioptrien in einem Winkel von 165 Grad. Mit dieser Brille war Miss C. B. voll korrigiert auf 6/6 nach dem Dezimalsystem oder 20/20 entsprechend dem anglo-amerikanischen System in Fuß. Mr. Friend änderte ihr Brillenrezept, indem er die Astigmatismuskorrektur ganz herausnahm und die Krümmung ihrer myopischen Korrektur um dreiviertel Dioptrien im rechten Auge und eine halbe Dioptrie im linken Auge abschwächte. Ihre Sehkraft mit diesem Übergangsrezept (Ü Rx) betrug nunmehr 6/12, was zum Autofahren ausreicht. Miss C. B. kam nach vier Monaten in die Praxis von Mr. Friend zurück. Mit ihren Übergangsgläsern (Ü) konnte sie jetzt Zeilen weiter unten auf der Augenprüftafel ablesen und ließ so gute Fortschritte beim Sehen erkennen, daß Mr. Friend ihre Brille nochmals abschwächen konnte. Diesmal las sie die 6/12 Zeile auf der Augenprüftafel mit – 7 Dioptrien vor dem rechten Auge und – 6,25 Dioptrien vor dem linken Auge. In dieser Situation bat Miss C. B. um eine zusätzliche Reduzierung ihrer Gläser, weil sie nicht Auto fuhr. Diese erbetene Rezeptur (Rx) ist aus der letzten Spalte ersichtlich. Die Fallstudien Nummer 2, 3, 4 und 8 zeigen ähnliche Verhältnisse an. Diese Schüler waren nach langjährigem Brillentragen voller Freude über ihre Fortschritte und bewiesen ihre Fähigkeit, mit

Fall Nr.	Datum	Name	Alter	unkorrigierte Sehkraft erster Besuch	Rx	Sehkraft mit Brille	verändertes Rezept Rx für Ü-Brille	Sehkraft mit Rx	zweiter Besuch nach	Sehkraft mit „Ü"-Rx	verändertes Rx	Sehkraft mit neuem „Ü"-Rx	verschrieben
1	11/83	Miss C. B.	27	R 6/X L 6/X	−8.50/−2.50×175 −8.25/−2.25×165	6/6 6/6	−7.75 −7.75	6/12 6/12	4 Monate	6/7 6/9.5	−7.00 −6.25	6/12 6/12	−6.75 −6.00
2	4/84	Mrs S. S.	34	R 6/X L 6/X	−7.00/−0.25×135 −6.25/−0.25×45	6/6 6/6	−6.00 −5.50	6/12 6/12	3 Monate		−5.75 −4.75	6/12 6/12	−5.00 −3.50
3	4/84	Mrs A. R.	33	R 6/48 L 6/60	−2.75/−0.50×180 −2.75/−1.25×180	6/6 6/6	−2.25 −2.50	6/12 6/12	1 Woche		−1.50 −2.00	6/12 6/12	−1.00 −1.50
4	3/84	Mrs E. C.	33	R 6/X L 6/X	−6.50/−1.25×150 −6.50/−1.75×35	6/6 6/6	−6.25 −6.25	6/12 6/12	2 Monate	6/6 6/7.5	−5.75 −5.75	6/12 6/12	−3.00 −3.00
5	6/84	Mrs K. W.	27	R 6/38 L 6/30	−2.00/−0.25×65 −1.75	6/6 6/6	−1.25 −0.75	6/12 6/12	4 Monate	6/95 6/12	−1.00 −0.50	6/12 6/12	
6	3/84	Mr. D. J. A.	31	R 6/48 L 6/30	−3.00/−0.25×60 −3.25/−0.75×75	6/6 6/6	−2.00 −2.25	6/12 6/12	3 Wochen		−1.75 −1.75	6/12 6/12	
7	3/84	Miss J. B.	27	R 6/75 L 6/84	−0.25/−1.50×40 −1.75/−2.50×130	6/6 6/6	−0.25 −1.50−1.25×130	6/12 6/12	1 Monat		Plano −1.00	6/9.5 6/12	
8	3/84	Miss J. B.	29	R 6/X L 6/X	−4.25/−3.25×165 −4.75/−1.75×15	6/6 6/6	−4.25−1.50×165 −4.75−0.50×150	6/12 6/12	3 Monate	6/12 6/12	−4.25 −4.00	6/12 6/12	−3.75 −3.75
9	2/	Mrs J. Mc.		R 6/75 L 6/75	Plano +0.75/−0.50×135 Add+0.75	6/75 6/75	keine Brille für den Nah- oder Fernbereich	6/75 6/75	1 Monat	6/6 6/6	liest ohne Brille im Nah- und Fernbereich		

Fall Nr.	ursprüngliches Rx	gegenwärtiges Rx	Sehkraft beide Augen (BA)	Sehkraft ohne Rx	objektiv gemessene Verbesserung geschätzt auf
1	−3.75/+1.00 x 100 −3.25/+100 x 95	−1.50 −1.50	20/15	Tag 20/25 Nacht 20/50	54 %
2	−2.25 −2.25	−1.00 −1.00	20/20	Tag 20/40 Nacht 20/50	56 % 56 %
3	−4.25/+1.75 x 120 −3.25/+0.75 x 4	−1.75 −1.50	20/20	Tag 20/40 Nacht 20/70	50 %
4	−7.75/+1.50 x 10 −7.25/+1.25 x 0	−4.50 −4.00	20/25		30 %
5	−5.00/+2.00 x 95 −3.50/+1.75 x 90	−2.50 −1.00	20/25	Tag 20/25 Nacht 20/50	50 %
6	−3.25/+0.50 x 0 −3.50/+1.50 x 95	−1.00 −1.00	20/25		65 %
7	−8.00/+0.75 x 80 −7.75/+0.50 x 90	−4.00 −4.00	20/30		45 %
8	−3.25/+0.50 x 150 −2.25	−2.00 −1.25	20/20	Tag 20/40 Nacht 20/80	40 %
9	−8.75/+2.25 x 90 −7.00/+2.25 x 95	−7.00=+0.75 x 90 −6.00=+0.75 x 90	20/25		15 %
10	−2.50/+0.75 x 83 −3.00	−0.75 −1.50	20/20		60 %
11	−3.00/+0.56 x 175 −3.50/+0.75 x 35	−1.50 −1.50	20/20	ohne Korrektur 20/40	50 %
12	−3.25/+0.75 x 177 −4.00/+1.00 x 176	−2.50 −2.50	20/15	ohne Korrektur 20/70	30 %
13	+4.00 +3.25	+1.75 +1.75	20/20 Nahpunkt	ging zurück zu +2.75 BA 20/20	30 %
14	−6.50 −9.00 (20/30)	−5.50 −7.50	20/30		30 %
15	−9.00/+0.50 x 05 −4.75/+0.75 x 05	−6.00 −3.00	20/50		30 %
16	plano/+3.25 x 140 plano/+2.50 x 44	+1.50 x 175 +1.50 x 55	20/20	sieht 20/20 ohne Korrektur	50 %+
17	+3.00 Lesen +2.25/+0.75 x 96	+1.75 +0.75++1.75 x 70	20/20		40 %

Hilfe zunehmend schwächer werdende Rezepte scharf zu sehen.

Die Daten auf obiger Tabelle wurden von dem Augenarzt J. Soorani 1980 bis 1984 in Los Angeles zusammengestellt. Die Fallbezeichnungen 1–17 zeigen Schüler, die an von mir oder einer von mir ausgebildeten Lehrkraft geleiteten Kursen zwischen acht und zwölf Wochen teilnahmen.

Die Daten beziehen sich auf Zeitspannen zwischen zwei und drei Wochen für die Fälle 10, 11 und 12 und einem und drei Jahren. Die meisten Schüler beteiligten sich an Kursen zwischen acht und zwölf Wochen und machten dann in eigener Initiative weiter. Wir wissen nicht, was passiert wäre, wenn diese Schüler weiterhin Kurse besucht oder Wochenendseminare zum Auffrischen belegt hätten. Die Fälle 5, 12 und 14 entschlossen sich aus unbekannten Gründen, wieder ihre alten Brillen zu tragen, obwohl sie – objektiv betrachtet – Fortschritte bei der Stärkung ihrer Sehkraft zu verzeichnen hatten. Eine künftige tabellarische Darstellung der Fortschritte von Sehschülern könnte auch die Stunden innerhalb der Kurse sowie autobiografische Angaben erfassen. Die objektiv gemessenen Daten der Tabellen beweisen klar, daß „irreversible Myopie“ sich keineswegs einer Besserung entzieht.

Im Jahr 1977 führte Coralie La Salle eine Untersuchung an zwölf kurzsichtigen Schülern aus meinen Sehkursen und Privatstunden durch. Ihre Diplomarbeit „Some Psychophysiological Influences in Myopia“ („Einige psychosomatische Einflüsse bei Kurzsichtigkeit“) enthielt die folgenden Meßergebnisse, die von einem lizenzierten Augenarzt in Los Angeles geliefert wurden. Coralie erhielt für ihre Arbeit den Magistertitel der Universität von Los Angeles (UCLA). Sie ließ sich zur Lehrerin für Natürliches Sehen ausbilden und ist jetzt in Los Angeles tätig.

Person	Sehkraft zu Beginn		Sehkraft am Ende		Monate im Training
M1	R20/400	L20/400	R20/400	L20/300	15
F 1	20/600	20/400	20/500	20/400	3
F 2	20/300	20/80	20/70	20/60	7
F 3	20/800	20/800	20/500	20/500	6
M 2	20/400	20/200	20/300	20/100	4
F 4	20/400	20/400	20/200	20/200	10
F 5	20/250	20/250	20/200	20/200	6
F 6	20/400	20/400	20/200	20/200	3
F 7	20/400	20/400	20/300	20/300	3
F 8	20/600	20/600	20/600	20/600	12
F 9	20/600	20/600	20/600	20/600	11
F 10	20/800	20/800	20/60	20/60	1½*

Die letzte Reihe mit Sternchen-Markierung zeigt die Daten von Barbara Hughes, der ersten von mir offiziell ausgebildeten Lehrerin für Natürliches Sehen. Während ihrer Ausbildung lebte sie in meinem Haus in Kalifornien und schrieb dann ein Buch: *Besser sehen in 12 Wochen.*

Persönliche Geschichten

Die folgenden Briefe sind nur ein paar Beispiele für die vielen Zuschriften von Sehschülern:

13. August 1981

Liebe Janet,
nachdem ich drei Monate lang Ihre Kurse zum Sehenlernen besucht habe, möchte ich Ihnen von meinen Erfahrungen berichten. Vorweg sei gesagt, daß ich Ihre Arbeit für wichtig und wertvoll halte, und ich möchte dabei Ihre Beharrlichkeit anerkennen angesichts der sehr bescheidenen Zustimmung innerhalb der medizinischen Fachkreise. Mir haben die Kurse Freude bereitet, ich habe eine Menge gelernt und betrachte jetzt meine alternde Sehkraft aus einer ganz anderen Perspektive. Ich habe meine Lese- und Sonnenbrille beiseite gelegt und befolge viele Ihrer Übungen, so oft ich daran denke. Da sie so einfach und angenehm sind, denke ich, daß ich das Programm unbegrenzt weiterführen werde. Ich bemerkte, daß alle Kursteilnehmer Fortschritte verzeichneten und das Programm so sehr schätzen wie ich.

Wie bereits erwähnt, hoffe ich eines Tages ein ähnliches Augenprogramm in das Gesundheitsvorsorge- und -förderungsprogramm einzubeziehen, dessen ärztlicher Direktor ich zur Zeit bin. Die von Ihnen befürworteten Einstellungen zum Sehvermögen und Brillentragen stimmen ausgezeichnet überein mit unseren eigenen Vorstellungen von Patientenerziehung und Patientenaufklärung auf dem Gebiet bestmöglicher Gesundheit.

Ich danke Ihnen für den gewaltigen Beitrag, den Sie für mein eigenes Verständnis und für das Verständnis Ihrer anderen Schüler im Bereich der Sehkraft und menschlichen Leistungsfähigkeit geleistet haben.

Dr. med. Cleaves M. Bennet
Ärztlicher Direktor
„Innerhealth Program"
Los Angeles, California, USA

1982

Liebe Janet,
Als holistische Gesundheitserzieherin habe ich einen außergewöhnlichen Energieausbruch durch meine Augen in Ihrem Kurs erlebt. Meine Brille verstaubt jetzt in meiner Schreibtischschublade.

Elly Wagner, B. A.
Los Angeles, California, USA

15. Juni 1986

Ich sehe klarer, schärfere Konturen, leuchtendere Farben. Meine Haltung ist aufrechter. Ich fühle mich weicher, offener, kontaktbereiter, spüre die Atmung bewußter.
Gabi Köder

7. Juli 1986

Liebe Janet,
seit dem außerordentlichen Erfolg, den ich an Deinem Sehkurs im Jahre 1984 verbuchen konnte, sieht mein tägliches Sehtraining wie folgt aus:

Wenn ich am Morgen den Kalenderzettel abreiße, benutze ich die schwarzen Buchstaben und Zahlen gleich für das „Trompeten".

An meinem Arbeitsplatz ist immer die Lesekarte. Damit übe ich, was Du uns gezeigt hast.

Auch das Nah-fern-Schwingen vernachlässige ich nicht, das tut meinen Augen besonders gut.

Beim Palmieren mache ich herrliche Tagräume für meine nahe und ferne Zukunft.

1. Brille Januar 1981 1,0 + bds.
2. Brille Januar 1983 1,5 + bds.
3. Brille April 1984 2,0 + bds.
Juni 1984: Sehkurs mit Janet

Resultat: keine Brille mehr (über Nacht). Seither mache ich jeden Tag etwas für meine Augen.
Rosa Maria Berner
Büren, Schweiz

Juli 1986

Liebe Janet,
seit dem Kurs bei Dir lerne ich meine zwei geheimnisvollen Freunde kennen, die die äußere und meine innere Welt miteinander verbinden.

Zuerst konnte ich Wärme, dann ein Vibrieren in den Augen wahrnehmen. Die Augen als lebendige Organe kamen in mein Bewußtsein und wurden ein Teil von mir. Staunend realisierte ich eines Tages, daß der Tag heller und die Farben leuchtender waren, als ich es gewohnt war. Dankten mir die Augen dafür, daß ich ihnen jetzt mehr Sonne und Bewegung gönnte?

Die Fähigkeit der Augen, autonom mit unzähligen feinen Bewegungen ein Bild wahrzunehmen, ist also nur möglich, wenn ich dabei durch mein SEHENWOLLEN nicht behindere!
Monika Sutter
Wädenswil, Schweiz

Juli 1986

Liebe Janet,
dieses Augenpaar, das mich morgens so farbenfroh und kraftvoll glänzend aus dem Spiegel heraus anschaut, zeigt mir, daß mein „Ausbruch“ aus dem „Hinterglasgefängnis“ nicht ohne Folgen geblieben ist.

Der neue „Ausblick“ schärft nicht nur Sehkraft, sondern beschwingt den Geist, bewegt den Körper und gibt dank der Kraft der Sonne neuen Mut im Spiel des Lebens.
Mit dankbarem Gruß
Hanjo Walter
Tübingen

Juli 1986

Liebe Janet,
meine kurzsichtigen Augen, wie gerne habe ich sie bekommen, trotz ihrer Verschwommenheit. Seit ich gelernt habe, diese Verschwommenheit anzunehmen, spüre ich mich viel intensiver.

26 Jahre lang habe ich Kontaktschalen getragen, seit 6 Monaten eine schwächere Brille und jetzt: je weniger ich meine Brille aufsetze, desto bewußter und entspannter lebe ich und habe nicht mehr den Anspruch an mich, alle Dinge sofort und perfekt zu erledigen, und bitte andere auch mal um Hilfe. Ich fühle mich viel weicher, offener und großzügiger.

Angefangen hat diese Veränderung vor 3 Jahren mit sporadischen Augen-Workshops und wurde jetzt intensiv verstärkt durch den Kurs bei Dir.

Ich möchte allen Mut machen, langsam und geduldig zu beginnen, ihre Fehlsichtigkeit anzunehmen und mit den Augen zu spielen ... wie? ... mit den vielen Anregungen, die in diesem Buch stehen und der eigenen Phantasie und Liebe.
Leonore K.
Pfynn, Schweiz

Juli 1986

Lieber Verlag,
sicher interessiert Euch meine Erfahrung mit der neuen Methode von Dr. Janet Goodrich. Das Resultat war so verblüffend, daß ich davon berichten muß:

Es begann vor 12 Jahren. Im weißen Kittel stand die Augenärztin vor mir und streckte mir das Rezept für eine Lesebrille hin: „Hornhautverkrümmung und Ihre Sehkraft nimmt halt ab, das ist in Ihrem Alter völlig normal ...“ So ihr tröstender Befund.

Ich wollte es einfach nicht glauben, daß ich mit 48 Jahren schon Krücken für meine Augen brauchte. Nun, ich ergab mich meinem Schicksal und trug eine Brille. Vor 2 Jahren konnte ich die Buchsta-

ben auf den Schreibmaschinentasten ohne Brille nicht mehr lesen. Die Sehkraft ließ also ständig nach.

Nun hörte ich von einer neuen Methode, die Frau Dr. J. Goodrich in Los Angeles praktizierte, und als sie nach Europa kam, besuchte ich einen Ihrer Kurse 1984.

Die Logik der ganzen Methode war so einleuchtend, daß ich sofort und konsequent mit den Übungen begann. Bald war das Lesen von Briefen, Büchern und Zeitungen kein Problem mehr, und nach 2 bis 3 Monaten las ich Telefonbuch und kleingedruckten Fahrplan ohne Brille, ohne Lupe – wie vor 20 Jahren. Die Brille habe ich weggelegt und vergessen! Ich bin jetzt 60 Jahre alt.

Jakob Bächtold
Muttenz, Schweiz

Juni 1986

Liebe Janet,
mit meiner Sicht geht es bestens! Ich male häufig mit dem „weißen Pinsel" über Plakate ... das hilft, auf einmal treten Buchstaben klar hervor!

Auch das Nah-fern-Schwingen, das Cross crawl und Sonnenbaden machen mir Spaß, ich bin sonnenhungrig geworden.

Mein Selbstwertgefühl hat sich gebessert, ich fühle mich sicherer. Ich habe keine Angst mehr, ohne Brille zu gehen. Ich habe mich mit meiner „Verschwommenheit" angefreundet!

Ich merke inzwischen, daß scharfe Bilder immer vorhanden sind, nur durch unscharfe verdeckt werden. Ich habe vor der Welt, vor den Reaktionen meiner Umgebung auf mich mit Kritik keine Angst mehr. Ich kann die Welt also immer mehr hereinlassen und wahrnehmen.

In Liebe
Claudia Z.
Zürich, Schweiz

Juli 1986

Liebe Janet,
ich war erstaunt über meine Sicherheit, mit der mir sofort klar war, daß ich Deinen Kurs mitmachen würde, und kam von der dänischen Grenze zu Dir in die Schweiz. Ich lerne hier nun unendlich viel auf allen verschiedenen Ebenen. Ich weiß inzwischen, daß meine Sehprobleme in engem Zusammenhang stehen mit meinen seelischen und somit auch körperlichen Verspannungen. Auch bekomme ich Verständnis für Bewegung, Energie, Angst, Wut, Polarität usw. – und während dies passiert, verändert sich permanent mein Sehen! Mein Sehen ist nicht mehr statisch, es wechselt dauernd, dadurch weiß ich nun, daß ich eines Tages gar keine Brille mehr brauchen werde – und das nach 30 Jahren Brillenleiden und Kontaktlinsen.

Wunderbar!
Elke W.
Bohmstedt

Eine Lehrerin für Natürliches Sehen berichtet

Meine erste Brille bekam ich mit neun Jahren, und es verwunderte niemanden, denn zu lange Augäpfel „lagen in meiner Familie". Vier meiner Geschwister trugen starke Brillen, und offensichtlich „hatten wir das von unserem Vater geerbt".

Die −3 der ersten Gläser steigerten sich im Lauf der Jahre auf −6,75. Dann war ich ausgewachsen, und wie vom Augenarzt vorausgesagt, veränderte sich die Stärke ab diesem Zeitpunkt nicht mehr.

Ich haßte die Brille und kaufte für mein erstes selbstverdientes Geld ein Paar (harte) Kontaktlinsen, die ich dann bei den unpassendsten Gelegenheiten – etwa beim Tanzen auf schummrigen Parties und beim Überqueren von Straßen – verlor und nach rund einem Jahr aufgeben mußte, weil meine Augen davon so brannten, tränten und sich vernebelten, daß ich Angst bekam, blind zu werden.

Beim zweiten Anlauf investierte ich dann alle zwei Jahre in ein neues Paar weicher Kontaktlinsen, was mir im Verhältnis zu der dadurch erlangten Bewegungsfreiheit und dem kosmetischen Effekt preiswert erschien. Mit dem umständlichen Hantieren und Herumschleppen der diversen sterilen Lösungen fand ich mich ab. Nach ungefähr zehn Jahren jedoch hatten sich die Äderchen im Augapfel so weit vorgeschoben, um den dauernden Sauerstoffmangel wettzumachen, daß ich auf Anraten des Arztes wieder zur Brille zurückkehrte.

Ich fühlte mich betrogen, benachteiligt, verraten, gefangen auf Lebenszeit. Nur ein Wunder konnte da noch helfen ...

Als ich in San Francisco auf die Ankündigung eines Vortrags über „Natürlich besser sehen" stieß, hatte ich sechsundzwanzig Jahre hinter Brillengläsern oder Kontaktlinsen gelebt.

Ich erinnere mich noch gut an die qualvolle Unsicherheit des Sitzens in der trüben Nebelsoße mit wabernden vagen Farbflecken, die sich meinen Augen darboten, nachdem ich – zögernd – meine Brille für die Dauer des Vortrags abgenommen hatte. Aber nach zweieinhalb Stunden, als ich sie wieder aufsetzte, um mich für den Kurs einzuschreiben – damals tat ich aber auch nicht einen Schritt ohne Brille – war sie zu stark! *Ungläubig nahm ich sie ab, setzte sie wieder auf:* zu stark!

Am nächsten Tag rannte ich förmlich zum Optiker. Dreimal ließ ich mir in der Folgezeit schwächere Gläser verschreiben, bis ich die Brille nur noch zum Autofahren, dann nur noch zum Autofahren bei Nacht und schließlich gar nicht mehr aufsetzte.

Und ich lernte viel mehr als nur Sehen. Ich lernte mich kennen, meine Ängste, die Mechanismen, mit denen ich sie und andere Gefühle unterdrückte, meine (überwiegend kritisch-negativen) Denkmuster, die Schutzwälle, die ich um mich aufgebaut und hinter denen ich mich verkroch. Ich lernte sie anschauen und allmählich lösen. Anfangs hielt ich jedesmal den Atem an, wenn sich das unerträglich schöne Aufblitzen von Klarheit einstellte, denn ich hielt mich für so schwach, daß schon die Schönheit dieser Welt zu viel für mich war. Aber langsam wuchs mein Selbstvertrauen, änderte sich mein Selbstbild, und das Sehenlernen wurde nicht nur ein Weg zur persönlichen Befreiung, sondern zum Beruf.

Heute bin ich mit Leib und Seele Lehrerin für Natürliches Sehen und habe seit meiner Ausbildung im Jahr 1984 durch Janet Goodrich in Amerika, Bolivien, Deutschland und Australien unterrichtet. Das Sehenlernen ist für mich weit mehr als ein Weg zur Unabhängigkeit von der Brille. Es öffnet neue Perspektiven für das gesamte Leben und lehrt uns die Verantwortung für uns und unseren Körper wieder in die eigenen Hände nehmen.

Die Veränderungen, die an den Kursteilnehmern zu beobachten sind, gehen weit über das Wiedererlangen der vollen Sehkraft hinaus. Das Lösen von emotionalen Blocks und die Integration der Gehirnhälften setzt Energie frei, die oft verborgene Fähigkeiten und Talente zu Tage bringt und die allgemeine Gesundheit fördert. (Im letzten Kurs wurde eine Schülerin durch den Nah-fern-Schwung zu einer 43tägigen Fastenkur – ein Tag für jedes Lebensjahr – angeregt.) Das Entspannen, Atmen und die Bewegungsspiele bringen nicht nur mehr Sehschärfe, sondern auch Nebeneffekte wie besseren Schlaf, mehr Offenheit und viel Fröhlichkeit mit sich. (Können Sie sich das Gelächter vorstellen, wenn als erste Lektion alle lernen, laut und ungeniert und ausgiebig zu gähnen?) Das Umformen von negativen Gedanken wirkt wie die Suchbildspiele: Positives taucht vermehrt im Leben auf und „springt" förmlich auf einen zu.

Und wer einmal erlebt hat, daß er aus eigener Kraft sehen gelernt, also etwas erreicht hat, das von weiten und allgemein anerkannten Kreisen als unmöglich eingestuft wird, der mag in Zukunft selbst entscheiden, was für sie oder ihn „unmöglich" oder „möglich" ist.

Michaela Schmidt
Mai 1986

Biographien

Dr. med. William Bates wurde 1860 in New Jersey, USA, geboren. Er spezialisierte sich auf die Augenheilkunde. Da die Korrektur von Refraktionsfehlern durch künstliche Linsen nichts zur Verbesserung des menschlichen Sehvermögens beitrug, entwickelte er ein Verfahren zur individuellen Verbesserung des Sehens, das auf Bewegung, Visualisation und Entspannung beruhte, und das er an seiner privaten Klinik und an den öffentlichen Schulen in New York lehrte. Durch seine Forschungsarbeiten bewies Bates, daß die normale Fixierung des Auges zentrisch, aber niemals unbeweglich ist.

Dr. Bates war ein stiller und bescheidener Mann, ein ernsthafter Kenner von Literatur und Astronomie, ein ungezwungener und liebevoller Vater. Er starb 1931 als anerkannter und berühmter Facharzt für Augenheilkunde, aber seine wichtigste Arbeit im Bereich der Lehre vom Sehen wurde von der Schulmedizin abgelehnt.

Dr. med. Wilhelm Reich war ein Psychiater und Wissenschaftler, der von Sigmund Freud in Wien ausgebildet wurde. Reich sagte sich von der schulmäßigen Ausrichtung der mündlichen Psychoanalyse los. Er entwickelte und belegte die Theorie, daß geistige und emotionale Abweichungen sich in blockierter Körpermuskulatur niederschlagen. Reichs Ideen strahlen heute zurück in die Bereiche der natürlichen Geburt, der alternativen Erziehung, der positiven Sexualität, der Körper- und Atemtherapien, der Bioenergetik, der Gestalt-Lehre, der psychosomatischen Medizin – sogar auf die Wetterkontrolle und Erforschung unbekannter Flugobjekte (UFOs). Reich stützte seine umfassende Methode zum Verständnis von geistigen und gesellschaftlichen Erkrankungen auf sorgsame wissenschaftliche Forschungen. Viele dieser Unterlagen wurden im Verbrennungsofen von Long Island vernichtet, nachdem Reich zu einer zweijährigen Haftstrafe verurteilt worden war, weil er sich weigerte, sich zu einem gerichtlichen Urteil über den Wert seines Lebenswerkes vor einem Gerichtshof einzufinden. Wilhelm Reich starb 1957 in einem amerikanischen Bundesgefängnis.

Margaret Darst Corbett wurde 1890 in Boston geboren und erhielt eine Ausbildung als Kindergarten-Lehrerin. Nachdem das langfristige schlechte Sehvermögen ihres Ehemannes und seine Gesundheit durch die Bates-Methode wiederhergestellt worden waren, wurde sie zur Lehrerin für besseres Sehen und gründete eine Schule für Lehrer für Natürliches Sehen mit vielen Zweigstellen in den USA und anderen Ländern. Sie überstand und gewann eine Reihe von Gerichtsverfahren wegen unerlaubter Ausübung der Optometrie und ging ihrer Aufgabe bis zu ihrem Tod mit 71 Jahren unauffällig nach. Sie bildete viele Lehrkräfte in ihrer Methode aus.

Anhang

LITERATURVERZEICHNIS

Arguelles, José and Miriam: *Mandala.* Berkeley and London: Shambala, 1972.

Barefoot Doctor's Manual: *A Guide to Traditional Chinese and Modern Medicine.* Washington, D.C.: United States Government Printing Office. Ein Nachschlagewerk für chinesische Kräuterkunde.

Bates, William H.: *Rechtes Sehen ohne Brille.* 3. Aufl., Bietigheim: Rohm 1991.

Bieler, Henry: *Richtige Ernährung – deine beste Medizin.* Bauer Verlag, Freiburg 1966.

Burger, G. C.: *Die Rohkosttherapie.* Heyne, 5. Aufl., München 1992.

Buzan, Tony: *Use Both Sides Of Your Brain.* New York: E. P. Dutton, 1974.

Caplan, Frank: *The First Twelve Months of Life.* New York: Bantam.

Caplan, Theresa and Frank: *The Second Twelve Months of Life, The Early Childhood Years: The 2- to 6-Year-Old.* New York: Bantam, 1983.

Clark, Linda: *Color Therapy.* Old Greenwich, Connecticut: Devin-Adair, 1975.

Corbett, Margaret D.: *Besser sehen.* Ariston Verlag, 5. Aufl., Genf/München 1992. Erklärung der Bates-Methode und einfache Techniken.

Delacato, Carl H.: *The Treatment and Prevention of Reading Problems.* Springfield III: Charles C. Thomas Co., 1959.

Dennison, Paul: *Befreite Bahnen.* Verlag für Angewandte Kinesiologie, 7. Aufl., Freiburg 1992. Dieses Buch wurde für Laien und Lehrer geschrieben.

Diamond, John: *Der Körper lügt nicht.* Verlag für Angewandte Kinesiologie, 9. Aufl., Freiburg 1993.

Diamond, H. & M.: *Fit fürs Leben.* Goldmann, München 1990.

Diamond, M.: *Neue Eßkultur mit Sonnenkost.* Waldthausen, Ritterhude 1991.

Dufty, William: *Sugar Blues.* New York: Warner, 1975.

Duke-Elder, Sir Steward: *Ophthalmic Optics and Refraction.* London: Henry Kimpton, 1970.

Edwards, Betty: *Garantiert zeichnen lernen.* Rowohlt, Reinbek

b. Hamburg, 1992. Ein Kurs, der die Kreativität und das Vertrauen in die eigene Begabung fördert.

Ekman, Paul, and Friesen, Wallace: *Unmasking The Face.* New Jersey: Prentice-Hall, 1975.

Elmstrom, George: *Holistic Consideration For The Advancing Optometrist.* Chicago III: The Professional Press, Monograph Series 8201, 1983. Geschrieben für Augenfachkundige. Diese Monographie hält dazu an, die Auswirkungen von Ernährung auf die Sehkraft genau zu betrachten.

Ferguson, Marilyn, ed.: *The Brain Mind Bulletin,* Volume 7, Number 17, 25 Oct, 1982.

Fry, T. C./Shelton, H.: *Reines Wasser für die Gesundheit.* Waldthausen, Ritterhude 1989.

Gesell, Arnold, Ilg, Francis L., and Bullis, G. E.: *Vision: Its Development in Infant and Child.* New York: Hefner, 1949, reprinted 1967.

Gottlieb, Raymond L., „Neuropsychology Of Myopia": *J. Optom. Vis. Devel* 13(1); 3–27, 1982.

Hall, Dorothy: *Iridology. Personality and Health Analysis Through The Iris.* Melbourne: Nelson, 1980.

Harmon, Darrell Boyd: *Restrained Performance As A Contributing Cause of Visual Problems.* OEP Research Reports. The Coordinated Classroom' in: *The Nation's Schools,* March 1950.

Harrison, John: *Love Your Disease. It's Keeping You Healthy.* Sydney: Angus & Robertson Publishers, 1984; dt.: *Liebe deine Krankheit – sie hält dich gesund.* Hugendubel, München 1988.

Henderson, Hazel: *Creating Alternative Futures.* New York: Berkeley Windhover Books, 1978; dt.: *Das Ende der Ökonomie. Die ersten Tage des nach-industriellen Zeitalters.* Goldmann, München 1987.

Horn, Ross: *The Health Revolution.* Sydney, 1981.

Hughes, Barbara: *Besser sehen in zwölf Wochen.* Heyne Verlag, München 1989. Barbara erzählt, wie sie ihre eigene Kurzsichtigkeit verbesserte, beschreibt die Grundaktivitäten und bespricht die technischen Aspekte, die zu Sehbehinderungen führen.

Huxley, Aldous: *Die Kunst des Sehens.* Piper Verlag, 7. Aufl., München/Zürich 1992. Aldous Huxley schrieb dieses 1942 veröffentlichte Buch aus Dankbarkeit Margaret Corbett gegenüber und aus Hochachtung vor den Grundsätzen der Bates-Methode.

Jones, Barry: *Sleepers, Wake, Technology and the Future of Work.* Melbourne: OWP, 1982.

Kelley, Charles R. „Psychological Factors In Myopia“: *J. Am. Optom. Assoc.*, 33(6): 833–837, 1967.

Kavner, Richard S. L.D., and Dusky, Lorraine: *Total Vision.* New York: A & W Visual Library, 1978.

Kenton, L.: *Kraftquelle Rohkost.* Heyne, 3. Aufl., München 1990.

Kime, Zane, M.D., M.S.: *Sunlight Could Save Your Life.* Penryn, California: World Health Publication; dt.: *Sonnenlicht und Gesundheit.* Waldthausen, Ritterhude 1989. Ein sehr empfehlenswertes Buch, leicht zu lesen, mit viel Information und Hinweisen für Fachleute und Laien.

Kulvinkas, V.: *Leben und Überleben im 21. Jahrhundert,* Hirthammer, München 1988.

Li-Shih-Chen: *Chinese Herbal Medicine.* Translated by F. Porter Smith, M.D., and G. A. Stuart, M.D. San Francisco: Georgetown Press, 1973.

Leboyer, F.: *Geburt ohne Gewalt.* Kösel Verlag, München 1992.

Lowen, Alexander: *Der Verrat am Körper.* Reinbek b. Hamburg 1988.

Lüscher, Max: *Der 4-Farben-Mensch. Der Weg zum inneren Gleichgewicht (mit neuem Lüscher-Test).* Goldmann, München 1991.

Mendelsohn, Robert: *Confessions Of A Medical Heretic.* New York: Warner; dt.: *Trau' keinem Doktor. Bekenntnisse eines medizinischen Ketzers.* Verlag Mahajiva, Holthausen 1988

Mollison, B.: *Permakultur konkret. Entwürfe für eine ökologische Zukunft.* Pala, Schaafheim 1989.

Ott, John: *Health & Light.* Old Greenwich, Connecticut: Devin-Adair 1973; dt.: *Risikofaktor Kunstlicht.* Droemer Knaur, München 1989.

Light, Radiation, And You. Old Greenwich, Connecticut: Devin-Adair.

Peiter, J.: *Die Heilkraft der Vitalernährung.* Access, 2. Aufl., Königstein-Falkenstein 1990.

Reich, Wilhelm: *Ausgewählte Schriften.* Kiepenheuer & Witsch, Köln 1976.

Charakteranalyse. Kiepenheuer & Witsch, Koln 1989.

Reubin, David M. D.: *Everything You Always Wanted to Know About Nutrition.* Boston: G. K. Hall & Co., 1979.

Scholl, Lisette: *Das Augenübungsbuch.* Rowohlt Verlag, Reinbek b. Hamburg, 1992. Eine Kombination aus Corbett-Bates-Methoden, neo-reichianischen Techniken, Yoga und Tagebuch.

Tobe, John: *Cataract Glaucoma and Other Eye Disorders.* St. Catharines, Ontario 1973. Gründliche Erörterung von Ernährung und ihrer Auswirkung auf Augenkrankheiten.

Walther, David S.: *Applied Kinesiology,* Vol. 1: Basic Procedures and Muscle Testing. Pueblo, Colorado: Systems DC 1981. Ein ausgezeichnetes Lehrbuch für Fachleute, die sich für den präzisen Einsatz von Muskeltests zur Wiederherstellung der Gesundheit interessieren. Geschrieben hauptsächlich für Chiropraktiker, aber auch geeignet für Zahnärzte, Augenfachleute, Psychologen und Mediziner.

Wandmaker, H.: *Willst du gesund sein? Vergiß den Kochtopf!* Goldmann, München 1992.

Weise, O.: *Harmonische Ernährung.* Goldmann, München 1992.

Wigmore, A.: *Lebendige Nahrung ist die beste Medizin.* Droemer Knaur, München 1990.

Yarbus, Alfred L.: *Eye Movements and Vision.* New York: Plenum Press, 1967.

BEZUGSQUELLENVERZEICHNIS

Heilkräuter: Heilpraktiker in allen Erdteilen erhalten auf Anfrage einen Katalog mit Kräuter-Rezepten von Sidney Yudin, Leiter des College of Oriental Medicine und Professor der Kräuterheilkunde an der Union University, Los Angeles. Postanschrift: Little Herb Company, P.O. Box 7060, Ventura, California 93006, USA.

Weitere Informationen: Heinz, U. J.: Das Handbuch der modernen Pflanzenheilkunde. Freiburg 1984. Treben, M.: Gesundheit aus der Apotheke Gottes. Steyr 1985.

Organisationen für Gesundheitsrecht: Die beiden folgenden Organisationen veröffentlichen regelmäßig Nachrichtenblätter über alternative Gesundheitsfürsorge, ganzheitliche Erwägungen und staatliche Rechtsprechung, die den öffentlichen Zugang zu alternativen Methoden berührt.

In den USA: National Health Federation, 212 W. Foothill Boulevard, Monrovia, California 91016, USA.

In Australien: National Health Federation, P.O. Box 113, Woollahra, New South Wales, Australien.

Optometrisches Sehtraining: Informationen bei Optometric Extension Program Foundation Inc., 2912 South Daimler Street, Santa Ana, CA 92705, USA, Tel. (714) 250-8070.

Gehirn-Integration und umfassende Gesundheitsvorsorge für Laien: Kurse in Edu-Kinestetic, Touch For Health und den unterschiedlichen Bereichen der Angewandten Kinesiologie einschließlich Literatur über: Institut für Angewandte Kinesiologie, Eschbachstraße 5, D-79199 Kirchzarten.

Eine Liste aller Publikationen von Dr. med. John Diamond über die Auswirkungen von Umwelt, Sprache, Atmung, Musik auf Kreativität und Hirnfunktion verschickt: Institute for Life Enhancement and Creativity, Post Office Drawer 37, Valley Cottage, N.Y. 10989, USA.

Grauer Star: Informationen über geeignete Ernährung in Verbindung mit frühen Stadien des Grauen Stars als Alternative zur Operation vermittelt: Cataract Research Foundation, P.O. Box 1581 El Toro/Cal. 92630, USA. Dieses Material eignet sich besonders für interessierte Ärzte.

Lochbrillen: Informationen über „Lochbrillen" vermittelt Wolfgang Gillessen, Ettalstraße 42a, 81377 München 70.

Zu bestellen sind diese ebenfalls bei: VAK Verlags GmbH, Eschbachstraße 5, D-79199 Kirchzarten.

FACHWÖRTERVERZEICHNIS

AKKOMMODATION Die Fähigkeit des Auges, seinen Brechwert so zu verändern, daß verschieden weit entfernt gelegene Objekte scharf auf der Netzhaut abgebildet werden.

ALTERNATIVE MEDIZIN Eine Betrachtungsweise der Medizin, die die Verbindung zwischen Körper und Geist berücksichtigt. Die Behandlungs- und Vorsorgemethoden beziehen sich auf die Ganzheit des Menschen und behandeln nicht nur Symptome. Sie umfassen Änderungen in der Lebensweise wie Ernährung, Denkart, Chiropraktik usw.

AMBLYOPIE Verminderte Sehkraft, die sich nicht durch Brillen ausgleichen läßt. Tritt auf, wenn das Gehirn die Meldungen von einem Auge abschaltet.

„ANSCHALTEN" Sich integrieren, Zugang haben zu allen seinen Fähigkeiten und Möglichkeiten, und diese ausdrücken können.

ASTIGMATISMUS (Stabsichtigkeit) Die Verschwommenheit von Linien in einem bestimmten Winkel. In zwei zueinander senkrechten Hauptschnitten liegen unterschiedliche Refraktionsdefizite vor. Dieser Zustand kommt und geht und wird möglicherweise durch Körperhaltung, körperliche Verrenkungen und emotionale Faktoren hervorgerufen. Im übertragenen Sinn die Unfähigkeit, etwas anzunehmen.

AUGENLINSE Die Augenlinse ist ein durchsichtiges, vielschichtiges Gebilde mit gerundetem Rand (bikonvexe Form) und liegt hinter der Iris in einer Vertiefung des Glaskörpers. Sie erhält ihren Halt durch die Befestigung an den Zonulafasern. Die Augenlinse beugt einfallende Lichtstrahlen und wirft sie auf die Netzhaut.

AUTONOMES NERVENSYSTEM Der Teil unseres Nervensystems, der automatisch arbeitet und dessen Aufgabe die Erhaltung eines stabilen inneren Umfelds ist.

BATESMETHODE Ein Weg, der das ganze Sehsystem entspannt und beweglich macht, zusammengestellt von dem amerikanischen Augenarzt Dr. William H. Bates. Diese Methode legt Wert auf die Verbindung von Körper und Geist und zeigt einen von Brillen und Fachleuten unabhängigen Weg zu individueller Verbesserung des Sehens.

BEWUSST Zur Kenntnis genommen, Wahrnehmung, die von sich selbst weiß.

BILATERALITÄT Die Fähigkeit, beide Seiten von Körper und Gehirn gleichzeitig zu benutzen, z. B. die rechte Hand und den linken Fuß zu gleicher Zeit heben oder sich etwas vorstellen (rechte Gehirnhälfte) und es in Worten aufschreiben (linke Gehirnhälfte).

BIOENERGETIK Eine Methode zum Heilen von Emotionen und der Seele, abgeleitet von den Ideen Wilhelm Reichs. Atem, Körperhaltung und das Beobachten von Dauerverkrampfungen am Körper werden zur Befreiung der Menschen von ihrer Panzerung eingesetzt.

BRECHUNGSFEHLER Abweichung des Brechwertes des Auges vom Normalwert, das heißt, der Brennpunkt des dioptrischen Systems liegt nicht auf der Netzhaut. Bei Myopie liegt der Brennpunkt *im* Auge. Bei Hyperopie liegt der Brennpunkt *hinter* dem Auge.

CEZANNE (1839–1906) Ein französischer Maler, der den Impressionismus weiterführte und klassische, feste Formen aus Licht- und Farbeffekten schuf.

CHAKRA Ein Sanskritwort: „sich drehendes Rad". Chakra bezieht sich auf die Energiefelder, die den sieben Nervenknoten entlang der Wirbelsäule entsprechen. Jedes Chakra wird durch eine der Farben aus dem Regenbogen stimuliert.

DIOPTRIE Maßeinheit der Brechkraft. Der reziproke Wert der Brennweite einer Linse, in Metern gemessen, ergibt deren Brechkraft. So hat beispielsweise eine Linse mit einer Brennweite von 20 cm eine Brechkraft von $1/0{,}20 = 5$ dpt oder eine Linse mit einer Brennweite von 1 m eine Brechkraft von 1 dpt.

EGO Das bewußte Zentrum aller Teile eines Wesens.

FOVEA CENTRALIS siehe Sehgrube.

FUSION Die Fähigkeit von Geist und Gehirn, Meldungen aus beiden Augen zu verschmelzen.

Der „GROSSE WEISSE GLANZ" Ein weißer Schein, der um Buchstaben und Worte sichtbar wird, wenn schwarzer Druck auf weißem Papier in entspanntem Zustand betrachtet wird.

HEMISPHÄRE Die rechte oder linke Hälfte des Gehirns.

HOMÖOSTASE Die angeborene Tendenz zur Erhaltung des inneren Gleichgewichts.

HOMOLATERAL Die Benutzung nur einer Gehirnhälfte. Dies kann zu Unfähigkeit zu kreativem Tun, spontanem Ausdruck und der Erhaltung der Gesundheit führen.

HORNHAUT Die durchsichtige vorderste Schicht des Auges, die die Iris und die Pupille bedeckt.

HYPEROPIE (Weitsichtigkeit) Ein Zustand, bei dem das Bild eines nahen Gegenstandes hinter die Netzhaut fällt und deshalb verschwommen wirkt. Eine Unfähigkeit, sich mit persönlich nahegehenden Erfahrungen wohlzufühlen. Gewöhnlich kompensiert durch das Verschreiben von vergrößernden (Plus-)Linsen.

HYPOPHYSE (Hirnanhangsdrüse) Die Konzertmeisterin des Körpers, die Hormone zur Steuerung des gesamten

Hormonhaushalts ausscheidet. Die Hypophyse wird auf Anweisung des Hypothalamus aktiv.

HYPOTHALAMUS Ein kleiner Bereich am Grund des Vorderhirns, der Hormone produziert, die Wachstum, Stoffwechsel, sexuelles Verhalten, Freude/Schmerz und Belastbarkeit regulieren. Der Hypothalamus kontrolliert außerdem den Iris- und den Ziliarmuskel.

INTEGRATION Das Verschmelzen und Ineinanderübergehen von Fähigkeiten und Eigenschaften. Vereinen, nicht isolieren. Bezeichnet einen Zustand höherer menschlicher Fähigkeit.

IRIDOLOGIE Das Studium der Iris des Auges zum Erkennen von körperlichen Zuständen.

IRIS (Regenbogenhaut) Sie bildet den vordersten Abschnitt der Gefäßhaut und ist eine farbige Scheibe um die Pupille des Auges zwischen Hornhaut und Linse. Durch Veränderung des Pupillendurchmessers ist sie in der Lage, den Lichteinfall in das Auge zu regeln, um damit die Rezeptoren der Netzhaut vor Überbelichtung zu schützen.

KINESIOLOGIE Untersucht und analysiert die menschliche Bewegung.

ANGEWANDTE –, EDU- siehe Muskeltest.

KORNEA siehe Hornhaut.

KRÄUTER Ein- oder mehrjährige Pflanzen, die als Nahrung, Medizin, Gewürz oder Duftstoff verwendet werden.
Z. B. Minze, Kamille, Mais, Kohl, Ingwer, Lavendel.

LINKE GEHIRNHÄLFTE Die linke Seite des Gehirns und die Fähigkeiten und Handlungsweisen wie Zählen, Analysieren, Sprache, Logik, Anstrengung.

LEGASTHENIE (Lese-Rechtschreib-Schwäche) Ein Zustand, in dem das Individuum auf Grund von Streß oder zuviel Anstrengung einen Teil seiner Fähigkeiten abschaltet. Mögliche Auswirkungen dieses Abschaltens sind Schwierigkeiten beim Lesen, das Verkehren von Buchstaben beim Schreiben oder eine Störung des persönlichen Ausdrucks.

LINSE Ein optisches Instrument aus Glas oder Plastik, das Lichtstrahlen so bricht, daß sie sich schneller treffen oder weiter zerstreuen. Korrektur- oder Kompensationslinsen sind Augengläser, die Licht für ein unausgeglichenes Sehsystem beugen.

MAKROKOSMOS Die universelle Perspektive. Das „große Bild".

MIKROKOSMOS Die „kleine Welt". Das Universum im kleinen gesehen.

MUSKELTEST Ein Verfahren, bei dem die Körpermuskeln

als Indikatoren für Energiezufluß vom Gehirn benutzt werden. Man drückt auf einen Muskel und prüft, ob er stark bleibt oder schwach wird. Unter bestimmten Umständen, z. B. beim Essen von weißem Zucker, bei negativen Gedanken, unbequemer Körperhaltung wird der Muskel wahrscheinlich schwach. Positives Denken, lockeres Sitzen, ein grüner Apfel stärken den Muskel wahrscheinlich wieder.

MYOPIE (Kurzsichtigkeit) Ein Brechungsfehler des visuellen Systems, bei dem das Bild entfernter Gegenstände vor die Netzhaut fällt und deshalb verschwommen ist. Im übertragenen Sinn die Unfähigkeit, einen weiten Überblick zu gewinnen. Gewöhnlich durch das Verschreiben konkaver (Minus-) Linsen korrigiert.

NATÜRLICH BESSER SEHEN Eine Methode zur Verbesserung des Sehens durch ganzheitliche Mittel und ohne den Einsatz optischer Geräte. Die Bates-Methode in Verbindung mit den modernen Theorien über Hirnfunktion, Charakter und Eigenverantwortung für das Selbst und seine Befindlichkeit. Eine Methode, die die ganze Lebensweise betrifft.

NETZHAUT Die innerste Schicht im Wandaufbau des Augapfels. Der lichtempfindlichste Teil erstreckt sich von der Ora serrata bis zur Pupille. Sie empfängt in das Auge einfallende Lichtstrahlen, wandelt diese in einem chemischen Prozeß in elektrische Impulse um und leitet sie weiter zu den Sehzentren im Gehirn.

„NUKLEARES SEHEN" Ein Begriff, der in diesem Buch die Ausdrücke zentrales und foveales Sehen ersetzt. Auf geistiger Ebene wird der Gegenstand der Betrachtung klarer als seine Umgebung gesehen. Auf körperlicher Ebene fällt das von dem betrachteten Gegenstand reflektierte Licht in die Fovea centralis.

ORTHOPTIK Eine Methode zur Behebung schielender Augen und Muskelschwäche mit Hilfe bestimmter Übungen.

OPTOMETRIK Augenfachkunde.

PALMIEREN Das sanfte Abdecken der geschlossenen Augen mit den Handflächen beim Visualisieren angenehmer Bilder.

PANZERUNG Eine Wortschöpfung Wilhelm Reichs zur Bezeichnung chronischer Verkrampfungen der Körpermuskulatur als Folge der Unterdrückung von Gefühlen. Die Panzerung kann sowohl bei Augenmuskeln als auch bei anderen Körperteilen vorkommen.

PARASYMPATHICUS Der Zweig des autonomen Nervensystems, der für Entspannung und Verdauung zuständig ist. Eine Stimulation des Parasympathicus führt zu Akkommodation für den Nahpunkt.

PATHOLOGIE Ein krankhafter Zustand.
GRAUER STAR Ein Zustand, bei dem die Linse im Auge sich eintrübt und das Licht nicht zur Netzhaut durchläßt.
GRÜNER STAR Ein überhöhter Druck im Augeninneren.
MAKULARE DEGENERATION Die Nervenzellen der Makula (Gelber Fleck) zerfallen, was zu einem Verlust des zentralen, „nuklearen" Sehens führt.
NETZHAUTABLÖSUNG Die Schichten der Nervenzellen im Augenhintergrund lösen sich ab. Bei schweren Schlägen auf den Kopf oder hohen Graden von Kurzsichtigkeit.
POSAUNEN Das Bewegen eines Objekts auf ein Auge zu und von diesem weg, zwecks Stärkung und größerer Biegsamkeit der an der Akkommodation beteiligten Teile, wobei das andere Auge mit der Handfläche abgedeckt wird. Zur Wiedergewinnung von klarem Sehen im Nahbereich.
PRESBYOPIE (Altersweitsichtigkeit). Der allmähliche Verlust der Akkommodation für den Nahbereich. Durch das Tragen von vergrößernden (Plus-)Linsen korrigiert.
PUPILLE Die kreisrunde Öffnung in der Iris, die den Lichteinfall in die innere Augenkammer und auf die Netzhaut erlaubt.
RADIALE KERATOTOMIE Ein operativer Eingriff, bei dem die Vorderseite der Hornhaut durch Einschlitzen abgeflacht wird, so daß sich der Brechungszustand des Auges verändert. Eine medizinische, kompensatorische Behandlung von Kurzsichtigkeit.
RECHTE GEHIRNHÄLFTE Die rechte Seite des Gehirns und die Fähigkeiten und Handlungsweisen wie rhythmisches Bewegen durch den Raum, Visualisieren, Musikalität, Einsicht und Versorgung der gesamten Körpermuskulatur mit Energie.
REICHSCHE THERAPIE, die Therapie nach Wilhelm Reich. Ein Weg der Umwandlung des menschlichen Unglücklichseins durch die Befreiung von Atemgewohnheiten und die Erhöhung des Flusses der Lebensenergie durch den Körper. Werte sind dabei: Natürliche Geburt, Selbstbestimmung, positiver sexueller Ausdruck und menschliche Autonomie.
RETINA siehe Netzhaut.
RETINOSKOP (Augenspiegel) Ein optisches Gerät, das einen Lichtstrahl ins Auge wirft und mißt, ob das Auge einen Brechungsfehler aufweist.
RETINOSKOPIE Die objektive Untersuchung der Brechungskraft des Auges durch Beobachtung mit dem Retinoskop.
SACCADEN Die schnellen, kleinen Bewegungen des Auges,

die es dem Auge ermöglichen, Einzelheiten zu erfassen und von einem Gegenstand des Interesses zum anderen überzugehen.

SCHWEIFEN Ein flüssiges Bewegen der Aufmerksamkeit von einem Gebiet zum anderen.

SCHWUNG Eine Bewegung sowohl der Aufmerksamkeit als auch des Körpers, die den Parasympathicus stimuliert, den Sinn beruhigt und die Augen zu schnellen saccadischen Bewegungen anregt.

SEHGRUBE Der Punkt der höchsten Sehschärfe im Auge. Der Punkt auf der Netzhaut, in dem die Zäpfchen am dichtesten stehen.

SONNEN Sich mit geschlossenen Augen in der Sonne entspannen, sich dabei locker bewegen, das Licht aufnehmen, sich sammeln.

SPINDELZELLE Die Spindelzellen erfassen die Länge der Muskelfasern und melden sie ans Gehirn.

SPINDELZELLENMETHODE Wird eine Muskelfaser absichtlich verkürzt, so lautet die dem Gehirn übermittelte Botschaft: „Dieser Muskel ist zu verkrampft". Das Gehirn reagiert und löst die Verkrampfung, die ursprünglich durch bewußte Anstrengung und Belastung entstanden war. Der Muskel wird länger und steht wieder unter der Obhut der rechten Gehirnhälfte.

STÄBCHEN Rezeptoren der Netzhaut; sie treten außerhalb des Foveazentrums auf. Sie ermöglichen das Wahrnehmen von Licht und Dunkelheit. Schon sehr schwaches Licht stimuliert sie. Stäbchen nehmen jedoch keine Farben wahr.

STRABISMUS (Schielen) Stellungsfehler, bei denen die Fusion (Verschmelzung beider Seheindrücke) nicht in der Lage ist, die Sehachsen im angeblickten Objektpunkt zum Schnitt zu bringen.

Das „TOR" Das Erscheinen zweier Finger, das entsteht, wenn ein Finger in kurzem Abstand vor die Augen gehalten wird, während sich die Aufmerksamkeit in die Ferne richtet.

TOUCH FOR HEALTH Ein System für Laien, mit dessen Hilfe die Körperenergie ausgeglichen und wieder auf das natürliche Maß gebracht wird und das Muskeltesten zur Überprüfung einsetzt. Druckpunkte auf dem Körper werden stimuliert, um die Körperhaltung zu verbessern, Kopfschmerzen, Verdauungsbeschwerden und andere „gewöhnliche" Leiden zu lindern, bevor das verursachende Ungleichgewicht zur Krankheit wird.

ÜBERGANGSBRILLE Unterkorrigierte Brille ohne Tönung, ohne Entspiegelung und (wenn möglich) ohne Astigmatismuskorrektur, die von den Schülern der Natürlich-besser-sehen-Methode getragen wird, die dem Auge Spielraum zu Veränderung läßt und dem Schüler ermöglicht, bei der Arbeit und in der Freizeit angemessen zu sehen.

ÜBERKREUZBEWEGEN, -GEHEN, -KRABBELN Ein Mittel zur Selbsthilfe, das integriert und die bilateralen Muster, die sich im Krabbelalter entwickeln, wiederbelebt.

ULTRAVIOLETT Der Teil des elektromagnetischen Spektrums der Sonnenstrahlen mit leicht größerer Frequenz als Violett. Er wird auch von Lampen und Höhensonnen ausgestrahlt, die zum Heilen, Bräunen, Vitaminaufbau, Pflanzenwuchs eingesetzt werden. Ultraviolett ist für die menschliche Gesundheit unabdingbar, da es die Hypophyse stimuliert.

„UMSCHALTER" Jemand, der dazu neigt, von einer Seite seines Gehirns zur anderen zu springen, und dabei seine Integration verliert.

UNTERDRÜCKEN Zurückhalten. Dränge, Triebe, Gefühle oder Empfindungen nicht äußern.

VERHALTENSOPTOMETRIE Ein Zweig der Augenfachkunde, der die Einflüsse von Umwelt, Haltung und allgemeiner Gesundheit auf die Augen berücksichtigt. Die Behandlung besteht aus einer Mischung von Übungsbrillen und Augenübungen.

VISUALISIEREN Sich bei geschlossenen Augen ein Bild vorstellen.

ZÄPFCHEN Rezeptoren der Netzhaut, die im Foveabereich besonders groß und dicht sind. Durch sie werden Farbsehen und hohe Sehschärfe erreicht. Sie ermöglichen auch das Erkennen von Einzelheiten.

ZENTRALE FIXATION siehe „nukleares" Sehen.

ZILIARMUSKEL Der Ringmuskel um die Linse im Auge. Er spannt und entspannt sich und verändert dabei die Form der Linse, so daß Akkommodation entsteht.

ZIRBELDRÜSE Eine kleine zapfenförmige Drüse an der Hirnbasis, die wahrscheinlich den Fluß der sexuellen Energie in Übereinstimmung mit den Zyklen des Sonnenlichts reguliert.

STICHWORTVERZEICHNIS

LESEKARTE

1. Ein Leben lang gut sehen.

2. Sehen heißt leben, wachsen, sich bewegen.

3. Klares Sehen stellt sich ein, wenn Augen und Geist entspannt sind.

4. Beim Sehen sind viele Teile von mir beteiligt. Mein Gehirn, Körper und Geist schaffen gemeinsam eine zusammenhängende sichtbare Welt voller Farbe und Bedeutung.

5. Ganz deutlich sehe ich die fernen Berge, deren Farbe von erdigem Rot zu Rosa, zu Violett wechselt, wenn die Sonne untergeht. Die Freude an Vielfalt und Schönheit der lebendigen Natur erhält mich jung und begeisterungsfähig.

6. Zwischen den wuchtigen Stämmen starker Tannen spannt sich ein weicher grüner Moosteppich. Pfifferlinge leuchten goldgelb, doch die Steinpilze verstekken sich unter ihren braunen Tarnkappen.

7. Im Sommer liege ich gern im kniehohen Gras zwischen Glockenblumen, Klee und Wiesenschaumkraut. Glänzend gepanzerte Käfer und wendige Fliegen eilen summend ihren Geschäften nach. Ich kitzle die flauschigen Wolken am Himmel mit meiner Nasenfeder.

8. Die ersten feisten Tropfen fallen beschaulich und zeichnen ein Filigranwerk feinster Wasserläufe an die Scheibe. Doch bald klopft der Regen in immer schnelleren Rhythmen und morst feuchte Stakkatogrüße an mein Fenster.

9. Über den Stoppelfeldern vollführen lustige bunte Drachen ihre Flattertänze. Schwanzwackelnd reiten sie im Wind. Lassen sich unvermittelt fallen, steigen aus atemberaubendem Sturzflug wieder auf und gleiten winkend und nickend immer höher.

10. Ein aufgeschlossener, neugieriger Geist findet überall anregende, vergnügliche Abenteuer.

11. Freude am Sehen und unsere Phantasie schaffen ein harmonisches Leben.

SEHPROBENTAFEL

Wenn Sie imstande sind, Buchstaben dieser Größe auf eine Entfernung von sechs Metern (20 Fuß) zu benennen, ist Ihre Sehstärke ungefähr 6/6 (20/20):

E

Wenn Sie imstande sind, Buchstaben in dieser Größe auf eine Entfernung von sechs Metern (20 Fuß) zu benennen, ist Ihre Sehstärke ungefähr 6/12 (20/40):

E

Wenn Sie imstande sind, Buchstaben in dieser Größe auf eine Entfernung von 36 Zentimetern (14 inches) zu benennen, ist Ihre Sehstärke ungefähr 6/6 (20/20):

E

Wenn Sie imstande sind, Buchstaben in dieser Größe auf eine Entfernung von 36 Zentimetern (14 inches) zu benennen, ist Ihre Sehstärke ungefähr 6/12 (20/40) im Nahbereich:

E

NAH

IST

FERN

FERN

IST

NAH

PHANTASIE
KREATIV
SEHEN
BILD
OFFEN
AUGE
FARBE
SCHÖNHEIT
FREIHEIT

Andrea Olsen, Caryn McHose:

Körpergeschichten

Das Abenteuer der Körpererfahrung

Diese Körpergeschichten können Ihre Selbstwahrnehmung grundlegend verändern. Das einfühlende Erleben aller Teile ihres Körpers läßt Sie vielschichtiger beobachten und empfinden. Darüber hinaus gewinnen Sie ein neues, in der eigenen Körpererfahrung begründetes Welt- und Menschenbild. Schilderungen aus der Entwicklungsgeschichte der Menschheit, persönliche Erlebnisse, Kinderzeichnungen und Fotos von Kunstwerken prägen den bildhaften Charakter der Darstellung. Das Buch führt durch 31 Lektionen praktischen Übens und Reflektierens zu einer intimen Begegnung mit dem eigenen Körper. Alle Knochen und Funktionssysteme werden durch angeleitete Erkundungen bewußtgemacht. So bietet das Buch eine leicht verständliche und zugleich fachlich qualifizierte Einführung in die Anatomie.

2. Aufl. 1997, 170 Seiten, 109 Abb., Pb., fadengeheftet (21 x 29,7 cm), 44,– DM / 41,– sFr / 321,– öS, ISBN 3-924077-34-7

Mary Louise Muller:

Selbsthilfeübungen zur kranialen Integration

Dieses Selbsthilfebuch bietet eine übersichtliche Einführung in die Wirkungsweise des kranialen Systems sowie Erläuterungen darüber, wie wir ein gesundes Funktionieren dieses Systems (wieder) herbeiführen können.

Das Buch enthält darüber hinaus zahlreiche Anleitungen zu praktischen Übungen, die die frappierend einfachen und doch erstaunlich wirksamen Techniken der kranialen Integration für jede/n nachvollziehbar und anwendbar machen.

1996, 48 Seiten, 30 Abbildungen, Paperback (15 x 21,5 cm), 14,80 DM / 14,– sFr / 108,– öS, ISBN 3-924077-76-2

---

*Das **IAK Institut für Angewandte Kinesiologie GmbH, Freiburg,** veranstaltet laufend Kurse in Touch For Health (Gesund durch Berühren), in Edu-Kinestetik, in Entwicklungskinesiologie und in vielen anderen Bereichen der Angewandten Kinesiologie. Dank enger persönlicher Kontakte zu den Pionieren der AK ist das Institut in der Lage, ständig die neuesten Entwicklungen auf diesem Gebiet zu präsentieren.*

Außerdem fördert das Institut die Verbreitung der Angewandten Kinesiologie im deutschsprachigen Raum durch Literaturempfehlungen und Adressenvermittlung.

Wer an der Arbeit des Instituts interessiert ist, kann kostenlose Unterlagen anfordern bei (bitte mit 3,– DM frankierten Rückumschlag beilegen):

IAK Institut für Angewandte Kinesiologie GmbH, Freiburg
Eschbachstraße 5, D-79199 Kirchzarten, Telefon 076 61-98 71 0, Telefax 076 61-98 71 49

Ian McDermott, Joseph O'Connor:

NLP und Gesundheit

Die offenen Geheimnisse der Gesunden

Der menschliche Körper braucht nicht nur Nahrung und Sauerstoff, um zu leben, sondern auch eigene Erfahrungen. Und der Mensch erschafft und erfährt seine eigene Gesundheit durch das, was er tut, was er denkt und wie er lebt. Das Neurolinguistische Programmieren (NLP) betrachtet, wie Gedanken und innere Haltung das Wohlbefinden beeinflussen. Dieses Buch verbindet auf sehr praktische Weise aktuelle medizinische Forschungen und Erkenntnisse mit der subjektiven Erfahrung der eigenen Gesundheit.

Dieses Buch eignet sich für alle, die wissen wollen, wie NLP „funktioniert", die auf wohltuende Weise ihren Geist und Körper in Einklang bringen möchten und die etwas mehr über das faszinierendste Rätsel erfahren wollen, das es gibt: sich selbst.

1997, 324 Seiten, Paperback (15 x 21,5 cm),
39,80 DM/37,– sFr/291,– öS, ISBN 3-932098-13-7

Carla Hannaford:

Mit Auge und Ohr, mit Hand und Fuß

Gehirnorganisationsprofile erkennen und optimal nutzen

Eines der Konzepte aus ihrem ersten Buch *Bewegung – das Tor zum Lernen* (VAK, 1996) stellt Carla Hannaford hier ausführlicher dar: die Gehirndominanzen. Sie unterscheidet 32 verschiedene Kombinationen von rechter oder linker Gehirnhälfte und jeweils bevorzugten Augen, Ohren, Händen und Füßen. Sie verhilft den Leserinnen und Lesern zur Selbsterkenntnis: Wie bin ich neurologisch „verkabelt"? Welches ist mein geschickteres und häufiger benutztes Auge, Ohr usw.? Wie sieht also mein Dominanzprofil aus, in das ich bei Streßsituationen zurückfalle?

Und sie bietet Handlungsmöglichkeiten an: Was kann ich tun, um Stärken des eigenen Gehirnorganisationsprofils zu nutzen und Einschränkungen zu überwinden? – Ein populär geschriebenes Buch, das den Schwerpunkt auf den Bereich des Lernens legt.

1997, 190 Seiten, 80 Abbildungen, Paperback, 15 x 21,5 cm,
32,– DM/29,50 sFr/234,– öS, ISBN 3-932098-15-3

Helen Irlen:

Lesen mit Farben

Bei Dyslexie und anderen Leseschwierigkeiten helfen: Die Irlen-Methode

Viele Menschen haben Lern- und Leseschwierigkeiten oder Kopfschmerzen, leiden unter einer erhöhten Lichtempfindlichkeit und unsicherem Einschätzen von Entfernungen – manche von ihnen sind sich nicht einmal dessen bewußt. All dies kann mit speziellen Störungen der Sehkraft zusammenhängen. Helen Irlen entwickelte eine Methode, den Betroffenen mittels Farbfolien, die zum Beispiel direkt auf Buchseiten gelegt werden, oder farbiger Brillengläser Erleichterung zu verschaffen. Die hohe Erfolgsquote, die diese Methode seit Jahren zu verzeichnen hat, führte nicht zuletzt dazu, daß unzählige Fachleute in aller Welt nach Irlen Sehtests und Korrekturen durchführen. – Ein Buch zur Selbsthilfe mit vielen Beispielen und Adressen von Fachleuten.

1997, 230 Seiten, 15 Abbildungen, Paperback, 15 x 21,5 cm,
38,– DM/35,– sFr/277,– öS, ISBN 3-932098-03-X